T&P BOOKS

I0156788

NORUEGUÊS
VOCABULÁRIO

PORTUGUÊS BRASILEIRO

PORTUGUÊS
NORUEGUÊS

Para alargar o seu léxico e apurar
as suas competências linguísticas

7000 palavras

Vocabulário Português Brasileiro-Norueguês - 7000 palavras
Por Andrey Taranov

Os vocabulários da T&P Books destinam-se a ajudar a aprender, a memorizar, e a rever palavras estrangeiras. O dicionário é dividido em temas, cobrindo todas as principais esferas de atividades quotidianas, negócios, ciência, cultura, etc.

O processo de aprendizagem, utilizando os dicionários baseados em temáticas da T&P Books dá-lhe as seguintes vantagens:

- Informação de origem corretamente agrupada predetermina o sucesso em fases subsequentes da memorização de palavras
- Disponibilização de palavras derivadas da mesma raiz, o que permite a memorização de unidades de texto (em vez de palavras separadas)
- Pequenas unidades de palavras facilitam o processo de estabelecimento de vínculos associativos necessários para a consolidação do vocabulário
- O nível de conhecimento da língua pode ser estimado pelo número de palavras aprendidas

Copyright © 2019 T&P Books Publishing

Todos os direitos reservados. Nenhuma parte desta publicação pode ser reproduzida, total ou parcialmente, por quaisquer métodos ou processos, sejam eles eletrônicos, mecânicos, de fotocópia ou outros, sem a autorização escrita do editor. Esta publicação não pode ser divulgada, copiada ou distribuída em nenhum formato.

T&P Books Publishing
www.tpbooks.com

ISBN: 978-1-78767-337-3

Este livro também está disponível em formato E-book.
Por favor visite www.tpbooks.com ou as principais livrarias on-line.

VOCABULÁRIO NORUEGUÊS
palavras mais úteis

Os vocabulários da T&P Books destinam-se a ajudar a aprender, a memorizar, e a rever palavras estrangeiras. O vocabulário contém mais de 7000 palavras de uso comum organizadas tematicamente.

O vocabulário contém as palavras mais comummente usadas
Recomendado como adicional para qualquer curso de línguas
Satisfaz as necessidades dos iniciados e dos alunos avançados de línguas estrangeiras
Conveniente para o uso diário, sessões de revisão e atividades de auto-teste
Permite avaliar o seu vocabulário

Características especias do vocabulário

*   As palavras estão organizadas de acordo com o seu significado, e não por ordem alfabética
*   As palavras são apresentadas em três colunas para facilitar os processos de revisão e auto-teste
*   As palavras compostas são divididas em pequenos blocos para facilitar o processo de aprendizagem
*   O vocabulário oferece uma transcrição simples e adequada de cada palavra estrangeira

O vocabulário contém 198 tópicos incluindo:

Conceitos básicos, Números, Cores, Meses, Estações do ano, Unidades de medida, Roupas & Acessórios, Alimentos & Nutrição, Restaurante, Membros da Família, Parentes, Caráter, Sentimentos, Emoções, Doenças, Cidade, Passeios, Compras, Dinheiro, Casa, Lar, Escritório, Trabalho no Escritório, Importação & Exportação, Marketing, Pesquisa de Emprego, Esportes, Educação, Computador, Internet, Ferramentas, Natureza, Países, Nacionalidades e muito mais ...

TABELA DE CONTEÚDOS

Guia de pronunciação   10
Abreviaturas   12

CONCEITOS BÁSICOS   14
Conceitos básicos. Parte 1   14

1. Pronomes   14
2. Cumprimentos. Saudações. Despedidas   14
3. Números cardinais. Parte 1   15
4. Números cardinais. Parte 2   16
5. Números. Frações   16
6. Números. Operações básicas   17
7. Números. Diversos   17
8. Os verbos mais importantes. Parte 1   18
9. Os verbos mais importantes. Parte 2   18
10. Os verbos mais importantes. Parte 3   19
11. Os verbos mais importantes. Parte 4   20
12. Cores   21
13. Questões   22
14. Palavras funcionais. Advérbios. Parte 1   22
15. Palavras funcionais. Advérbios. Parte 2   24

Conceitos básicos. Parte 2   26

16. Opostos   26
17. Dias da semana   28
18. Horas. Dia e noite   28
19. Meses. Estações   29
20. Tempo. Diversos   30
21. Linhas e formas   31
22. Unidades de medida   32
23. Recipientes   33
24. Materiais   34
25. Metais   35

O SER HUMANO   36
O ser humano. O corpo   36

26. Humanos. Conceitos básicos   36
27. Anatomia humana   36

28. Cabeça   37
29. Corpo humano   38

Vestuário & Acessórios   39

30. Roupa exterior. Casacos   39
31. Vestuário de homem & mulher   39
32. Vestuário. Roupa interior   40
33. Adereços de cabeça   40
34. Calçado   40
35. Têxtil. Tecidos   41
36. Acessórios pessoais   41
37. Vestuário. Diversos   42
38. Cuidados pessoais. Cosméticos   42
39. Joalheria   43
40. Relógios de pulso. Relógios   44

Alimentação. Nutrição   45

41. Comida   45
42. Bebidas   46
43. Vegetais   47
44. Frutos. Nozes   48
45. Pão. Bolaria   49
46. Pratos cozinhados   49
47. Especiarias   50
48. Refeições   51
49. Por a mesa   52
50. Restaurante   52

Família, parentes e amigos   53

51. Informação pessoal. Formulários   53
52. Membros da família. Parentes   53
53. Amigos. Colegas de trabalho   54
54. Homem. Mulher   55
55. Idade   55
56. Crianças   56
57. Casais. Vida de família   57

Caráter. Sentimentos. Emoções   58

58. Sentimentos. Emoções   58
59. Caráter. Personalidade   59
60. O sono. Sonhos   60
61. Humor. Riso. Alegria   61
62. Discussão, conversação. Parte 1   61
63. Discussão, conversação. Parte 2   62
64. Discussão, conversação. Parte 3   64
65. Acordo. Recusa   64
66. Sucesso. Boa sorte. Insucesso   65
67. Conflitos. Emoções negativas   66

Medicina 68

68. Doenças 68
69. Sintomas. Tratamentos. Parte 1 69
70. Sintomas. Tratamentos. Parte 2 70
71. Sintomas. Tratamentos. Parte 3 71
72. Médicos 72
73. Medicina. Drogas. Acessórios 72
74. Fumar. Produtos tabágicos 73

HABITAT HUMANO 74
Cidade 74

75. Cidade. Vida na cidade 74
76. Instituições urbanas 75
77. Transportes urbanos 76
78. Turismo 77
79. Compras 78
80. Dinheiro 79
81. Correios. Serviço postal 80

Moradia. Casa. Lar 81

82. Casa. Habitação 81
83. Casa. Entrada. Elevador 82
84. Casa. Portas. Fechaduras 82
85. Casa de campo 83
86. Castelo. Palácio 83
87. Apartamento 84
88. Apartamento. Limpeza 84
89. Mobiliário. Interior 84
90. Quarto de dormir 85
91. Cozinha 85
92. Casa de banho 86
93. Eletrodomésticos 87
94. Reparações. Renovação 88
95. Canalizações 88
96. Fogo. Deflagração 89

ATIVIDADES HUMANAS 91
Emprego. Negócios. Parte 1 91

97. Banca 91
98. Telefone. Conversação telefônica 92
99. Telefone móvel 92
100. Estacionário 93

Emprego. Negócios. Parte 2 94

101. Media 94
102. Agricultura 95

103. Construção. Processo de construção   96

Profissões e ocupações   98

104. Procura de emprego. Demissão   98
105. Gente de negócios   98
106. Profissões de serviços   99
107. Profissões militares e postos   100
108. Oficiais. Padres   101
109. Profissões agrícolas   101
110. Profissões artísticas   102
111. Várias profissões   102
112. Ocupações. Estatuto social   104

Desportos   105

113. Tipos de desportos. Desportistas   105
114. Tipos de desportos. Diversos   106
115. Ginásio   106
116. Desportos. Diversos   107

Educação   109

117. Escola   109
118. Colégio. Universidade   110
119. Ciências. Disciplinas   111
120. Sistema de escrita. Ortografia   111
121. Línguas estrangeiras   112
122. Personagens de contos de fadas   113
123. Signos do Zodíaco   114

Artes   115

124. Teatro   115
125. Cinema   116
126. Pintura   117
127. Literatura & Poesia   118
128. Circo   118
129. Música. Música popular   119

Descanso. Entretenimento. Viagens   121

130. Viagens   121
131. Hotel   121
132. Livros. Leitura   122
133. Caça. Pesca   124
134. Jogos. Bilhar   124
135. Jogos. Jogar cartas   125
136. Descanso. Jogos. Diversos   125
137. Fotografia   126
138. Praia. Natação   126

EQUIPAMENTO TÉCNICO. TRANSPORTES   128
Equipamento técnico. Transportes   128

139. Computador   128
140. Internet. E-mail   129

Transportes   130

141. Avião   130
142. Comboio   131
143. Barco   132
144. Aeroporto   133
145. Bicicleta. Motocicleta   134

Carros   135

146. Tipos de carros   135
147. Carros. Carroçaria   135
148. Carros. Habitáculo   136
149. Carros. Motor   137
150. Carros. Batidas. Reparação   138
151. Carros. Estrada   139

PESSOAS. EVENTOS   141
Eventos   141

152. Férias. Evento   141
153. Funerais. Enterro   142
154. Guerra. Soldados   142
155. Guerra. Ações militares. Parte 1   144
156. Armas   145
157. Povos da antiguidade   146
158. Idade média   147
159. Líder. Chefe. Autoridades   149
160. Violação da lei. Criminosos. Parte 1   149
161. Violação da lei. Criminosos. Parte 2   151
162. Polícia. Lei. Parte 1   152
163. Polícia. Lei. Parte 2   153

NATUREZA   155
A Terra. Parte 1   155

164. Espaço sideral   155
165. A Terra   156
166. Pontos cardeais   157
167. Mar. Oceano   157
168. Montanhas   158
169. Rios   159
170. Floresta   160
171. Recursos naturais   161

A Terra. Parte 2 162

172. Tempo 162
173. Tempo extremo. Catástrofes naturais 163

Fauna 164

174. Mamíferos. Predadores 164
175. Animais selvagens 164
176. Animais domésticos 165
177. Cães. Raças de cães 166
178. Sons produzidos pelos animais 167
179. Pássaros 167
180. Pássaros. Canto e sons 169
181. Peixes. Animais marinhos 169
182. Anfíbios. Répteis 170
183. Insetos 170
184. Animais. Partes do corpo 171
185. Animais. Habitats 171

Flora 173

186. Árvores 173
187. Arbustos 173
188. Cogumelos 174
189. Frutos. Bagas 174
190. Flores. Plantas 175
191. Cereais, grãos 176

GEOGRAFIA REGIONAL 177
Países. Nacionalidades 177

192. Política. Governo. Parte 1 177
193. Política. Governo. Parte 2 178
194. Países. Diversos 179
195. Grupos religiosos mais importantes. Confissões 180
196. Religiões. Padres 181
197. Fé. Cristianismo. Islão 181

TEMAS DIVERSOS 184

198. Várias palavras úteis 184

GUIA DE PRONUNCIAÇÃO

Letra	Exemplo Norueguês	Alfabeto fonético T&P	Exemplo Português
Aa	plass	[ɑ], [ɑː]	amar
Bb	bøtte, albue	[b]	barril
Cc [1]	centimeter	[s]	sanita
Cc [2]	Canada	[k]	aquilo
Dd	radius	[d]	dentista
Ee	rett	[eː]	plateia
Ee [3]	begå	[ɛ]	mesquita
Ff	fattig	[f]	safári
Gg [4]	golf	[g]	gosto
Gg [5]	gyllen	[j]	Vietnã
Gg [6]	regnbue	[ŋ]	alcançar
Hh	hektar	[h]	[h] suave
Ii	kilometer	[ɪ], [i]	sinônimo
Kk	konge	[k]	aquilo
Kk [7]	kirke	[ɦ]	[h] suave
Jj	fjerde	[j]	Vietnã
kj	bikkje	[ɦ]	[h] suave
Ll	halvår	[l]	libra
Mm	middag	[m]	magnólia
Nn	november	[n]	natureza
ng	id_langt	[ŋ]	alcançar
Oo [8]	honning	[ɔ]	emboço
Oo [9]	fot, krone	[u]	bonita
Pp	plomme	[p]	presente
Qq	sequoia	[k]	aquilo
Rr	sverge	[r]	riscar
Ss	appelsin	[s]	sanita
sk [10]	skikk, skyte	[ʃ]	mês
Tt	stør, torsk	[t]	tulipa
Uu	brudd	[y]	questionar
Vv	kraftverk	[v]	fava
Ww	webside	[v]	fava
Xx	mexicaner	[ks]	perplexo
Yy	nytte	[ɪ], [i]	sinônimo
Zz [11]	New Zealand	[s]	spitz alemão
Ææ	vær, stær	[æ]	semana
Øø	ørn, gjø	[ø]	orgulhoso
Åå	gås, værhår	[oː]	albatroz

Comentários

[1] antes de e, i
[2] noutras situações
[3] não acentuado
[4] antes de a, o, u, å
[5] antes de i e y
[6] em combinação gn
[7] antes de i e y
[8] antes de duas consoantes
[9] antes de uma consoante
[10] antes de i e y
[11] apenas em estrangeirismos

ABREVIATURAS
usadas no vocabulário

Abreviaturas do Português

adj	-	adjetivo
adv	-	advérbio
anim.	-	animado
conj.	-	conjunção
desp.	-	esporte
etc.	-	Etcetera
ex.	-	por exemplo
f	-	nome feminino
f pl	-	feminino plural
fem.	-	feminino
inanim.	-	inanimado
m	-	nome masculino
m pl	-	masculino plural
m, f	-	masculino, feminino
masc.	-	masculino
mat.	-	matemática
mil.	-	militar
pl	-	plural
prep.	-	preposição
pron.	-	pronome
sb.	-	sobre
sing.	-	singular
v aux	-	verbo auxiliar
vi	-	verbo intransitivo
vi, vt	-	verbo intransitivo, transitivo
vr	-	verbo reflexivo
vt	-	verbo transitivo

Abreviaturas do Noruguês

f	-	nome feminino
f pl	-	feminino plural
m	-	nome masculino
m pl	-	masculino plural
m/f	-	masculino, neutro
m/f pl	-	masculino/feminino plural
m/f/n	-	masculino/feminino/neutro
m/n	-	masculino, feminino

n	-	neutro
n pl	-	neutro plural
pl	-	plural

CONCEITOS BÁSICOS

Conceitos básicos. Parte 1

1. Pronomes

eu	jeg	['jæj]
você	du	[dʉ]
ele	han	['hɑn]
ela	hun	['hʉn]
ele, ela (neutro)	det, den	['de], ['den]
nós	vi	['vi]
vocês	dere	['derə]
eles, elas	de	['de]

2. Cumprimentos. Saudações. Despedidas

Oi!	Hei!	['hæj]
Olá!	Hallo! God dag!	[hɑ'lʉ], [gʉ 'dɑ]
Bom dia!	God morn!	[gʉ 'mɔ:n]
Boa tarde!	God dag!	[gʉ'dɑ]
Boa noite!	God kveld!	[gʉ 'kvɛl]
cumprimentar (vt)	å hilse	[ɔ 'hilsə]
Oi!	Hei!	['hæj]
saudação (f)	hilsen (m)	['hilsən]
saudar (vt)	å hilse	[ɔ 'hilsə]
Como você está?	Hvordan står det til?	['vʉ:dɑn sto:r de til]
Como vai?	Hvordan går det?	['vʉ:dɑn gor de]
E aí, novidades?	Hva nytt?	[vɑ 'nʏt]
Tchau!	Ha det bra!	[hɑ de 'brɑ]
Até logo!	Ha det!	[hɑ 'de]
Até breve!	Vi ses!	[vi sɛs]
Adeus!	Farvel!	[fɑr'vɛl]
despedir-se (dizer adeus)	å si farvel	[ɔ 'si fɑr'vɛl]
Até mais!	Ha det!	[hɑ 'de]
Obrigado! -a!	Takk!	['tɑk]
Muito obrigado! -a!	Tusen takk!	['tʉsən tɑk]
De nada	Bare hyggelig	['bɑrə 'hʏgeli]
Não tem de quê	Ikke noe å takke for!	['ikə 'nʉe ɔ 'tɑke fɔr]
Não foi nada!	Ingen årsak!	['iŋen 'o:ʂɑk]
Desculpa!	Unnskyld, ...	['ʉn‚ʂyl ...]
Desculpe!	Unnskyld meg, ...	['ʉn‚ʂyl me ...]

desculpar (vt)	å unnskylde	[ɔ 'ʉnˌsylə]
desculpar-se (vr)	å unnskylde seg	[ɔ 'ʉnˌsylə sæj]
Me desculpe	Jeg ber om unnskyldning	[jæj ber ɔm 'ʉnˌsyldniŋ]
Desculpe!	Unnskyld!	['ʉnˌsyl]
perdoar (vt)	å tilgi	[ɔ 'tilˌji]
Não faz mal	Ikke noe problem	['ikə 'nʉe prʉ'blem]
por favor	vær så snill	['vær ʂɔ 'snil]
Não se esqueça!	Ikke glem!	['ikə 'glem]
Com certeza!	Selvfølgelig!	[sɛl'følgəli]
Claro que não!	Selvfølgelig ikke!	[sɛl'følgəli 'ikə]
Está bem! De acordo!	OK! Enig!	[ɔ'kɛj], ['ɛni]
Chega!	Det er nok!	[de ær 'nɔk]

3. Números cardinais. Parte 1

zero	null	['nʉl]
um	en	['en]
dois	to	['tʊ]
três	tre	['tre]
quatro	fire	['fire]
cinco	fem	['fɛm]
seis	seks	['sɛks]
sete	sju	['ʂʉ]
oito	åtte	['ɔtə]
nove	ni	['ni]
dez	ti	['ti]
onze	elleve	['ɛlvə]
doze	tolv	['tɔl]
treze	tretten	['trɛtən]
catorze	fjorten	['fjɔːtən]
quinze	femten	['fɛmtən]
dezesseis	seksten	['sæjstən]
dezessete	sytten	['svtən]
dezoito	atten	['atən]
dezenove	nitten	['nitən]
vinte	tjue	['çʉe]
vinte e um	tjueen	['çʉe en]
vinte e dois	tjueto	['çʉe tʊ]
vinte e três	tjuetre	['çʉe tre]
trinta	tretti	['trɛti]
trinta e um	trettien	['trɛti en]
trinta e dois	trettito	['trɛti tʊ]
trinta e três	trettitre	['trɛti tre]
quarenta	førti	['fœːʈi]
quarenta e um	førtien	['fœːʈi en]
quarenta e dois	førtito	['fœːʈi tʊ]
quarenta e três	førtitre	['fœːʈi tre]

cinquenta	femti	['fɛmti]
cinquenta e um	femtien	['fɛmti en]
cinquenta e dois	femtito	['fɛmti tʊ]
cinquenta e três	femtitre	['fɛmti tre]

sessenta	seksti	['sɛksti]
sessenta e um	sekstien	['sɛksti en]
sessenta e dois	sekstito	['sɛksti tʊ]
sessenta e três	sekstitre	['sɛksti tre]

setenta	sytti	['sʏti]
setenta e um	syttien	['sʏti en]
setenta e dois	syttito	['sʏti tʊ]
setenta e três	syttitre	['sʏti tre]

oitenta	åtti	['ɔti]
oitenta e um	åttien	['ɔti en]
oitenta e dois	åttito	['ɔti tʊ]
oitenta e três	åttitre	['ɔti tre]

noventa	nitti	['niti]
noventa e um	nittien	['niti en]
noventa e dois	nittito	['niti tʊ]
noventa e três	nittitre	['niti tre]

4. Números cardinais. Parte 2

cem	hundre	['hʉndrə]
duzentos	to hundre	['tʊ ˌhʉndrə]
trezentos	tre hundre	['tre ˌhʉndrə]
quatrocentos	fire hundre	['fire ˌhʉndrə]
quinhentos	fem hundre	['fɛm ˌhʉndrə]

seiscentos	seks hundre	['sɛks ˌhʉndrə]
setecentos	syv hundre	['syv ˌhʉndrə]
oitocentos	åtte hundre	['ɔtə ˌhʉndrə]
novecentos	ni hundre	['ni ˌhʉndrə]

mil	tusen	['tʉsən]
dois mil	to tusen	['tʊ ˌtʉsən]
três mil	tre tusen	['tre ˌtʉsən]
dez mil	ti tusen	['ti ˌtʉsən]
cem mil	hundre tusen	['hʉndrə ˌtʉsən]
um milhão	million (m)	[mi'ljun]
um bilhão	milliard (m)	[mi'lja:d]

5. Números. Frações

fração (f)	brøk (m)	['brøk]
um meio	en halv	[en 'hɑl]
um terço	en tredjedel	[en 'tredjəˌdel]
um quarto	en fjerdedel	[en 'fjærəˌdel]

um oitavo	en åttendedel	[en 'ɔtenə,del]
um décimo	en tiendedel	[en 'tienə,del]
dois terços	to tredjedeler	['tʉ 'trɛdjə,delər]
três quartos	tre fjerdedeler	['tre 'fjær,delər]

6. Números. Operações básicas

subtração (f)	subtraksjon (m)	[sʉbtrak'ʂʉn]
subtrair (vi, vt)	å subtrahere	[ɔ 'sʉbtra,herə]
divisão (f)	divisjon (m)	[divi'ʂʉn]
dividir (vt)	å dividere	[ɔ divi'derə]

adição (f)	addisjon (m)	[adi'ʂʉn]
somar (vt)	å addere	[ɔ a'derə]
adicionar (vt)	å addere	[ɔ a'derə]
multiplicação (f)	multiplikasjon (m)	[mʉltiplika'ʂʉn]
multiplicar (vt)	å multiplisere	[ɔ mʉltipli'serə]

7. Números. Diversos

algarismo, dígito (m)	siffer (n)	['sifər]
número (m)	tall (n)	['tal]
numeral (m)	tallord (n)	['tal,u:r]
menos (m)	minus (n)	['minʉs]
mais (m)	pluss (n)	['plʉs]
fórmula (f)	formel (m)	['fɔrməl]

| cálculo (m) | beregning (m/f) | [be'rɛjniŋ] |
| contar (vt) | å telle | [ɔ 'tɛlə] |

| calcular (vt) | å telle opp | [ɔ 'tɛlə ɔp] |
| comparar (vt) | å sammenlikne | [ɔ 'samən,liknə] |

| Quanto? | Hvor mye? | [vʉr 'mye] |
| Quantos? -as? | Hvor mange? | [vʉr 'maŋe] |

soma (f)	sum (m)	['sʉm]
resultado (m)	resultat (n)	[resʉl'tat]
resto (m)	rest (m)	['rɛst]

alguns, algumas ...	noen	['nʉən]
poucos, poucas	få, ikke mange	['fɔ], ['ikə ,maŋə]
um pouco de ...	lite	['litə]
resto (m)	rest (m)	['rɛst]

| um e meio | halvannen | [hal'anən] |
| dúzia (f) | dusin (n) | [dʉ'sin] |

ao meio	i 2 halvdeler	[i tʉ hal'delər]
em partes iguais	jevnt	['jɛvnt]
metade (f)	halvdel (m)	['haldel]
vez (f)	gang (m)	['gaŋ]

17

8. Os verbos mais importantes. Parte 1

abrir (vt)	å åpne	[ɔ 'ɔpnə]
acabar, terminar (vt)	å slutte	[ɔ 'ʂlʉtə]
aconselhar (vt)	å råde	[ɔ 'ro:də]
adivinhar (vt)	å gjette	[ɔ 'jɛtə]
advertir (vt)	å varsle	[ɔ 'vaʂlə]
ajudar (vt)	å hjelpe	[ɔ 'jɛlpə]
almoçar (vi)	å spise lunsj	[ɔ 'spisə ˌlʉnʂ]
alugar (~ um apartamento)	å leie	[ɔ 'læjə]
amar (pessoa)	å elske	[ɔ 'ɛlskə]
ameaçar (vt)	å true	[ɔ 'trʉə]
anotar (escrever)	å skrive ned	[ɔ 'skrivə ne]
apressar-se (vr)	å skynde seg	[ɔ 'ʂynə sæj]
arrepender-se (vr)	å beklage	[ɔ be'klagə]
assinar (vt)	å underskrive	[ɔ 'ʉnəˌskrivə]
brincar (vi)	å spøke	[ɔ 'spøkə]
brincar, jogar (vi, vt)	å leke	[ɔ 'lekə]
buscar (vt)	å søke ...	[ɔ 'søkə ...]
caçar (vi)	å jage	[ɔ 'jagə]
cair (vi)	å falle	[ɔ 'falə]
cavar (vt)	å grave	[ɔ 'gravə]
chamar (~ por socorro)	å tilkalle	[ɔ 'tilˌkalə]
chegar (vi)	å ankomme	[ɔ 'anˌkɔmə]
chorar (vi)	å gråte	[ɔ 'gro:tə]
começar (vt)	å begynne	[ɔ be'jinə]
comparar (vt)	å sammenlikne	[ɔ 'samənˌliknə]
concordar (dizer "sim")	å samtykke	[ɔ 'samˌtʏkə]
confiar (vt)	å stole på	[ɔ 'stʉlə pɔ]
confundir (equivocar-se)	å forveksle	[ɔ for'vɛkʂlə]
conhecer (vt)	å kjenne	[ɔ 'çɛnə]
contar (fazer contas)	å telle	[ɔ 'tɛlə]
contar com ...	å regne med ...	[ɔ 'rɛjnə me ...]
continuar (vt)	å fortsette	[ɔ 'fortˌsɛtə]
controlar (vt)	å kontrollere	[ɔ kuntrɔ'lerə]
convidar (vt)	å innby, å invitere	[ɔ 'inby], [ɔ invi'terə]
correr (vi)	å løpe	[ɔ 'løpə]
criar (vt)	å opprette	[ɔ 'ɔpˌrɛtə]
custar (vt)	å koste	[ɔ 'kɔstə]

9. Os verbos mais importantes. Parte 2

dar (vt)	å gi	[ɔ 'ji]
dar uma dica	å gi et vink	[ɔ 'ji et 'vink]
decorar (enfeitar)	å pryde	[ɔ 'prydə]
defender (vt)	å forsvare	[ɔ fo'ʂvarə]
deixar cair (vt)	å tappe	[ɔ 'tapə]

descer (para baixo)	**å gå ned**	[ɔ 'gɔ ne]
desculpar (vt)	**å unnskylde**	[ɔ 'ʉnˌʂylə]
desculpar-se (vr)	**å unnskylde seg**	[ɔ 'ʉnˌʂylə sæj]
dirigir (~ uma empresa)	**å styre, å lede**	[ɔ 'styrə], [ɔ 'ledə]
discutir (notícias, etc.)	**å diskutere**	[ɔ diskʉ'terə]
disparar, atirar (vi)	**å skyte**	[ɔ 'ʂytə]
dizer (vt)	**å si**	[ɔ 'si]
duvidar (vt)	**å tvile**	[ɔ 'tvilə]
encontrar (achar)	**å finne**	[ɔ 'finə]
enganar (vt)	**å fuske**	[ɔ 'fʉskə]
entender (vt)	**å forstå**	[ɔ fɔ'ʂtɔ]
entrar (na sala, etc.)	**å komme inn**	[ɔ 'kɔmə in]
enviar (uma carta)	**å sende**	[ɔ 'sɛnə]
errar (enganar-se)	**å gjøre feil**	[ɔ 'jørə ˌfæjl]
escolher (vt)	**å velge**	[ɔ 'vɛlgə]
esconder (vt)	**å gjemme**	[ɔ 'jɛmə]
escrever (vt)	**å skrive**	[ɔ 'skrivə]
esperar (aguardar)	**å vente**	[ɔ 'vɛntə]
esperar (ter esperança)	**å håpe**	[ɔ 'hoːpə]
esquecer (vt)	**å glemme**	[ɔ 'glemə]
estudar (vt)	**å studere**	[ɔ stʉ'derə]
exigir (vt)	**å kreve**	[ɔ 'krevə]
existir (vi)	**å eksistere**	[ɔ ɛksi'sterə]
explicar (vt)	**å forklare**	[ɔ fɔr'klarə]
falar (vi)	**å tale**	[ɔ 'talə]
faltar (a la escuela, etc.)	**å skulke**	[ɔ 'skʉlkə]
fazer (vt)	**å gjøre**	[ɔ 'jørə]
ficar em silêncio	**å tie**	[ɔ 'tie]
gabar-se (vr)	**å prale**	[ɔ 'pralə]
gostar (apreciar)	**å like**	[ɔ 'likə]
gritar (vi)	**å skrike**	[ɔ 'skrikə]
guardar (fotos, etc.)	**å beholde**	[ɔ be'hɔlə]
informar (vt)	**å informere**	[ɔ infɔr'merə]
insistir (vi)	**å insistere**	[ɔ insi'sterə]
insultar (vt)	**å fornærme**	[ɔ fɔː'nærmə]
interessar-se (vr)	**å interessere seg**	[ɔ intəre'serə sæj]
ir (a pé)	**å gå**	[ɔ 'gɔ]
ir nadar	**å bade**	[ɔ 'badə]
jantar (vi)	**å spise middag**	[ɔ 'spisə 'miˌda]

10. Os verbos mais importantes. Parte 3

ler (vt)	**å lese**	[ɔ 'lesə]
libertar, liberar (vt)	**å befri**	[ɔ be'fri]
matar (vt)	**å døde, å myrde**	[ɔ 'dødə], [ɔ 'mʏːdə]
mencionar (vt)	**å omtale, å nevne**	[ɔ 'ɔmˌtalə], [ɔ 'nɛvnə]
mostrar (vt)	**å vise**	[ɔ 'visə]

mudar (modificar)	å endre	[ɔ 'ɛndrə]
nadar (vi)	å svømme	[ɔ 'svœmə]
negar-se a … (vr)	å vegre seg	[ɔ 'vɛgrə sæj]
objetar (vt)	å innvende	[ɔ 'in‚vɛnə]

observar (vt)	å observere	[ɔ ɔbsɛr'verə]
ordenar (mil.)	å beordre	[ɔ be'ɔrdrə]
ouvir (vt)	å høre	[ɔ 'høre]
pagar (vt)	å betale	[ɔ be'talə]
parar (vi)	å stoppe	[ɔ 'stɔpə]

parar, cessar (vt)	å slutte	[ɔ 'ʂlʉtə]
participar (vi)	å delta	[ɔ 'dɛlta]
pedir (comida, etc.)	å bestille	[ɔ be'stilə]
pedir (um favor, etc.)	å be	[ɔ 'be]
pegar (tomar)	å ta	[ɔ 'tɑ]

pegar (uma bola)	å fange	[ɔ 'faŋə]
pensar (vi, vt)	å tenke	[ɔ 'tɛnkə]
perceber (ver)	å bemerke	[ɔ be'mærkə]
perdoar (vt)	å tilgi	[ɔ 'til‚ji]
perguntar (vt)	å spørre	[ɔ 'spørə]

permitir (vt)	å tillate	[ɔ 'ti‚latə]
pertencer a … (vi)	å tilhøre …	[ɔ 'til‚høre …]
planejar (vt)	å planlegge	[ɔ 'plan‚legə]
poder (~ fazer algo)	å kunne	[ɔ 'kʉnə]
possuir (uma casa, etc.)	å besidde, å eie	[ɔ bɛ'sidə], [ɔ 'æjə]

preferir (vt)	å foretrekke	[ɔ 'fore‚trɛkə]
preparar (vt)	å lage	[ɔ 'lagə]
prever (vt)	å forutse	[ɔ 'forʉt‚sə]
prometer (vt)	å love	[ɔ 'lɔvə]
pronunciar (vt)	å uttale	[ɔ 'ʉt‚talə]

propor (vt)	å foreslå	[ɔ 'fore‚ʂlɔ]
punir (castigar)	å straffe	[ɔ 'strafə]
quebrar (vt)	å bryte	[ɔ 'brytə]
queixar-se de …	å klage	[ɔ 'klagə]
querer (desejar)	å ville	[ɔ 'vilə]

11. Os verbos mais importantes. Parte 4

ralhar, repreender (vt)	å skjelle	[ɔ 'ʂɛ:lə]
recomendar (vt)	å anbefale	[ɔ 'anbe‚falə]
repetir (dizer outra vez)	å gjenta	[ɔ 'jɛnta]
reservar (~ um quarto)	å reservere	[ɔ resɛr'verə]
responder (vt)	å svare	[ɔ 'svɑrə]

rezar, orar (vi)	å be	[ɔ 'be]
rir (vi)	å le, å skratte	[ɔ 'le], [ɔ 'skratə]
roubar (vt)	å stjele	[ɔ 'stjelə]
saber (vt)	å vite	[ɔ 'vitə]
sair (~ de casa)	å gå ut	[ɔ 'gɔ ʉt]

salvar (resgatar)	å redde	[ɔ 'rɛdə]
seguir (~ alguém)	å følge etter ...	[ɔ 'følə 'ɛtər ...]
sentar-se (vr)	å sette seg	[ɔ 'sɛtə sæj]
ser necessário	å være behøv	[ɔ 'værə bə'høv]

ser, estar	å være	[ɔ 'værə]
significar (vt)	å bety	[ɔ 'bety]
sorrir (vi)	å smile	[ɔ 'smilə]
subestimar (vt)	å undervurdere	[ɔ 'ʉnərvʉːˌderə]
surpreender-se (vr)	å bli forundret	[ɔ 'bli fɔ'rʉndrət]

tentar (~ fazer)	å prøve	[ɔ 'prøvə]
ter (vt)	å ha	[ɔ 'hɑ]
ter fome	å være sulten	[ɔ 'værə 'sʉltən]

ter medo	å frykte	[ɔ 'frʏktə]
ter sede	å være tørst	[ɔ 'værə 'tœʂt]
tocar (com as mãos)	å røre	[ɔ 'rørə]
tomar café da manhã	å spise frokost	[ɔ 'spisə ˌfrʉkɔst]
trabalhar (vi)	å arbeide	[ɔ 'ɑrˌbæjdə]
traduzir (vt)	å oversette	[ɔ 'ɔvəˌsɛtə]

unir (vt)	å forene	[ɔ fɔ'renə]
vender (vt)	å selge	[ɔ 'sɛlə]
ver (vt)	å se	[ɔ 'se]
virar (~ para a direita)	å svinge	[ɔ 'sviŋə]
voar (vi)	å fly	[ɔ 'fly]

12. Cores

cor (f)	farge (m)	['fɑrgə]
tom (m)	nyanse (m)	[ny'ɑnsə]
tonalidade (m)	fargetone (m)	['fɑrgəˌtʉnə]
arco-íris (m)	regnbue (m)	['ræjnˌbʉːə]

branco (adj)	hvit	['vit]
preto (adj)	svart	['svɑːʈ]
cinza (adj)	grå	['grɔ]

verde (adj)	grønn	['grœn]
amarelo (adj)	gul	['gʉl]
vermelho (adj)	rød	['rø]

azul (adj)	blå	['blɔ]
azul claro (adj)	lyseblå	['lysəˌblɔ]
rosa (adj)	rosa	['rɔsɑ]
laranja (adj)	oransje	[ɔ'rɑnsɛ]
violeta (adj)	fiolett	[fiʉ'lət]
marrom (adj)	brun	['brʉn]

dourado (adj)	gullgul	['gʉl]
prateado (adj)	sølv-	['søl-]
bege (adj)	beige	['bɛːʂ]
creme (adj)	kremfarget	['krɛmˌfɑrgət]

turquesa (adj)	**turkis**	[tʉrˈkis]
vermelho cereja (adj)	**kirsebærrød**	[ˈçisəbærˌrød]
lilás (adj)	**lilla**	[ˈlila]
carmim (adj)	**karminrød**	[ˈkɑrmʉˈsinˌrød]
claro (adj)	**lys**	[ˈlys]
escuro (adj)	**mørk**	[ˈmœrk]
vivo (adj)	**klar**	[ˈklɑr]
de cor	**farge-**	[ˈfɑrgə-]
a cores	**farge-**	[ˈfɑrgə-]
preto e branco (adj)	**svart-hvit**	[ˈsvɑːt vit]
unicolor (de uma só cor)	**ensfarget**	[ˈɛnsˌfɑrgət]
multicolor (adj)	**mangefarget**	[ˈmɑŋəˌfɑrgət]

13. Questões

Quem?	**Hvem?**	[ˈvɛm]
O que?	**Hva?**	[ˈvɑ]
Onde?	**Hvor?**	[ˈvʉr]
Para onde?	**Hvorhen?**	[ˈvʉrhen]
De onde?	**Hvorfra?**	[ˈvʉrfrɑ]
Quando?	**Når?**	[nɔr]
Para quê?	**Hvorfor?**	[ˈvʉrfʉr]
Por quê?	**Hvorfor?**	[ˈvʉrfʉr]
Para quê?	**Hvorfor?**	[ˈvʉrfʉr]
Como?	**Hvordan?**	[ˈvʉːdɑn]
Qual (~ é o problema?)	**Hvilken?**	[ˈvilkən]
Qual (~ deles?)	**Hvilken?**	[ˈvilkən]
A quem?	**Til hvem?**	[til ˈvɛm]
De quem?	**Om hvem?**	[ɔm ˈvɛm]
Do quê?	**Om hva?**	[ɔm ˈvɑ]
Com quem?	**Med hvem?**	[me ˈvɛm]
Quantos? -as?	**Hvor mange?**	[vʉr ˈmɑŋə]
Quanto?	**Hvor mye?**	[vʉr ˈmye]
De quem? (masc.)	**Hvis?**	[ˈvis]

14. Palavras funcionais. Advérbios. Parte 1

Onde?	**Hvor?**	[ˈvʉr]
aqui	**her**	[ˈhɛr]
lá, ali	**der**	[ˈdɛr]
em algum lugar	**et sted**	[et ˈsted]
em lugar nenhum	**ingensteds**	[ˈiŋənˌstɛts]
perto de …	**ved**	[ˈve]
perto da janela	**ved vinduet**	[ve ˈvindʉə]
Para onde?	**Hvorhen?**	[ˈvʉrhen]

aqui	hit	['hit]
para lá	dit	['dit]
daqui	herfra	['hɛr‚fra]
de lá, dali	derfra	['dɛr‚fra]

perto	nær	['nær]
longe	langt	['laŋt]

perto de ...	nær	['nær]
à mão, perto	i nærheten	[i 'nær‚hetən]
não fica longe	ikke langt	['ikə 'laŋt]

esquerdo (adj)	venstre	['vɛnstrə]
à esquerda	til venstre	[til 'vɛnstrə]
para a esquerda	til venstre	[til 'vɛnstrə]

direito (adj)	høyre	['højrə]
à direita	til høyre	[til 'højrə]
para a direita	til høyre	[til 'højrə]

em frente	foran	['foran]
da frente	fremre	['frɛmrə]
adiante (para a frente)	fram	['fram]

atrás de ...	bakom	['bakɔm]
de trás	bakfra	['bak‚fra]
para trás	tilbake	[til'bakə]

meio (m), metade (f)	midt (m)	['mit]
no meio	i midten	[i 'mitən]

do lado	fra siden	[fra 'sidən]
em todo lugar	overalt	[ɔvər'alt]
por todos os lados	rundt omkring	['rʉnt ɔm'kriŋ]

de dentro	innefra	['inə‚fra]
para algum lugar	et sted	[et 'sted]
diretamente	rett, direkte	['rɛt], ['di'rɛktə]
de volta	tilbake	[til'bakə]

de algum lugar	et eller annet steds fra	[et 'elər ‚aːnt 'stɛts fra]
de algum lugar	et eller annet steds fra	[et 'elər ‚aːnt 'stɛts fra]

em primeiro lugar	for det første	[for de 'fœʂtə]
em segundo lugar	for det annet	[for de 'aːnt]
em terceiro lugar	for det tredje	[for de 'trɛdje]

de repente	plutselig	['plʉtseli]
no início	i begynnelsen	[i be'jinəlsən]
pela primeira vez	for første gang	[for 'fœʂtə ‚gaŋ]
muito antes de ...	lenge før ...	['leŋə 'før ...]
de novo	på nytt	[pɔ 'nʏt]
para sempre	for godt	[for 'gɔt]

nunca	aldri	['aldri]
de novo	igjen	[i'jɛn]

agora	nå	['nɔ]
frequentemente	ofte	['ɔftə]
então	da	['da]
urgentemente	omgående	['ɔm,gɔ:nə]
normalmente	vanligvis	['vanli,vis]

a propósito, …	forresten, …	[fɔ'rɛstən …]
é possível	mulig, kanskje	['mʉli], ['kanʂə]
provavelmente	sannsynligvis	[san'synli,vis]
talvez	kanskje	['kanʂə]
além disso, …	dessuten, …	[des'ʉtən …]
por isso …	derfor …	['dɛrfor …]
apesar de …	på tross av …	['pɔ 'trɔs ɑ: …]
graças a …	takket være …	['takət ,værə …]

que (pron.)	hva	['va]
que (conj.)	at	[at]
algo	noe	['nʊe]
alguma coisa	noe	['nʊe]
nada	ingenting	['iŋəntiŋ]

quem	hvem	['vɛm]
alguém (~ que …)	noen	['nʊən]
alguém (com ~)	noen	['nʊən]

ninguém	ingen	['iŋən]
para lugar nenhum	ingensteds	['iŋən,stɛts]
de ninguém	ingens	['iŋəns]
de alguém	noens	['nʊəns]

tão	så	['sɔ:]
também (gostaria ~ de …)	også	['ɔsɔ]
também (~ eu)	også	['ɔsɔ]

15. Palavras funcionais. Advérbios. Parte 2

Por quê?	Hvorfor?	['vʊrfʊr]
por alguma razão	av en eller annen grunn	[ɑ: en elər 'anən ,grʉn]
porque …	fordi …	[fɔ'di …]
por qualquer razão	av en eller annen grunn	[ɑ: en elər 'anən ,grʉn]

e (tu ~ eu)	og	['ɔ]
ou (ser ~ não ser)	eller	['elər]
mas (porém)	men	['men]
para (~ a minha mãe)	for, til	[fɔr], [til]

muito, demais	for, altfor	['fɔr], ['altfor]
só, somente	bare	['barə]
exatamente	presis, eksakt	[prɛ'sis], [ɛk'sakt]
cerca de (~ 10 kg)	cirka	['sirka]

aproximadamente	omtrent	[ɔm'trɛnt]
aproximado (adj)	omtrentlig	[ɔm'trɛntli]
quase	nesten	['nɛstən]

resto (m)	**rest** (m)	['rɛst]
o outro (segundo)	**den annen**	[den 'anən]
outro (adj)	**andre**	['ɑndrə]
cada (adj)	**hver**	['vɛr]
qualquer (adj)	**hvilken som helst**	['vilkən sɔm 'hɛlst]
muito, muitos, muitas	**mye**	['mye]
muitas pessoas	**mange**	['maŋə]
todos	**alle**	['alə]
em troca de ...	**til gjengjeld for ...**	[til 'jɛnjɛl fɔr ...]
em troca	**istedenfor**	[i'steden,fɔr]
à mão	**for hånd**	[fɔr 'hɔn]
pouco provável	**neppe**	['nepə]
provavelmente	**sannsynligvis**	[san'sʏnli,vis]
de propósito	**med vilje**	[me 'viljə]
por acidente	**tilfeldigvis**	[til'fɛldivis]
muito	**meget**	['megət]
por exemplo	**for eksempel**	[fɔr ɛk'sɛmpəl]
entre	**mellom**	['mɛlɔm]
entre (no meio de)	**blant**	['blant]
tanto	**så mye**	['sɔ: mye]
especialmente	**særlig**	['sæ:ḷi]

Conceitos básicos. Parte 2

16. Opostos

rico (adj)	rik	['rik]
pobre (adj)	fattig	['fɑti]
doente (adj)	syk	['syk]
bem (adj)	frisk	['frisk]
grande (adj)	stor	['stʊr]
pequeno (adj)	liten	['litən]
rapidamente	fort	['fʊːʈ]
lentamente	langsomt	['lɑŋsɔmt]
rápido (adj)	hurtig	['høːʈi]
lento (adj)	langsom	['lɑŋsɔm]
alegre (adj)	glad	['glɑ]
triste (adj)	sørgmodig	[sør'mʊdi]
juntos (ir ~)	sammen	['sɑmən]
separadamente	separat	[sepɑ'rɑt]
em voz alta (ler ~)	høyt	['højt]
para si (em silêncio)	for seg selv	[fɔr sæj 'sɛl]
alto (adj)	høy	['høj]
baixo (adj)	lav	['lɑv]
profundo (adj)	dyp	['dyp]
raso (adj)	grunn	['grʉn]
sim	ja	['ja]
não	nei	['næj]
distante (adj)	fjern	['fjæːn]
próximo (adj)	nær	['nær]
longe	langt	['lɑŋt]
à mão, perto	i nærheten	[i 'nær,hetən]
longo (adj)	lang	['lɑŋ]
curto (adj)	kort	['kʊːʈ]
bom (bondoso)	god	['gʊ]
mal (adj)	ond	['ʊn]
casado (adj)	gift	['jift]

| solteiro (adj) | ugift | [ʉːˈjift] |

| proibir (vt) | å forby | [ɔ forˈby] |
| permitir (vt) | å tillate | [ɔ ˈtiˌlatə] |

| fim (m) | slutt (m) | [ˈʂlʉt] |
| início (m) | begynnelse (m) | [beˈjinəlsə] |

| esquerdo (adj) | venstre | [ˈvɛnstrə] |
| direito (adj) | høyre | [ˈhøjrə] |

| primeiro (adj) | første | [ˈfœʂtə] |
| último (adj) | sist | [ˈsist] |

| crime (m) | forbrytelse (m) | [forˈbrytəlsə] |
| castigo (m) | straff (m) | [ˈstraf] |

| ordenar (vt) | å beordre | [ɔ beˈɔrdrə] |
| obedecer (vt) | å underordne seg | [ɔ ˈʉnərˌɔrdnə sæj] |

| reto (adj) | rett | [ˈrɛt] |
| curvo (adj) | kroket | [ˈkrɔkət] |

| paraíso (m) | paradis (n) | [ˈparaˌdis] |
| inferno (m) | helvete (n) | [ˈhɛlvetə] |

| nascer (vi) | å fødes | [ɔ ˈfødə] |
| morrer (vi) | å dø | [ɔ ˈdø] |

| forte (adj) | sterk | [ˈstærk] |
| fraco, débil (adj) | svak | [ˈsvak] |

| velho, idoso (adj) | gammel | [ˈgaməl] |
| jovem (adj) | ung | [ˈʉŋ] |

| velho (adj) | gammel | [ˈgaməl] |
| novo (adj) | ny | [ˈny] |

| duro (adj) | hard | [ˈhar] |
| macio (adj) | bløt | [ˈbløt] |

| quente (adj) | varm | [ˈvarm] |
| frio (adj) | kald | [ˈkal] |

| gordo (adj) | tykk | [ˈtʏk] |
| magro (adj) | tynn | [ˈtʏn] |

| estreito (adj) | smal | [ˈsmal] |
| largo (adj) | bred | [ˈbre] |

| bom (adj) | bra | [ˈbra] |
| mau (adj) | dårlig | [ˈdoːli] |

| valente, corajoso (adj) | tapper | [ˈtapər] |
| covarde (adj) | feig | [ˈfæjg] |

17. Dias da semana

segunda-feira (f)	mandag (m)	['manˌda]
terça-feira (f)	tirsdag (m)	['tiʂˌda]
quarta-feira (f)	onsdag (m)	['ʉnsˌda]
quinta-feira (f)	torsdag (m)	['tɔʂˌda]
sexta-feira (f)	fredag (m)	['frɛˌda]
sábado (m)	lørdag (m)	['lørˌda]
domingo (m)	søndag (m)	['sønˌda]

hoje	i dag	[i 'da]
amanhã	i morgen	[i 'mɔːən]
depois de amanhã	i overmorgen	[i 'ɔvərˌmɔːən]
ontem	i går	[i 'gɔr]
anteontem	i forgårs	[i 'fɔrˌgɔʂ]

dia (m)	dag (m)	['da]
dia (m) de trabalho	arbeidsdag (m)	['arbæjdsˌda]
feriado (m)	festdag (m)	['fɛstˌda]
dia (m) de folga	fridag (m)	['friˌda]
fim (m) de semana	ukeslutt (m), helg (f)	['ʉkəˌʂlʉt], ['hɛlg]

o dia todo	hele dagen	['helə 'dagən]
no dia seguinte	neste dag	['nɛstə ˌda]
há dois dias	for to dager siden	[fɔr tʉ 'dagər ˌsidən]
na véspera	dagen før	['dagən 'før]
diário (adj)	daglig	['dagli]
todos os dias	hver dag	['vɛr da]

semana (f)	uke (m/f)	['ʉkə]
na semana passada	siste uke	['sistə 'ʉkə]
semana que vem	i neste uke	[i 'nɛstə 'ʉkə]
semanal (adj)	ukentlig	['ʉkəntli]
toda semana	hver uke	['vɛr 'ʉkə]
duas vezes por semana	to ganger per uke	['tʉ 'gaŋər per 'ʉkə]
toda terça-feira	hver tirsdag	['vɛr 'tiʂda]

18. Horas. Dia e noite

manhã (f)	morgen (m)	['mɔːən]
de manhã	om morgenen	[ɔm 'mɔːenən]
meio-dia (m)	middag (m)	['miˌda]
à tarde	om ettermiddagen	[ɔm 'ɛtərˌmidagən]

tardinha (f)	kveld (m)	['kvɛl]
à tardinha	om kvelden	[ɔm 'kvɛlən]
noite (f)	natt (m/f)	['nat]
à noite	om natta	[ɔm 'nata]
meia-noite (f)	midnatt (m/f)	['midˌnat]

segundo (m)	sekund (m/n)	[se'kʉn]
minuto (m)	minutt (n)	[mi'nʉt]
hora (f)	time (m)	['timə]

meia hora (f)	halvtime (m)	['hal‚timə]
quarto (m) de hora	kvarter (n)	[kvɑːʈer]
quinze minutos	femten minutter	['fɛmtən mi'nʉtər]
vinte e quatro horas	døgn (n)	['døjn]

nascer (m) do sol	soloppgang (m)	['sʊlɔp‚gɑŋ]
amanhecer (m)	daggry (n)	['dɑg‚gry]
madrugada (f)	tidlig morgen (m)	['tili 'mɔːən]
pôr-do-sol (m)	solnedgang (m)	['sʊlned‚gɑŋ]

de madrugada	tidlig om morgenen	['tili ɔm 'mɔːenən]
esta manhã	i morges	[i 'mɔrəs]
amanhã de manhã	i morgen tidlig	[i 'mɔːən 'tili]

esta tarde	i formiddag	[i 'fɔrmi‚dɑ]
à tarde	om ettermiddagen	[ɔm 'ɛtər‚midɑgən]
amanhã à tarde	i morgen ettermiddag	[i 'mɔːən 'ɛtər‚midɑ]

| esta noite, hoje à noite | i kveld | [i 'kvɛl] |
| amanhã à noite | i morgen kveld | [i 'mɔːən ‚kvɛl] |

às três horas em ponto	presis klokka tre	[prɛ'sis 'klɔkɑ tre]
por volta das quatro	ved fire-tiden	[ve 'fire ‚tidən]
às doze	innen klokken tolv	['inən 'klɔkən tɔl]

em vinte minutos	om tjue minutter	[ɔm 'çʉə mi'nʉtər]
em uma hora	om en time	[ɔm en 'timə]
a tempo	i tide	[i 'tidə]

... um quarto para	kvart på ...	['kvɑːʈ pɔ ...]
dentro de uma hora	innen en time	['inən en 'time]
a cada quinze minutos	hvert kvarter	['vɛːʈ kvɑːʈer]
as vinte e quatro horas	døgnet rundt	['døjne ‚rʉnt]

19. Meses. Estações

janeiro (m)	januar (m)	['janʉ‚ɑr]
fevereiro (m)	februar (m)	['febrʉ‚ɑr]
março (m)	mars (m)	['mɑʂ]
abril (m)	april (m)	[ɑ'pril]
maio (m)	mai (m)	['mɑj]
junho (m)	juni (m)	['jʉni]

julho (m)	juli (m)	['jʉli]
agosto (m)	august (m)	[aʊ'gʉst]
setembro (m)	september (m)	[sep'tɛmbər]
outubro (m)	oktober (m)	[ɔk'tʉbər]
novembro (m)	november (m)	[nʊ'vɛmbər]
dezembro (m)	desember (m)	[de'sɛmbər]

primavera (f)	vår (m)	['vɔːr]
na primavera	om våren	[ɔm 'vɔːrən]
primaveril (adj)	vår-, vårlig	['vɔːr-], ['vɔːli]
verão (m)	sommer (m)	['sɔmər]

no verão	**om sommeren**	[ɔm 'sɔmerən]
de verão	**sommer-**	['sɔmər-]

outono (m)	**høst** (m)	['høst]
no outono	**om høsten**	[ɔm 'høstən]
outonal (adj)	**høst-, høstlig**	['høst-], ['høstli]

inverno (m)	**vinter** (m)	['vintər]
no inverno	**om vinteren**	[ɔm 'vinterən]
de inverno	**vinter-**	['vintər-]
mês (m)	**måned** (m)	['moːnət]
este mês	**denne måneden**	['dɛnə 'moːnedən]
mês que vem	**neste måned**	['nɛstə 'moːnət]
no mês passado	**forrige måned**	['fɔriə ˌmoːnət]

um mês atrás	**for en måned siden**	[fɔr en 'moːnət ˌsidən]
em um mês	**om en måned**	[ɔm en 'moːnət]
em dois meses	**om to måneder**	[ɔm 'tʊ 'moːnedər]
todo o mês	**en hel måned**	[en 'hel 'moːnət]
um mês inteiro	**hele måned**	['helə 'moːnət]

mensal (adj)	**månedlig**	['moːnədli]
mensalmente	**månedligt**	['moːnedlət]
todo mês	**hver måned**	[ˌvɛr 'moːnət]
duas vezes por mês	**to ganger per måned**	['tʊ 'gaŋər per 'moːnət]

ano (m)	**år** (n)	['ɔr]
este ano	**i år**	[i 'oːr]
ano que vem	**neste år**	['nɛstə ˌoːr]
no ano passado	**i fjor**	[i 'fjor]
há um ano	**for et år siden**	[fɔr et 'oːr ˌsidən]
em um ano	**om et år**	[ɔm et 'oːr]
dentro de dois anos	**om to år**	[ɔm 'tʊ 'oːr]
todo o ano	**hele året**	['helə 'oːre]
um ano inteiro	**hele året**	['helə 'oːre]

cada ano	**hvert år**	['vɛːt̯ 'oːr]
anual (adj)	**årlig**	['oːli]
anualmente	**årlig, hvert år**	['oːli], ['vɛːt̯ 'ɔr]
quatro vezes por ano	**fire ganger per år**	['fire 'gaŋər per 'oːr]

data (~ de hoje)	**dato** (m)	['datʊ]
data (ex. ~ de nascimento)	**dato** (m)	['datʊ]
calendário (m)	**kalender** (m)	[ka'lendər]

meio ano	**halvår** (n)	['halˌoːr]
seis meses	**halvår** (n)	['halˌoːr]
estação (f)	**årstid** (m/f)	['oːs̩ˌtid]
século (m)	**århundre** (n)	['ɔrˌhʉndrə]

20. Tempo. Diversos

tempo (m)	**tid** (m/f)	['tid]
momento (m)	**øyeblikk** (n)	['øjəˌblik]

instante (m)	øyeblikk (n)	['øjə.blik]
instantâneo (adj)	øyeblikkelig	['øjə.blikəli]
lapso (m) de tempo	tidsavsnitt (n)	['tids.afsnit]
vida (f)	liv (n)	['liv]
eternidade (f)	evighet (m)	['ɛvi.het]

época (f)	epoke (m)	[ɛ'pʊkə]
era (f)	æra (m)	['æra]
ciclo (m)	syklus (m)	['syklʉs]
período (m)	periode (m)	[pæri'ʊdə]
prazo (m)	sikt (m)	['sikt]

futuro (m)	framtid (m/f)	['fram.tid]
futuro (adj)	framtidig, fremtidig	['fram.tidi], ['frɛm.tidi]
da próxima vez	neste gang	['nɛstə .gaŋ]
passado (m)	fortid (m/f)	['fɔ:.tid]
passado (adj)	forrige	['foriə]
na última vez	siste gang	['sistə .gaŋ]
mais tarde	senere	['senerə]
depois de ...	etterpå	['ɛtər.pɔ]
atualmente	for nærværende	[fɔr 'nær.værnə]
agora	nå	['nɔ]
imediatamente	umiddelbart	['ʉmidəl.ba:t]
em breve	snart	['sna:t]
de antemão	på forhånd	[pɔ 'fo:r.hɔn]

há muito tempo	for lenge siden	[fɔr 'leŋə .sidən]
recentemente	nylig	['nyli]
destino (m)	skjebne (m)	['ʂɛbnə]
recordações (f pl)	minner (n pl)	['minər]
arquivo (n)	arkiv (n)	[ar'kiv]
durante ...	under ...	['ʉnər ...]
durante muito tempo	lenge	['leŋə]
pouco tempo	ikke lenge	['ikə 'leŋə]
cedo (levantar-se ~)	tidlig	['tili]
tarde (deitar-se ~)	sent	['sɛnt]

para sempre	for alltid	[fɔr 'al.tid]
começar (vt)	å begynne	[ɔ be'jinə]
adiar (vt)	å utsette	[ɔ 'ʉt.sɛtə]

ao mesmo tempo	samtidig	['sam.tidi]
permanentemente	alltid, stadig	['al.tid], ['stadi]
constante (~ ruído, etc.)	konstant	[kʉn'stant]
temporário (adj)	midlertidig, temporær	['midlə.tidi], ['tɛmpɔ.rær]

às vezes	av og til	['av ɔ .til]
raras vezes, raramente	sjelden	['ʂɛlən]
frequentemente	ofte	['ɔftə]

21. Linhas e formas

quadrado (m)	kvadrat (n)	[kva'drat]
quadrado (adj)	kvadratisk	[kva'dratisk]

círculo (m)	sirkel (m)	['sirkəl]
redondo (adj)	rund	['rʉn]
triângulo (m)	trekant (m)	['tre͵kant]
triangular (adj)	trekantet	['tre͵kantət]

oval (f)	oval (m)	[ʊ'val]
oval (adj)	oval	[ʊ'val]
retângulo (m)	rektangel (n)	['rɛk͵taŋəl]
retangular (adj)	rettvinklet	['rɛt͵vinklət]

pirâmide (f)	pyramide (m)	[pyra'midə]
losango (m)	rombe (m)	['rʉmbə]
trapézio (m)	trapes (m/n)	[tra'pes]
cubo (m)	kube, terning (m)	['kʉbə], ['tæ:ŋiŋ]
prisma (m)	prisme (n)	['prismə]

circunferência (f)	omkrets (m)	['ɔm͵krɛts]
esfera (f)	sfære (m)	['sfærə]
globo (m)	kule (m/f)	['kʉ:lə]
diâmetro (m)	diameter (m)	['dia͵metər]
raio (m)	radius (m)	['radiʉs]
perímetro (m)	perimeter (n)	[peri'metər]
centro (m)	midtpunkt (n)	['mit͵pʉnkt]

horizontal (adj)	horisontal	[hʉrisɔn'tal]
vertical (adj)	loddrett, lodd-	['lɔd͵rɛt], ['lɔd-]
paralela (f)	parallell (m)	[para'lel]
paralelo (adj)	parallell	[para'lel]

linha (f)	linje (m)	['linjə]
traço (m)	strek (m)	['strek]
reta (f)	rett linje (m/f)	['rɛt 'linjə]
curva (f)	kurve (m)	['kʉrvə]
fino (linha ~a)	tynn	['tʏn]
contorno (m)	kontur (m)	[kʉn'tʉr]

interseção (f)	skjæringspunkt (n)	['ʂæriŋs͵pʉnkt]
ângulo (m) reto	rett vinkel (m)	['rɛt 'vinkəl]
segmento (m)	segment (n)	[seg'mɛnt]
setor (m)	sektor (m)	['sɛktʉr]
lado (de um triângulo, etc.)	side (m/f)	['sidə]
ângulo (m)	vinkel (m)	['vinkəl]

22. Unidades de medida

peso (m)	vekt (m)	['vɛkt]
comprimento (m)	lengde (m/f)	['leŋdə]
largura (f)	bredde (m)	['brɛdə]
altura (f)	høyde (m)	['højdə]
profundidade (f)	dybde (m)	['dʏbdə]
volume (m)	volum (n)	[vɔ'lʉm]
área (f)	areal (n)	[͵are'al]
grama (m)	gram (n)	['gram]
miligrama (m)	milligram (n)	['mili͵gram]

quilograma (m)	kilogram (n)	['çilu‚gram]
tonelada (f)	tonn (m/n)	['tɔn]
libra (453,6 gramas)	pund (n)	['pʉn]
onça (f)	unse (m)	['ʉnsə]

metro (m)	meter (m)	['metər]
milímetro (m)	millimeter (m)	['mili‚metər]
centímetro (m)	centimeter (m)	['sɛnti‚metər]
quilômetro (m)	kilometer (m)	['çilu‚metər]
milha (f)	mil (m/f)	['mil]

polegada (f)	tomme (m)	['tɔmə]
pé (304,74 mm)	fot (m)	['fʊt]
jarda (914,383 mm)	yard (m)	['jaːrd]

| metro (m) quadrado | kvadratmeter (m) | [kvɑ'drɑt‚metər] |
| hectare (m) | hektar (n) | ['hɛktar] |

litro (m)	liter (m)	['litər]
grau (m)	grad (m)	['grɑd]
volt (m)	volt (m)	['vɔlt]
ampère (m)	ampere (m)	[ɑm'pɛr]
cavalo (m) de potência	hestekraft (m/f)	['hɛstə‚krɑft]

quantidade (f)	mengde (m)	['mɛŋdə]
um pouco de ...	få ...	['fɔ ...]
metade (f)	halvdel (m)	['hɑldəl]
dúzia (f)	dusin (n)	[dʉ'sin]
peça (f)	stykke (n)	['stʏkə]

| tamanho (m), dimensão (f) | størrelse (m) | ['stœrəlsə] |
| escala (f) | målestokk (m) | ['moːlə‚stɔk] |

mínimo (adj)	minimal	[mini'mɑl]
menor, mais pequeno	minste	['minstə]
médio (adj)	middel-	['midəl-]
máximo (adj)	maksimal	[mɑksi'mɑl]
maior, mais grande	største	['stœʂtə]

23. Recipientes

pote (m) de vidro	glaskrukke (m/f)	['glɑs‚krʉkə]
lata (~ de cerveja)	boks (m)	['bɔks]
balde (m)	bøtte (m/f)	['bœtə]
barril (m)	tønne (m)	['tœnə]

bacia (~ de plástico)	vaskefat (n)	['vɑskə‚fɑt]
tanque (m)	tank (m)	['tɑŋk]
cantil (m) de bolso	lommelerke (m/f)	['lʊmə‚lærkə]
galão (m) de gasolina	bensinkanne (m/f)	[bɛn'sin‚kɑnə]
cisterna (f)	tank (m)	['tɑŋk]

| caneca (f) | krus (n) | ['krʉs] |
| xícara (f) | kopp (m) | ['kɔp] |

pires (m)	tefat (n)	['te‚fat]
copo (m)	glass (n)	['glas]
taça (f) de vinho	vinglass (n)	['vin‚glas]
panela (f)	gryte (m/f)	['grytə]

garrafa (f)	flaske (m)	['flaskə]
gargalo (m)	flaskehals (m)	['flaskə‚hals]

jarra (f)	karaffel (m)	[ka'rafəl]
jarro (m)	mugge (m/f)	['mʉgə]
recipiente (m)	beholder (m)	[be'hɔlər]
pote (m)	pott, potte (m)	['pɔt], ['pɔtə]
vaso (m)	vase (m)	['vasə]

frasco (~ de perfume)	flakong (m)	[fla'kɔŋ]
frasquinho (m)	flaske (m/f)	['flaskə]
tubo (m)	tube (m)	['tʉbə]

saco (ex. ~ de açúcar)	sekk (m)	['sɛk]
sacola (~ plastica)	pose (m)	['pʉsə]
maço (de cigarros, etc.)	pakke (m/f)	['pakə]

caixa (~ de sapatos, etc.)	eske (m/f)	['ɛskə]
caixote (~ de madeira)	kasse (m/f)	['kasə]
cesto (m)	kurv (m)	['kʉrv]

24. Materiais

material (m)	materiale (n)	[materi'alə]
madeira (f)	tre (n)	['trɛ]
de madeira	tre-, av tre	['trɛ-], [ɑː 'trɛ]

vidro (m)	glass (n)	['glas]
de vidro	glass-	['glas-]

pedra (f)	stein (m)	['stæjn]
de pedra	stein-	['stæjn-]

plástico (m)	plast (m)	['plast]
plástico (adj)	plast-	['plast-]

borracha (f)	gummi (m)	['gʉmi]
de borracha	gummi-	['gʉmi-]

tecido, pano (m)	tøy (n)	['tøj]
de tecido	tøy-	['tøj-]

papel (m)	papir (n)	[pa'pir]
de papel	papir-	[pa'pir-]

papelão (m)	papp, kartong (m)	['pap], [kɑː'tɔŋ]
de papelão	papp-, kartong-	['pap-], [kɑː'tɔŋ-]
polietileno (m)	polyetylen (n)	['pʉlɛty‚len]
celofane (m)	cellofan (m)	[sɛlu'fan]

linóleo (m)	linoleum (m)	[li'nɔleum]
madeira (f) compensada	kryssfiner (m)	['krysfiˌnɛr]

porcelana (f)	porselen (n)	[pɔʂə'len]
de porcelana	porselens-	[pɔʂə'lens-]
argila (f), barro (m)	leir (n)	['læjr]
de barro	leir-	['læjr-]
cerâmica (f)	keramikk (m)	[çerɑ'mik]
de cerâmica	keramisk	[çe'rɑmisk]

25. Metais

metal (m)	metall (n)	[me'tɑl]
metálico (adj)	metall-	[me'tɑl-]
liga (f)	legering (m/f)	[le'geriŋ]

ouro (m)	gull (n)	['gʉl]
de ouro	av gull, gull-	[ɑ: 'gʉl], ['gʉl-]
prata (f)	sølv (n)	['søl]
de prata	sølv-, av sølv	['søl-], [ɑ: 'søl]

ferro (m)	jern (n)	['jæ:ɳ]
de ferro	jern-	['jæ:ɳ-]
aço (m)	stål (n)	['stɔl]
de aço (adj)	stål-	['stɔl-]
cobre (m)	kobber (n)	['kɔbər]
de cobre	kobber-	['kɔbər-]

alumínio (m)	aluminium (n)	[ɑlu'minium]
de alumínio	aluminium-	[ɑlu'minium-]
bronze (m)	bronse (m)	['brɔnsə]
de bronze	bronse-	['brɔnsə-]

latão (m)	messing (m)	['mɛsiŋ]
níquel (m)	nikkel (m)	['nikəl]
platina (f)	platina (m/n)	['plɑtinɑ]
mercúrio (m)	kvikksølv (n)	['kvikˌsøl]
estanho (m)	tinn (n)	['tin]
chumbo (m)	bly (n)	['bly]
zinco (m)	sink (m/n)	['sink]

O SER HUMANO

O ser humano. O corpo

26. Humanos. Conceitos básicos

ser (m) humano	menneske (n)	['mɛnəskə]
homem (m)	mann (m)	['man]
mulher (f)	kvinne (m/f)	['kvinə]
criança (f)	barn (n)	['bɑ:ŋ]
menina (f)	jente (m/f)	['jɛntə]
menino (m)	gutt (m)	['gʉt]
adolescente (m)	tenåring (m)	['tɛno:riŋ]
velho (m)	eldre mann (m)	['ɛldrə ˌman]
velha (f)	eldre kvinne (m/f)	['ɛldrə ˌkvinə]

27. Anatomia humana

organismo (m)	organisme (m)	[ɔrgɑ'nismə]
coração (m)	hjerte (n)	['jæ:ʈə]
sangue (m)	blod (n)	['blʉ]
artéria (f)	arterie (m)	[ɑ:'ʈeriə]
veia (f)	vene (m)	['ve:nə]
cérebro (m)	hjerne (m)	['jæ:ŋə]
nervo (m)	nerve (m)	['nærvə]
nervos (m pl)	nerver (m pl)	['nærvər]
vértebra (f)	ryggvirvel (m)	['rʏgˌvirvəl]
coluna (f) vertebral	ryggrad (m)	['rʏgˌrɑd]
estômago (m)	magesekk (m)	['mɑgəˌsɛk]
intestinos (m pl)	innvoller, tarmer (m pl)	['inˌvɔlər], ['tɑrmər]
intestino (m)	tarm (m)	['tɑrm]
fígado (m)	lever (m)	['levər]
rim (m)	nyre (m/n)	['nyrə]
osso (m)	bein (n)	['bæjn]
esqueleto (m)	skjelett (n)	[ʂe'let]
costela (f)	ribbein (n)	['ribˌbæjn]
crânio (m)	hodeskalle (m)	['hʉdəˌskɑlə]
músculo (m)	muskel (m)	['mʉskəl]
bíceps (m)	biceps (m)	['bisɛps]
tríceps (m)	triceps (m)	['trisɛps]
tendão (m)	sene (m/f)	['se:nə]
articulação (f)	ledd (n)	['led]

pulmões (m pl)   lunger (m pl)   ['lʉŋər]
órgãos (m pl) genitais kjønnsorganer (n pl)   ['çœns͵ɔr'ganər]
pele (f)   hud (m/f)   ['hʉd]

28. Cabeça

cabeça (f)   hode (n)   ['hʉdə]
rosto, cara (f)   ansikt (n)   ['ɑnsikt]
nariz (m)   nese (m/f)   ['nesə]
boca (f)   munn (m)   ['mʉn]

olho (m)   øye (n)   ['øjə]
olhos (m pl)   øyne (n pl)   ['øjnə]
pupila (f)   pupill (m)   [pʉ'pil]
sobrancelha (f)   øyenbryn (n)   ['øjən͵bryn]
cílio (f)   øyenvipp (m)   ['øjən͵vip]
pálpebra (f)   øyelokk (m)   ['øjə͵lɔk]

língua (f)   tunge (m/f)   ['tʉŋə]
dente (m)   tann (m/f)   ['tɑn]
lábios (m pl)   lepper (m/f pl)   ['lepər]
maçãs (f pl) do rosto kinnbein (n pl)   ['çin͵bæjn]
gengiva (f)   tannkjøtt (n)   ['tɑn͵çœt]
palato (m)   gane (m)   ['gɑnə]

narinas (f pl)   nesebor (n pl)   ['nesə͵bʉr]
queixo (m)   hake (m/f)   ['hɑkə]
mandíbula (f)   kjeve (m)   ['çɛvə]
bochecha (f)   kinn (n)   ['çin]

testa (f)   panne (m/f)   ['pɑnə]
têmpora (f)   tinning (m)   ['tiniŋ]
orelha (f)   øre (n)   ['ørə]
costas (f pl) da cabeça bakhode (n)   ['bɑk͵hʉdə]
pescoço (m)   hals (m)   ['hɑls]
garganta (f)   strupe, hals (m)   ['strʉpə], ['hɑls]

cabelo (m)   hår (n pl)   ['hɔr]
penteado (m)   frisyre (m)   [fri'syrə]
corte (m) de cabelo hårfasong (m)   ['hoːrfɑ͵sɔŋ]
peruca (f)   parykk (m)   [pɑ'rʏk]

bigode (m)   mustasje (m)   [mʉ'stɑʂə]
barba (f)   skjegg (n)   ['ʂɛg]
ter (~ barba, etc.) å ha   [ɔ 'hɑ]
trança (f)   flette (m/f)   ['fletə]
suíças (f pl)   bakkenbarter (pl)   ['bɑkən͵bɑːʈər]

ruivo (adj)   rødhåret   ['rø͵hoːrət]
grisalho (adj)   grå   ['grɔ]
careca (adj)   skallet   ['skɑlət]
calva (f)   skallet flekk (m)   ['skɑlət ͵flek]
rabo-de-cavalo (m)   hestehale (m)   ['hɛstə͵hɑlə]
franja (f)   pannelugg (m)   ['pɑnə͵lʉg]

29. Corpo humano

mão (f)	hånd (m/f)	['hɔn]
braço (m)	arm (m)	['ɑrm]
dedo (m)	finger (m)	['fiŋər]
dedo (m) do pé	tå (m/f)	['tɔ]
polegar (m)	tommel (m)	['tɔməl]
dedo (m) mindinho	lillefinger (m)	['lilə,fiŋər]
unha (f)	negl (m)	['nɛjl]
punho (m)	knyttneve (m)	['knʏt,nevə]
palma (f)	håndflate (m/f)	['hɔn,flatə]
pulso (m)	håndledd (n)	['hɔn,led]
antebraço (m)	underarm (m)	['ʉnər,arm]
cotovelo (m)	albue (m)	['al,bʉə]
ombro (m)	skulder (m)	['skʉldər]
perna (f)	bein (n)	['bæjn]
pé (m)	fot (m)	['fʊt]
joelho (m)	kne (n)	['knɛ]
panturrilha (f)	legg (m)	['leg]
quadril (m)	hofte (m)	['hɔftə]
calcanhar (m)	hæl (m)	['hæl]
corpo (m)	kropp (m)	['krɔp]
barriga (f), ventre (m)	mage (m)	['magə]
peito (m)	bryst (n)	['brʏst]
seio (m)	bryst (n)	['brʏst]
lado (m)	side (m/f)	['sidə]
costas (dorso)	rygg (m)	['rʏg]
região (f) lombar	korsrygg (m)	['kɔːʂ,rʏg]
cintura (f)	liv (n), midje (m/f)	['liv], ['midjə]
umbigo (m)	navle (m)	['navlə]
nádegas (f pl)	rumpeballer (m pl)	['rʉmpə,balər]
traseiro (m)	bak (m)	['bak]
sinal (m), pinta (f)	føflekk (m)	['fø,flek]
sinal (m) de nascença	fødselsmerke (n)	['førsəls,mærke]
tatuagem (f)	tatovering (m/f)	[tatu'vɛriŋ]
cicatriz (f)	arr (n)	['ɑr]

Vestuário & Acessórios

30. Roupa exterior. Casacos

roupa (f)	klær (n)	['klær]
roupa (f) exterior	yttertøy (n)	['ytə,tøj]
roupa (f) de inverno	vinterklær (n pl)	['vintər,klær]
sobretudo (m)	frakk (m), kåpe (m/f)	['frɑk], ['ko:pə]
casaco (m) de pele	pels (m), pelskåpe (m/f)	['pɛls], ['pɛls,ko:pə]
jaqueta (f) de pele	pelsjakke (m/f)	['pɛls,jakə]
casaco (m) acolchoado	dunjakke (m/f)	['dʉn,jakə]
casaco (m), jaqueta (f)	jakke (m/f)	['jakə]
impermeável (m)	regnfrakk (m)	['ræjn,frɑk]
a prova d'água	vanntett	['vɑn,tɛt]

31. Vestuário de homem & mulher

camisa (f)	skjorte (m/f)	['ʂœ:tə]
calça (f)	bukse (m)	['bʉksə]
jeans (m)	jeans (m)	['dʒins]
paletó, terno (m)	dressjakke (m/f)	['drɛs,jakə]
terno (m)	dress (m)	['drɛs]
vestido (ex. ~ de noiva)	kjole (m)	['çulə]
saia (f)	skjørt (n)	['ʂø:t]
blusa (f)	bluse (m)	['blʉsə]
casaco (m) de malha	strikket trøye (m/f)	['strikə 'trøjə]
casaco, blazer (m)	blazer (m)	['blæsər]
camiseta (f)	T-skjorte (m/f)	['te,ʂœ:tə]
short (m)	shorts (m)	['ʂɔ:ts]
training (m)	treningsdrakt (m/f)	['treniŋs,drakt]
roupão (m) de banho	badekåpe (m/f)	['badə,ko:pə]
pijama (m)	pyjamas (m)	[py'ʂamɑs]
suéter (m)	sweater (m)	['svɛtər]
pulôver (m)	pullover (m)	[pʉ'lovər]
colete (m)	vest (m)	['vɛst]
fraque (m)	livkjole (m)	['liv,çulə]
smoking (m)	smoking (m)	['smɔkiŋ]
uniforme (m)	uniform (m)	[ʉni'fɔrm]
roupa (f) de trabalho	arbeidsklær (n pl)	['arbæjds,klær]
macacão (m)	kjeledress, overall (m)	['çelə,drɛs], ['ɔvɛr,ɔl]
jaleco (m), bata (f)	kittel (m)	['çitəl]

32. Vestuário. Roupa interior

roupa (f) íntima	**undertøy** (n)	['ʉnəˌtøj]
cueca boxer (f)	**underbukse** (m/f)	['ʉnərˌbʉksə]
calcinha (f)	**truse** (m/f)	['trʉsə]
camiseta (f)	**undertrøye** (m/f)	['ʉnəˌtrøjə]
meias (f pl)	**sokker** (m pl)	['sɔkər]
camisola (f)	**nattkjole** (m)	['natˌçʉlə]
sutiã (m)	**behå** (m)	['beˌhɔ]
meias longas (f pl)	**knestrømper** (m/f pl)	['knɛˌstrømpər]
meias-calças (f pl)	**strømpebukse** (m/f)	['strømpəˌbʉksə]
meias (~ de nylon)	**strømper** (m/f pl)	['strømpər]
maiô (m)	**badedrakt** (m/f)	['badəˌdrakt]

33. Adereços de cabeça

chapéu (m), touca (f)	**hatt** (m)	['hat]
chapéu (m) de feltro	**hatt** (m)	['hat]
boné (m) de beisebol	**baseball cap** (m)	['bɛjsbɔl kɛp]
boina (~ italiana)	**sikspens** (m)	['sikspens]
boina (ex. ~ basca)	**alpelue, baskerlue** (m/f)	['alpəˌlʉə], ['baskəˌlʉə]
capuz (m)	**hette** (m/f)	['hɛtə]
chapéu panamá (m)	**panamahatt** (m)	['panamaˌhat]
touca (f)	**strikket lue** (m/f)	['strikəˌlʉə]
lenço (m)	**skaut** (n)	['skaʉt]
chapéu (m) feminino	**hatt** (m)	['hat]
capacete (m) de proteção	**hjelm** (m)	['jɛlm]
bibico (m)	**båtlue** (m/f)	['bɔtˌlʉə]
capacete (m)	**hjelm** (m)	['jɛlm]
chapéu-coco (m)	**bowlerhatt, skalk** (m)	['bɔʉlerˌhat], ['skalk]
cartola (f)	**flosshatt** (m)	['flɔsˌhat]

34. Calçado

calçado (m)	**skotøy** (n)	['skʉtøj]
botinas (f pl), sapatos (m pl)	**skor** (m pl)	['skʉr]
sapatos (de salto alto, etc.)	**pumps** (m pl)	['pʉmps]
botas (f pl)	**støvler** (m pl)	['støvlər]
pantufas (f pl)	**tøfler** (m pl)	['tøflər]
tênis (~ Nike, etc.)	**tennissko** (m pl)	['tɛnisˌskʉ]
tênis (~ Converse)	**canvas sko** (m pl)	['kanvas ˌskʉ]
sandálias (f pl)	**sandaler** (m pl)	[san'dalər]
sapateiro (m)	**skomaker** (m)	['skʉˌmakər]
salto (m)	**hæl** (m)	['hæl]

par (m)	par (n)	['pɑr]
cadarço (m)	skolisse (m/f)	['skʉˌlisə]
amarrar os cadarços	å snøre	[ɔ 'snørə]
calçadeira (f)	skohorn (n)	['skʉˌhʉːŋ]
graxa (f) para calçado	skokrem (m)	['skʉˌkrɛm]

35. Têxtil. Tecidos

algodão (m)	bomull (m/f)	['bʉˌmʉl]
de algodão	bomulls-	['bʉˌmʉls-]
linho (m)	lin (n)	['lin]
de linho	lin-	['lin-]

seda (f)	silke (m)	['silkə]
de seda	silke-	['silkə-]
lã (f)	ull (m/f)	['ʉl]
de lã	ull-, av ull	['ʉl-], ['ɑː ʉl]

veludo (m)	fløyel (m)	['fløjəl]
camurça (f)	semsket skinn (n)	['sɛmsket ˌʂin]
veludo (m) cotelê	kordfløyel (m/n)	['kɔːɖˌfløjəl]

nylon (m)	nylon (n)	['nyˌlɔn]
de nylon	nylon-	['nyˌlɔn-]
poliéster (m)	polyester (m)	[pʉlyˈɛstər]
de poliéster	polyester-	[pʉlyˈɛstər-]

couro (m)	lær, skinn (n)	['lær], ['ʂin]
de couro	lær-, av lær	['lær-], ['ɑː lær]
pele (f)	pels (m)	['pɛls]
de pele	pels-	['pɛls-]

36. Acessórios pessoais

luva (f)	hansker (m pl)	['hɑnskər]
mitenes (f pl)	votter (m pl)	['vɔtər]
cachecol (m)	skjerf (n)	['ʂærf]

óculos (m pl)	briller (m pl)	['brilər]
armação (f)	innfatning (m/f)	['inˌfɑtniŋ]
guarda-chuva (m)	paraply (m)	[parɑ'ply]
bengala (f)	stokk (m)	['stɔk]
escova (f) para o cabelo	hårbørste (m)	['hɔrˌbœʂtə]
leque (m)	vifte (m/f)	['viftə]

gravata (f)	slips (n)	['slips]
gravata-borboleta (f)	sløyfe (m/f)	['ʂløjfə]
suspensórios (m pl)	bukseseler (m pl)	['bʉksə'selər]
lenço (m)	lommetørkle (n)	['lʉməˌtœrklə]

| pente (m) | kam (m) | ['kɑm] |
| fivela (f) para cabelo | hårspenne (m/f/n) | ['hɔːrˌspɛnə] |

| grampo (m) | hårnål (m/f) | ['hoːrˌnol] |
| fivela (f) | spenne (m/f/n) | ['spɛnə] |

| cinto (m) | belte (m) | ['bɛltə] |
| alça (f) de ombro | skulderreim, rem (m/f) | ['skʉldəˌræjm], ['rem] |

bolsa (f)	veske (m/f)	['vɛskə]
bolsa (feminina)	håndveske (m/f)	['hɔnˌvɛskə]
mochila (f)	ryggsekk (m)	['rʏgˌsɛk]

37. Vestuário. Diversos

moda (f)	mote (m)	['mʉtə]
na moda (adj)	moteriktig	['mʉtəˌrikti]
estilista (m)	moteskaper (m)	['mʉtəˌskɑpər]

colarinho (m)	krage (m)	['krɑgə]
bolso (m)	lomme (m/f)	['lʊmə]
de bolso	lomme-	['lʊmə-]
manga (f)	erme (n)	['ærmə]
ganchinho (m)	hempe (m)	['hɛmpə]
bragueta (f)	gylf, buksesmekk (m)	['gylf], ['bʉksəˌsmɛk]

zíper (m)	glidelås (m/n)	['glidəˌlɔs]
colchete (m)	hekte (m/f), knepping (m)	['hɛktə], ['knɛpiŋ]
botão (m)	knapp (m)	['knɑp]
botoeira (casa de botão)	klapphull (n)	['klɑpˌhʉl]
soltar-se (vr)	å falle av	[ɔ 'fɑlə ɑː]

costurar (vi)	å sy	[ɔ 'sy]
bordar (vt)	å brodere	[ɔ brʊ'derə]
bordado (m)	broderi (n)	[brʊde'ri]
agulha (f)	synål (m/f)	['syˌnɔl]
fio, linha (f)	tråd (m)	['trɔ]
costura (f)	søm (m)	['søm]

sujar-se (vr)	å skitne seg til	[ɔ 'ʂitnə sæj til]
mancha (f)	flekk (m)	['flek]
amarrotar-se (vr)	å bli skrukkete	[ɔ 'bli 'skrʉketə]
rasgar (vt)	å rive	[ɔ 'rivə]
traça (f)	møll (m/n)	['møl]

38. Cuidados pessoais. Cosméticos

pasta (f) de dente	tannpasta (m)	['tanˌpɑsta]
escova (f) de dente	tannbørste (m)	['tanˌbœʂtə]
escovar os dentes	å pusse tennene	[ɔ 'pʉsə 'tɛnənə]

gilete (f)	høvel (m)	['høvəl]
creme (m) de barbear	barberkrem (m)	[bɑr'bɛrˌkrɛm]
barbear-se (vr)	å barbere seg	[ɔ bɑr'berə sæj]
sabonete (m)	såpe (m/f)	['soːpə]

xampu (m)	sjampo (m)	['ʂɑm‚pʊ]
tesoura (f)	saks (m/f)	['sɑks]
lixa (f) de unhas	neglefil (m/f)	['nɛjlə‚fil]
corta-unhas (m)	negleklipper (m)	['nɛjlə‚klipər]
pinça (f)	pinsett (m)	[pin'sɛt]
cosméticos (m pl)	kosmetikk (m)	[kʊsme'tik]
máscara (f)	ansiktsmaske (m/f)	['ansikts‚maskə]
manicure (f)	manikyr (m)	[mani'kyr]
fazer as unhas	å få manikyr	[ɔ 'fɔ mani'kyr]
pedicure (f)	pedikyr (m)	[pedi'kyr]
bolsa (f) de maquiagem	sminkeveske (m/f)	['sminkə‚vɛskə]
pó (de arroz)	pudder (n)	['pʉdər]
pó (m) compacto	pudderdåse (m)	['pʉdər‚doːsə]
blush (m)	rouge (m)	['ruːʂ]
perfume (m)	parfyme (m)	[par'fymə]
água-de-colônia (f)	eau de toilette (m)	['ɔː də twa'let]
loção (f)	lotion (m)	['lʊʂɛn]
colônia (f)	eau de cologne (m)	['ɔː də kɔ'lɔŋ]
sombra (f) de olhos	øyeskygge (m)	['øjə‚sygə]
delineador (m)	eyeliner (m)	['aːj‚lajnər]
máscara (f), rímel (m)	maskara (m)	[ma'skara]
batom (m)	leppestift (m)	['lepə‚stift]
esmalte (m)	neglelakk (m)	['nɛjlə‚lak]
laquê (m), spray fixador (m)	hårlakk (m)	['hoːr‚lak]
desodorante (m)	deodorant (m)	[deʉdʉ'rant]
creme (m)	krem (m)	['krɛm]
creme (m) de rosto	ansiktskrem (m)	['ansikts‚krɛm]
creme (m) de mãos	håndkrem (m)	['hɔn‚krɛm]
creme (m) antirrugas	antirynkekrem (m)	[anti'rʏnkə‚krɛm]
creme (m) de dia	dagkrem (m)	['dag‚krɛm]
creme (m) de noite	nattkrem (m)	['nat‚krɛm]
de dia	dag-	['dag-]
da noite	natt-	['nat-]
absorvente (m) interno	tampong (m)	[tam'pɔŋ]
papel (m) higiênico	toalettpapir (n)	[tʊa'let pa'pir]
secador (m) de cabelo	hårføner (m)	['hoːr‚føner]

39. Joalheria

joias (f pl)	smykker (n pl)	['smʏkər]
precioso (adj)	edel-	['ɛdəl-]
marca (f) de contraste	stempel (n)	['stɛmpəl]
anel (m)	ring (m)	['riŋ]
aliança (f)	giftering (m)	['jiftə‚riŋ]
pulseira (f)	armbånd (n)	['arm‚bɔn]
brincos (m pl)	øreringer (m pl)	['ørə‚riŋər]

colar (m)	halssmykke (n)	['hals͜smʏkə]
coroa (f)	krone (m/f)	['krʊnə]
colar (m) de contas	perlekjede (m/n)	['pærlə͜çɛ:də]

diamante (m)	diamant (m)	[dia'mant]
esmeralda (f)	smaragd (m)	[sma'ragd]
rubi (m)	rubin (m)	[rʉ'bin]
safira (f)	safir (m)	[sa'fir]
pérola (f)	perler (m pl)	['pærlər]
âmbar (m)	rav (n)	['rav]

40. Relógios de pulso. Relógios

relógio (m) de pulso	armbåndsur (n)	['armbɔns͜ʉr]
mostrador (m)	urskive (m/f)	['ʉ:͜ʂivə]
ponteiro (m)	viser (m)	['visər]
bracelete (em aço)	armbånd (n)	['arm͜bɔn]
bracelete (em couro)	rem (m/f)	['rem]

pilha (f)	batteri (n)	[batɛ'ri]
acabar (vi)	å bli utladet	[ɔ 'bli 'ʉt͜ladet]
trocar a pilha	å skifte batteriene	[ɔ 'ʂiftə batɛ'riene]
estar adiantado	å gå for fort	[ɔ 'gɔ fɔ 'fɔ:t]
estar atrasado	å gå for sakte	[ɔ 'gɔ fɔ 'saktə]

relógio (m) de parede	veggur (n)	['vɛg͜ʉr]
ampulheta (f)	timeglass (n)	['timə͜glas]
relógio (m) de sol	solur (n)	['sʊl͜ʉr]
despertador (m)	vekkerklokka (m/f)	['vɛkər͜klɔka]
relojoeiro (m)	urmaker (m)	['ʉr͜makər]
reparar (vt)	å reparere	[ɔ repa'rerə]

Alimentação. Nutrição

41. Comida

carne (f)	kjøtt (n)	['çœt]
galinha (f)	høne (m/f)	['hønə]
frango (m)	kylling (m)	['çyliŋ]
pato (m)	and (m/f)	['an]
ganso (m)	gås (m/f)	['gɔs]
caça (f)	vilt (n)	['vilt]
peru (m)	kalkun (m)	[kal'kʉn]
carne (f) de porco	svinekjøtt (n)	['svinə,çœt]
carne (f) de vitela	kalvekjøtt (n)	['kalvə,çœt]
carne (f) de carneiro	fårekjøtt (n)	['fo:rə,çœt]
carne (f) de vaca	oksekjøtt (n)	['ɔksə,çœt]
carne (f) de coelho	kanin (m)	[ka'nin]
linguiça (f), salsichão (m)	pølse (m/f)	['pølsə]
salsicha (f)	wienerpølse (m/f)	['vinər,pølsə]
bacon (m)	bacon (n)	['bɛjkən]
presunto (m)	skinke (m)	['şinkə]
pernil (m) de porco	skinke (m)	['şinkə]
patê (m)	pate, paté (m)	[pɑ'te]
fígado (m)	lever (m)	['levər]
guisado (m)	kjøttfarse (m)	['çœt,farşə]
língua (f)	tunge (m/f)	['tʉŋə]
ovo (m)	egg (n)	['ɛg]
ovos (m pl)	egg (n pl)	['ɛg]
clara (f) de ovo	eggehvite (m)	['ɛgə,vitə]
gema (f) de ovo	plomme (m/f)	['plʉmə]
peixe (m)	fisk (m)	['fisk]
mariscos (m pl)	sjømat (m)	['şø,mat]
crustáceos (m pl)	krepsdyr (n pl)	['krɛps,dyr]
caviar (m)	kaviar (m)	['kavi,ar]
caranguejo (m)	krabbe (m)	['krabə]
camarão (m)	reke (m/f)	['rekə]
ostra (f)	østers (m)	['østəş]
lagosta (f)	langust (m)	[laŋ'gʉst]
polvo (m)	blekksprut (m)	['blek,sprʉt]
lula (f)	blekksprut (m)	['blek,sprʉt]
esturjão (m)	stør (m)	['stør]
salmão (m)	laks (m)	['laks]
halibute (m)	kveite (m/f)	['kvæjtə]
bacalhau (m)	torsk (m)	['tɔşk]

cavala, sarda (f)	makrell (m)	[ma'krɛl]
atum (m)	tunfisk (m)	['tʉn,fisk]
enguia (f)	ål (m)	['ɔl]

truta (f)	ørret (m)	['øret]
sardinha (f)	sardin (m)	[sɑ:'dʲin]
lúcio (m)	gjedde (m/f)	['jɛdə]
arenque (m)	sild (m/f)	['sil]

pão (m)	brød (n)	['brø]
queijo (m)	ost (m)	['ʊst]
açúcar (m)	sukker (n)	['sʉkər]
sal (m)	salt (n)	['salt]

arroz (m)	ris (m)	['ris]
massas (f pl)	pasta, makaroni (m)	['pasta], [makaˈrʊni]
talharim, miojo (m)	nudler (m pl)	['nʉdlər]

manteiga (f)	smør (n)	['smør]
óleo (m) vegetal	vegetabilsk olje (m)	[vegetaˈbilsk ,ɔljə]
óleo (m) de girassol	solsikkeolje (m)	['sʊlsikə,ɔljə]
margarina (f)	margarin (m)	[margaˈrin]

azeitonas (f pl)	olivener (m pl)	[ʊ'livenər]
azeite (m)	olivenolje (m)	[ʊ'livən,ɔljə]

leite (m)	melk (m/f)	['mɛlk]
leite (m) condensado	kondensert melk (m/f)	[kʊndənˈse:t ,mɛlk]
iogurte (m)	jogurt (m)	['jɔgʉ:t]
creme (m) azedo	rømme, syrnet fløte (m)	['rœmə], ['sy:ɳet 'fløtə]
creme (m) de leite	fløte (m)	['fløtə]

maionese (f)	majones (m)	[majoˈnɛs]
creme (m)	krem (m)	['krɛm]

grãos (m pl) de cereais	gryn (n)	['gryn]
farinha (f)	mel (n)	['mel]
enlatados (m pl)	hermetikk (m)	[hɛrmeˈtik]

flocos (m pl) de milho	cornflakes (m)	['kɔ:ɳ,flejks]
mel (m)	honning (m)	['hɔniŋ]
geleia (m)	syltetøy (n)	['syltə,tøj]
chiclete (m)	tyggegummi (m)	['tygə,gʉmi]

42. Bebidas

água (f)	vann (n)	['van]
água (f) potável	drikkevann (n)	['drikə,van]
água (f) mineral	mineralvann (n)	[minəˈral,van]

sem gás (adj)	uten kullsyre	['ʉtən kʉl'syrə]
gaseificada (adj)	kullsyret	[kʉl'syrət]
com gás	med kullsyre	[me kʉl'syrə]
gelo (m)	is (m)	['is]

com gelo	med is	[me 'is]
não alcoólico (adj)	alkoholfri	['alkʉhʉlˌfri]
refrigerante (m)	alkoholfri drikk (m)	['alkʉhʉlˌfri drik]
refresco (m)	leskedrikk (m)	['leskəˌdrik]
limonada (f)	limonade (m)	[limɔ'nadə]
bebidas (f pl) alcoólicas	rusdrikker (m pl)	['rʉsˌdrikər]
vinho (m)	vin (m)	['vin]
vinho (m) branco	hvitvin (m)	['vitˌvin]
vinho (m) tinto	rødvin (m)	['røˌvin]
licor (m)	likør (m)	[li'kør]
champanhe (m)	champagne (m)	[ʂam'panjə]
vermute (m)	vermut (m)	['værmʉt]
uísque (m)	whisky (m)	['viski]
vodca (f)	vodka (m)	['vɔdka]
gim (m)	gin (m)	['dʒin]
conhaque (m)	konjakk (m)	['kʉnjak]
rum (m)	rom (m)	['rʊm]
café (m)	kaffe (m)	['kafə]
café (m) preto	svart kaffe (m)	['svaːʈ 'kafə]
café (m) com leite	kaffe (m) med melk	['kafə me 'mɛlk]
cappuccino (m)	cappuccino (m)	[kapʊ'tʃinɔ]
café (m) solúvel	pulverkaffe (m)	['pʉlvərˌkafə]
leite (m)	melk (m/f)	['mɛlk]
coquetel (m)	cocktail (m)	['kɔkˌtɛjl]
batida (f), milkshake (m)	milkshake (m)	['milkˌʂɛjk]
suco (m)	jus, juice (m)	['dʒʉs]
suco (m) de tomate	tomatjuice (m)	[tʊ'matˌdʒʉs]
suco (m) de laranja	appelsinjuice (m)	[apel'sinˌdʒʉs]
suco (m) fresco	nypresset juice (m)	['nyˌprɛsə 'dʒʉs]
cerveja (f)	øl (m/n)	['øl]
cerveja (f) clara	lettøl (n)	['letˌøl]
cerveja (f) preta	mørkt øl (n)	['mœrktˌøl]
chá (m)	te (m)	['te]
chá (m) preto	svart te (m)	['svaːʈ ˌte]
chá (m) verde	grønn te (m)	['grœn ˌte]

43. Vegetais

vegetais (m pl)	grønnsaker (m pl)	['grœnˌsakər]
verdura (f)	grønnsaker (m pl)	['grœnˌsakər]
tomate (m)	tomat (m)	[tʊ'mat]
pepino (m)	agurk (m)	[a'gʉrk]
cenoura (f)	gulrot (m/f)	['gʉlˌrʊt]
batata (f)	potet (m/f)	[pʊ'tet]
cebola (f)	løk (m)	['løk]

alho (m)	hvitløk (m)	['vit,løk]
couve (f)	kål (m)	['kɔl]
couve-flor (f)	blomkål (m)	['blɔm,kɔl]
couve-de-bruxelas (f)	rosenkål (m)	['rʊsən,kɔl]
brócolis (m pl)	brokkoli (m)	['brɔkɔli]
beterraba (f)	rødbete (m/f)	['rø,betə]
berinjela (f)	aubergine (m)	[ɔbɛr'ʂin]
abobrinha (f)	squash (m)	['skvɔʂ]
abóbora (f)	gresskar (n)	['grɛskɑr]
nabo (m)	nepe (m/f)	['nepə]
salsa (f)	persille (m/f)	[pæ'ʂilə]
endro, aneto (m)	dill (m)	['dil]
alface (f)	salat (m)	[sɑ'lɑt]
aipo (m)	selleri (m/n)	[sɛle,ri]
aspargo (m)	asparges (m)	[ɑ'spɑrʂəs]
espinafre (m)	spinat (m)	[spi'nɑt]
ervilha (f)	erter (m pl)	['æːtər]
feijão (~ soja, etc.)	bønner (m/f pl)	['bœnər]
milho (m)	mais (m)	['mais]
feijão (m) roxo	bønne (m/f)	['bœnə]
pimentão (m)	pepper (m)	['pɛpər]
rabanete (m)	reddik (m)	['rɛdik]
alcachofra (f)	artisjokk (m)	[,ɑːtʃi'ʂɔk]

44. Frutos. Nozes

fruta (f)	frukt (m/f)	['frʉkt]
maçã (f)	eple (n)	['ɛplə]
pera (f)	pære (m/f)	['pærə]
limão (m)	sitron (m)	[si'trʊn]
laranja (f)	appelsin (m)	[ɑpel'sin]
morango (m)	jordbær (n)	['juːr,bær]
tangerina (f)	mandarin (m)	[mɑndɑ'rin]
ameixa (f)	plomme (m/f)	['plʊmə]
pêssego (m)	fersken (m)	['fæʂkən]
damasco (m)	aprikos (m)	[ɑpri'kʊs]
framboesa (f)	bringebær (n)	['briɳə,bær]
abacaxi (m)	ananas (m)	['ɑnɑnɑs]
banana (f)	banan (m)	[bɑ'nɑn]
melancia (f)	vannmelon (m)	['vɑnme,lʊn]
uva (f)	drue (m)	['drʉə]
ginja (f)	kirsebær (n)	['çiʂə,bær]
cereja (f)	morell (m)	[mʊ'rɛl]
melão (m)	melon (m)	[me'lun]
toranja (f)	grapefrukt (m/f)	['grɛjp,frʉkt]
abacate (m)	avokado (m)	[ɑvɔ'kɑdɔ]
mamão (m)	papaya (m)	[pɑ'pɑjɑ]

manga (f)	mango (m)	['maŋu]
romã (f)	granateple (n)	[gra'nat͵ɛplə]

groselha (f) vermelha	rips (m)	['rips]
groselha (f) negra	solbær (n)	['sʊl͵bær]
groselha (f) espinhosa	stikkelsbær (n)	['stikəls͵bær]
mirtilo (m)	blåbær (n)	['blɔ͵bær]
amora (f) silvestre	bjørnebær (m)	['bjœ:ŋə͵bær]

passa (f)	rosin (m)	[rʊ'sin]
figo (m)	fiken (m)	['fikən]
tâmara (f)	daddel (m)	['dadəl]

amendoim (m)	jordnøtt (m)	['ju:r͵nœt]
amêndoa (f)	mandel (m)	['mandəl]
noz (f)	valnøtt (m/f)	['val͵nœt]
avelã (f)	hasselnøtt (m/f)	['hasəl͵nœt]
coco (m)	kokosnøtt (m/f)	['kʊkʊs͵nœt]
pistaches (m pl)	pistasier (m pl)	[pi'staşiər]

45. Pão. Bolaria

pastelaria (f)	bakevarer (m/f pl)	['bakə͵varər]
pão (m)	brød (n)	['brø]
biscoito (m), bolacha (f)	kjeks (m)	['çɛks]

chocolate (m)	sjokolade (m)	[şʊkʊ'ladə]
de chocolate	sjokolade-	[şʊkʊ'ladə-]
bala (f)	sukkertøy (n), karamell (m)	['sʉkə:ʈøj], [kara'mɛl]
doce (bolo pequeno)	kake (m/f)	['kakə]
bolo (m) de aniversário	bløtkake (m/f)	['bløt͵kakə]

torta (f)	pai (m)	['paj]
recheio (m)	fyll (m/n)	['fʏl]

geleia (m)	syltetøy (n)	['syltə͵tøj]
marmelada (f)	marmelade (m)	[marme'ladə]
wafers (m pl)	vaffel (m)	['vafəl]
sorvete (m)	iskrem (m)	['iskrɛm]
pudim (m)	pudding (m)	['pʉdiŋ]

46. Pratos cozinhados

prato (m)	rett (m)	['rɛt]
cozinha (~ portuguesa)	kjøkken (n)	['çœkən]
receita (f)	oppskrift (m)	['ɔp͵skrift]
porção (f)	porsjon (m)	[pɔ'şʊn]

salada (f)	salat (m)	[sa'lat]
sopa (f)	suppe (m/f)	['sʉpə]
caldo (m)	buljong (m)	[bu'ljɔŋ]
sanduíche (m)	smørbrød (n)	['smør͵brø]

ovos (m pl) fritos	speilegg (n)	['spæjl‚ɛg]
hambúrguer (m)	hamburger (m)	['hamburgər]
bife (m)	biff (m)	['bif]

acompanhamento (m)	tilbehør (n)	['tilbə‚hør]
espaguete (m)	spagetti (m)	[spɑ'gɛti]
purê (m) de batata	potetmos (m)	[pu'tet‚mus]
pizza (f)	pizza (m)	['pitsɑ]
mingau (m)	grøt (m)	['grøt]
omelete (f)	omelett (m)	[ɔmə'let]

fervido (adj)	kokt	['kukt]
defumado (adj)	røkt	['røkt]
frito (adj)	stekt	['stɛkt]
seco (adj)	tørket	['tœrkət]
congelado (adj)	frossen, dypfryst	['frosən], ['dyp‚frʏst]
em conserva (adj)	syltet	['sʏltət]

doce (adj)	søt	['søt]
salgado (adj)	salt	['salt]
frio (adj)	kald	['kal]
quente (adj)	het, varm	['het], ['vɑrm]
amargo (adj)	bitter	['bitər]
gostoso (adj)	lekker	['lekər]

cozinhar em água fervente	å koke	[ɔ 'kukə]
preparar (vt)	å lage	[ɔ 'lɑgə]
fritar (vt)	å steke	[ɔ 'stekə]
aquecer (vt)	å varme opp	[ɔ 'vɑrmə ɔp]

salgar (vt)	å salte	[ɔ 'saltə]
apimentar (vt)	å pepre	[ɔ 'pɛprə]
ralar (vt)	å rive	[ɔ 'rivə]
casca (f)	skall (n)	['skal]
descascar (vt)	å skrelle	[ɔ 'skrɛlə]

47. Especiarias

sal (m)	salt (n)	['salt]
salgado (adj)	salt	['salt]
salgar (vt)	å salte	[ɔ 'saltə]

pimenta-do-reino (f)	svart pepper (m)	['svɑːt̺ 'pɛpər]
pimenta (f) vermelha	rød pepper (m)	['rø 'pɛpər]
mostarda (f)	sennep (m)	['sɛnəp]
raiz-forte (f)	pepperrot (m/f)	['pɛpər‚rut]

condimento (m)	krydder (n)	['krʏdər]
especiaria (f)	krydder (n)	['krʏdər]
molho (~ inglês)	saus (m)	['saus]
vinagre (m)	eddik (m)	['ɛdik]

anis estrelado (m)	anis (m)	['anis]
manjericão (m)	basilik (m)	[bɑsi'lik]

cravo (m)	**nellik** (m)	['nɛlik]
gengibre (m)	**ingefær** (m)	['iŋəˌfær]
coentro (m)	**koriander** (m)	[kʊri'andər]
canela (f)	**kanel** (m)	[ka'nel]

gergelim (m)	**sesam** (m)	['sesam]
folha (f) de louro	**laurbærblad** (n)	['laʊrbærˌbla]
páprica (f)	**paprika** (m)	['paprika]
cominho (m)	**karve, kummin** (m)	['karvə], ['kʉmin]
açafrão (m)	**safran** (m)	[sa'fran]

48. Refeições

comida (f)	**mat** (m)	['mat]
comer (vt)	**å spise**	[ɔ 'spisə]

café (m) da manhã	**frokost** (m)	['frʊkɔst]
tomar café da manhã	**å spise frokost**	[ɔ 'spisə ˌfrʊkɔst]
almoço (m)	**lunsj, lunch** (m)	['lʉnʃ]
almoçar (vi)	**å spise lunsj**	[ɔ 'spisə ˌlʉnʃ]
jantar (m)	**middag** (m)	['miˌda]
jantar (vi)	**å spise middag**	[ɔ 'spisə 'miˌda]

apetite (m)	**appetitt** (m)	[ape'tit]
Bom apetite!	**God appetitt!**	['gʊ ape'tit]

abrir (~ uma lata, etc.)	**å åpne**	[ɔ 'ɔpnə]
derramar (~ líquido)	**å spille**	[ɔ 'spilə]
derramar-se (vr)	**å bli spilt**	[ɔ 'bli 'spilt]

ferver (vi)	**å koke**	[ɔ 'kʊkə]
ferver (vt)	**å koke**	[ɔ 'kʊkə]
fervido (adj)	**kokt**	['kʊkt]

esfriar (vt)	**å svalne**	[ɔ 'svalnə]
esfriar-se (vr)	**å avkjøles**	[ɔ 'avˌçœləs]

sabor, gosto (m)	**smak** (m)	['smak]
fim (m) de boca	**bismak** (m)	['bismak]

emagrecer (vi)	**å være på diet**	[ɔ 'værə pɔ di'et]
dieta (f)	**diett** (m)	[di'et]
vitamina (f)	**vitamin** (n)	[vita'min]
caloria (f)	**kalori** (m)	[kalʊ'ri]

vegetariano (m)	**vegetarianer** (m)	[vegetari'anər]
vegetariano (adj)	**vegetarisk**	[vege'tarisk]

gorduras (f pl)	**fett** (n)	['fɛt]
proteínas (f pl)	**proteiner** (n pl)	[prɔte'inər]
carboidratos (m pl)	**kullhydrater** (n pl)	['kʉlhyˌdratər]
fatia (~ de limão, etc.)	**skive** (m/f)	['ʃivə]
pedaço (~ de bolo)	**stykke** (n)	['stʏkə]
migalha (f), farelo (m)	**smule** (m)	['smʉlə]

49. Por a mesa

colher (f)	skje (m)	['ʂe]
faca (f)	kniv (m)	['kniv]
garfo (m)	gaffel (m)	['gafəl]
xícara (f)	kopp (m)	['kɔp]
prato (m)	tallerken (m)	[ta'lærkən]
pires (m)	tefat (n)	['te,fat]
guardanapo (m)	serviett (m)	[sɛrvi'ɛt]
palito (m)	tannpirker (m)	['tan,pirkər]

50. Restaurante

restaurante (m)	restaurant (m)	[rɛstʊ'ran]
cafeteria (f)	kafé, kaffebar (m)	[ka'fe], ['kafə,bar]
bar (m), cervejaria (f)	bar (m)	['bar]
salão (m) de chá	tesalong (m)	['tesa,lɔŋ]
garçom (m)	servitør (m)	['særvi'tør]
garçonete (f)	servitrise (m/f)	[særvi'trisə]
barman (m)	bartender (m)	['bɑ:,tɛndər]
cardápio (m)	meny (m)	[me'ny]
lista (f) de vinhos	vinkart (n)	['vin,kɑ:t]
reservar uma mesa	å reservere bord	[ɔ resɛr'verə 'bʊr]
prato (m)	rett (m)	['rɛt]
pedir (vt)	å bestille	[ɔ be'stilə]
fazer o pedido	å bestille	[ɔ be'stilə]
aperitivo (m)	aperitiff (m)	[aperi'tif]
entrada (f)	forrett (m)	['fɔrɛt]
sobremesa (f)	dessert (m)	[de'sɛ:r]
conta (f)	regning (m/f)	['rɛjniŋ]
pagar a conta	å betale regningen	[ɔ be'talə 'rɛjniŋən]
dar o troco	å gi tilbake veksel	[ɔ ji til'bakə 'vɛksəl]
gorjeta (f)	driks (m)	['driks]

Família, parentes e amigos

51. Informação pessoal. Formulários

nome (m)	navn (n)	['nɑvn]
sobrenome (m)	etternavn (n)	['ɛtə,ŋɑvn]
data (f) de nascimento	fødselsdato (m)	['føtsəls,dɑtʉ]
local (m) de nascimento	fødested (n)	['fødə,sted]
nacionalidade (f)	nasjonalitet (m)	[nɑʂʉnɑli'tet]
lugar (m) de residência	bosted (n)	['bʉ,sted]
país (m)	land (n)	['lɑn]
profissão (f)	yrke (n), profesjon (m)	['yrkə], [prʉfe'ʂʉn]
sexo (m)	kjønn (n)	['çœn]
estatura (f)	høyde (m)	['højdə]
peso (m)	vekt (m)	['vɛkt]

52. Membros da família. Parentes

mãe (f)	mor (m/f)	['mʉr]
pai (m)	far (m)	['fɑr]
filho (m)	sønn (m)	['sœn]
filha (f)	datter (m/f)	['dɑtər]
caçula (f)	yngste datter (m/f)	['yŋstə 'dɑtər]
caçula (m)	yngste sønn (m)	['yŋstə 'sœn]
filha (f) mais velha	eldste datter (m/f)	['ɛlstə 'dɑtər]
filho (m) mais velho	eldste sønn (m)	['ɛlstə 'sœn]
irmão (m)	bror (m)	['brʉr]
irmão (m) mais velho	eldre bror (m)	['ɛldrə ,brʉr]
irmão (m) mais novo	lillebror (m)	['lilə,brʉr]
irmã (f)	søster (m/f)	['søstər]
irmã (f) mais velha	eldre søster (m/f)	['ɛldrə ,søstər]
irmã (f) mais nova	lillesøster (m/f)	['lilə,søstər]
primo (m)	fetter (m/f)	['fɛtər]
prima (f)	kusine (m)	[kʉ'sinə]
mamãe (f)	mamma (m)	['mɑmɑ]
papai (m)	pappa (m)	['pɑpɑ]
pais (pl)	foreldre (pl)	[for'ɛldrə]
criança (f)	barn (n)	['bɑ:ŋ]
crianças (f pl)	barn (n pl)	['bɑ:ŋ]
avó (f)	bestemor (m)	['bɛstə,mʉr]
avô (m)	bestefar (m)	['bɛstə,fɑr]
neto (m)	barnebarn (n)	['bɑ:ŋə,bɑ:ŋ]

neta (f)	barnebarn (n)	['bɑːŋə̩bɑːŋ]
netos (pl)	barnebarn (n pl)	['bɑːŋə̩bɑːŋ]
tio (m)	onkel (m)	['ʊnkəl]
tia (f)	tante (m/f)	['tantə]
sobrinho (m)	nevø (m)	[ne'vø]
sobrinha (f)	niese (m/f)	[ni'esə]
sogra (f)	svigermor (m/f)	['sviɡər̩mʊr]
sogro (m)	svigerfar (m)	['sviɡər̩fɑr]
genro (m)	svigersønn (m)	['sviɡər̩sœn]
madrasta (f)	stemor (m/f)	['ste̩mʊr]
padrasto (m)	stefar (m)	['ste̩fɑr]
criança (f) de colo	brystbarn (n)	['brʏst̩bɑːŋ]
bebê (m)	spedbarn (n)	['spe̩bɑːŋ]
menino (m)	lite barn (n)	['litə 'bɑːŋ]
mulher (f)	kone (m/f)	['kʊnə]
marido (m)	mann (m)	['man]
esposo (m)	ektemann (m)	['ɛktə̩man]
esposa (f)	hustru (m)	['hʉstrʉ]
casado (adj)	gift	['jift]
casada (adj)	gift	['jift]
solteiro (adj)	ugift	[ʉː'jift]
solteirão (m)	ungkar (m)	['ʉŋ̩kar]
divorciado (adj)	fraskilt	['fra̩silt]
viúva (f)	enke (m)	['ɛnkə]
viúvo (m)	enkemann (m)	['ɛnkə̩man]
parente (m)	slektning (m)	['ʂlektniŋ]
parente (m) próximo	nær slektning (m)	['nær 'slektniŋ]
parente (m) distante	fjern slektning (m)	['fjæːɳ 'slektniŋ]
parentes (m pl)	slektninger (m pl)	['ʂlektniŋər]
órfão (m), órfã (f)	foreldreløst barn (n)	[fɔr'ɛldrəløst ̩bɑːŋ]
tutor (m)	formynder (m)	['fɔr̩mʏnər]
adotar (um filho)	å adoptere	[ɔ adɔp'terə]
adotar (uma filha)	å adoptere	[ɔ adɔp'terə]

53. Amigos. Colegas de trabalho

amigo (m)	venn (m)	['vɛn]
amiga (f)	venninne (m/f)	[vɛ'ninə]
amizade (f)	vennskap (n)	['vɛn̩skap]
ser amigos	å være venner	[ɔ 'værə 'vɛnər]
amigo (m)	venn (m)	['vɛn]
amiga (f)	venninne (m/f)	[vɛ'ninə]
parceiro (m)	partner (m)	['paːʈnər]
chefe (m)	sjef (m)	['ʂɛf]
superior (m)	overordnet (m)	['ɔvər̩ɔrdnet]

proprietário (m)	eier (m)	['æjər]
subordinado (m)	underordnet (m)	['ʉnərˌɔrdnet]
colega (m, f)	kollega (m)	[kʉ'lega]

conhecido (m)	bekjent (m)	[be'çɛnt]
companheiro (m) de viagem	medpassasjer (m)	['meˌpasa'ʂɛr]
colega (m) de classe	klassekamerat (m)	['klasəˌkamə'raːt]

vizinho (m)	nabo (m)	['nabʊ]
vizinha (f)	nabo (m)	['nabʊ]
vizinhos (pl)	naboer (m pl)	['nabʊər]

54. Homem. Mulher

mulher (f)	kvinne (m/f)	['kvinə]
menina (f)	jente (m/f)	['jɛntə]
noiva (f)	brud (m/f)	['brʉd]

bonita, bela (adj)	vakker	['vakər]
alta (adj)	høy	['høj]
esbelta (adj)	slank	['ʂlank]
baixa (adj)	liten av vekst	['litən ɑ: 'vɛkst]

loira (f)	blondine (m)	[blɔn'dinə]
morena (f)	brunette (m)	[brʉ'nɛtə]

de senhora	dame-	['damə-]
virgem (f)	jomfru (m/f)	['ʉmfrʉ]
grávida (adj)	gravid	[gra'vid]

homem (m)	mann (m)	['man]
loiro (m)	blond mann (m)	['blɔn ˌman]
moreno (m)	mørkhåret mann (m)	['mœrkˌhoːret man]
alto (adj)	høy	['høj]
baixo (adj)	liten av vekst	['litən ɑ: 'vɛkst]

rude (adj)	grov	['grɔv]
atarracado (adj)	undersetsig	['ʉnəˌsɛtsi]
robusto (adj)	robust	[rʉ'bʉst]
forte (adj)	sterk	['stærk]
força (f)	kraft, styrke (m)	['kraft], ['styrkə]

gordo (adj)	tykk	['tʏk]
moreno (adj)	mørkhudet	['mœrkˌhʉdet]
esbelto (adj)	slank	['ʂlank]
elegante (adj)	elegant	[ɛle'gant]

55. Idade

idade (f)	alder (m)	['aldər]
juventude (f)	ungdom (m)	['ʉŋˌdɔm]
jovem (adj)	ung	['ʉŋ]

mais novo (adj)	yngre	['ʏŋrə]
mais velho (adj)	eldre	['ɛldrə]

jovem (m)	unge mann (m)	['ʉŋə ˌman]
adolescente (m)	tenåring (m)	['tɛnoːriŋ]
rapaz (m)	kar (m)	['kar]

velho (m)	gammel mann (m)	['gaməl ˌman]
velha (f)	gammel kvinne (m/f)	['gaməl ˌkvinə]

adulto	voksen	['vɔksən]
de meia-idade	middelaldrende	['midəlˌaldrɛnə]
idoso, de idade (adj)	eldre	['ɛldrə]
velho (adj)	gammel	['gaməl]

aposentadoria (f)	pensjon (m)	[pan'ʂʉn]
aposentar-se (vr)	å gå av med pensjon	[ɔ 'gɔ ɑː me pan'ʂʉn]
aposentado (m)	pensjonist (m)	[panʂʉ'nist]

56. Crianças

criança (f)	barn (n)	['baːɳ]
crianças (f pl)	barn (n pl)	['baːɳ]
gêmeos (m pl), gêmeas (f pl)	tvillinger (m pl)	['tviliŋər]

berço (m)	vogge (m/f)	['vɔgə]
chocalho (m)	rangle (m/f)	['raŋlə]
fralda (f)	bleie (m/f)	['blæjə]

chupeta (f), bico (m)	smokk (m)	['smʉk]
carrinho (m) de bebê	barnevogn (m/f)	['baːɳəˌvɔŋn]
jardim (m) de infância	barnehage (m)	['baːɳəˌhagə]
babysitter, babá (f)	babysitter (m)	['bɛbyˌsitər]

infância (f)	barndom (m)	['baːɳˌdɔm]
boneca (f)	dukke (m/f)	['dʉkə]
brinquedo (m)	leketøy (n)	['lekəˌtøj]
jogo (m) de montar	byggesett (n)	['bʏgəˌsɛt]

bem-educado (adj)	veloppdragen	['velˌɔp'dragən]
malcriado (adj)	uoppdragen	[ʉop'dragən]
mimado (adj)	bortskjemt	['bʉːtʂɛmt]

ser travesso	å være stygg	[ɔ 'værə 'stʏg]
travesso, traquinas (adj)	skøyeraktig	['skøjəˌrakti]
travessura (f)	skøyeraktighet (m)	['skøjəˌraktihet]
criança (f) travessa	skøyer (m)	['skøjər]

obediente (adj)	lydig	['lydi]
desobediente (adj)	ulydig	[ʉ'lydi]

dócil (adj)	føyelig	['føjli]
inteligente (adj)	klok	['klʉk]
prodígio (m)	vidunderbarn (n)	['vidˌʉndərˌbaːɳ]

57. Casais. Vida de família

beijar (vt)	à kysse	[ɔ 'çysə]
beijar-se (vr)	à kysse hverandre	[ɔ 'çysə ˌverandrə]
família (f)	familie (m)	[fɑ'miliə]
familiar (vida ~)	familie-	[fɑ'miliə-]
casal (m)	par (n)	['pɑr]
matrimônio (m)	ekteskap (n)	['ɛktəˌskɑp]
lar (m)	hjemmets arne (m)	['jɛmets 'ɑːŋə]
dinastia (f)	dynasti (n)	[dinɑs'ti]

encontro (m)	stevnemøte (n)	['stɛvnəˌmøtə]
beijo (m)	kyss (n)	['çys]

amor (m)	kjærlighet (m)	['çæːl̩ˌhet]
amar (pessoa)	à elske	[ɔ 'ɛlskə]
amado, querido (adj)	elskling	['ɛlsklin]

ternura (f)	ømhet (m)	['ømˌhet]
afetuoso (adj)	øm	['øm]
fidelidade (f)	troskap (m)	['truˌskɑp]
fiel (adj)	trofast	['trʊfast]
cuidado (m)	omsorg (m)	['ɔmˌsɔrg]
carinhoso (adj)	omsorgsfull	['ɔmˌsɔrgsfʊl]

recém-casados (pl)	nygifte (n)	['nyˌjiftə]
lua (f) de mel	hvetebrødsdager (m pl)	['vetɛbrøsˌdɑgər]
casar-se (com um homem)	à gifte seg	[ɔ 'jiftə sæj]
casar-se (com uma mulher)	à gifte seg	[ɔ 'jiftə sæj]

casamento (m)	bryllup (n)	['brʏlʉp]
bodas (f pl) de ouro	gullbryllup (n)	['gʉlˌbrʏlʉp]
aniversário (m)	årsdag (m)	['oːsˌdɑ]

amante (m)	elsker (m)	['ɛlskər]
amante (f)	elskerinne (m/f)	['ɛlskəˌrinə]

adultério (m), traição (f)	utroskap (m)	['ʉˌtroskɑp]
cometer adultério	à være utro	[ɔ 'væɾə 'ʉˌtru]
ciumento (adj)	sjalu	[sɑ'lʉː]
ser ciumento, -a	à være sjalu	[ɔ 'væɾə ʂa'lʉː]
divórcio (m)	skilsmisse (m)	['ʂilsˌmisə]
divorciar-se (vr)	à skille seg	[ɔ 'ʂilə sæj]

brigar (discutir)	à krangle	[ɔ 'kraŋlə]
fazer as pazes	à forsone seg	[ɔ fɔ'ʂʊnə sæj]
juntos (ir ~)	sammen	['samən]
sexo (m)	sex (m)	['sɛks]

felicidade (f)	lykke (m/f)	['lʏkə]
feliz (adj)	lykkelig	['lʏkəli]
infelicidade (f)	ulykke (m/f)	['ʉˌlʏkə]
infeliz (adj)	ulykkelig	['ʉˌlʏkəli]

Caráter. Sentimentos. Emoções

58. Sentimentos. Emoções

sentimento (m)	følelse (m)	['følelsə]
sentimentos (m pl)	følelser (m pl)	['følelsər]
sentir (vt)	å kjenne	[ɔ 'çɛnə]
fome (f)	sult (m)	['sʉlt]
ter fome	å være sulten	[ɔ 'værə 'sʉltən]
sede (f)	tørst (m)	['tœʂt]
ter sede	å være tørst	[ɔ 'værə 'tœʂt]
sonolência (f)	søvnighet (m)	['sœvni̩het]
estar sonolento	å være søvnig	[ɔ 'værə 'sœvni]
cansaço (m)	tretthet (m)	['trɛt̩het]
cansado (adj)	trett	['trɛt]
ficar cansado	å bli trett	[ɔ 'bli 'trɛt]
humor (m)	humør (n)	[hʉ'mør]
tédio (m)	kjedsomhet (m/f)	['çɛdsɔm̩het]
entediar-se (vr)	å kjede seg	[ɔ 'çedə sæj]
reclusão (isolamento)	avsondrethet (m/f)	['afsɔndrɛt̩het]
isolar-se (vr)	å isolere seg	[ɔ isʉ'lerə sæj]
preocupar (vt)	å bekymre, å uroe	[ɔ be'çymrə], [ɔ 'ʉːrʊə]
estar preocupado	å bekymre seg	[ɔ be'çymrə sæj]
preocupação (f)	bekymring (m/f)	[be'çymriŋ]
ansiedade (f)	uro (m/f)	['ʉrʊ]
preocupado (adj)	bekymret	[be'çymrət]
estar nervoso	å være nervøs	[ɔ 'værə nær'vøs]
entrar em pânico	å få panikk	[ɔ 'fɔ pa'nik]
esperança (f)	håp (n)	['hɔp]
esperar (vt)	å håpe	[ɔ 'hoːpə]
certeza (f)	sikkerhet (m/f)	['sikər̩het]
certo, seguro de …	sikker	['sikər]
indecisão (f)	usikkerhet (m)	['ʉsikər̩het]
indeciso (adj)	usikker	['ʉ̩sikər]
bêbado (adj)	beruset, full	[be'rʉsət], ['fʉl]
sóbrio (adj)	edru	['ɛdrʉ]
fraco (adj)	svak	['svak]
feliz (adj)	lykkelig	['lʏkəli]
assustar (vt)	å skremme	[ɔ 'skrɛmə]
fúria (f)	raseri (n)	[rasɛ'ri]
ira, raiva (f)	raseri (n)	[rasɛ'ri]
depressão (f)	depresjon (m)	[dɛpre'ʂʊn]
desconforto (m)	ubehag (n)	['ʉbe̩hag]

conforto (m)	komfort (m)	[kʊm'fɔːr]
arrepender-se (vr)	å beklage	[ɔ be'klaɡə]
arrependimento (m)	beklagelse (m)	[be'klaɡəlsə]
azar (m), má sorte (f)	uhell (n)	['ʉˌhɛl]
tristeza (f)	sorg (m/f)	['sɔr]

vergonha (f)	skam (m/f)	['skam]
alegria (f)	glede (m/f)	['ɡledə]
entusiasmo (m)	entusiasme (m)	[ɛntʉsi'asmə]
entusiasta (m)	entusiast (m)	[ɛntʉsi'ast]
mostrar entusiasmo	å vise entusiasme	[ɔ 'visə ɛntʉsi'asmə]

59. Caráter. Personalidade

caráter (m)	karakter (m)	[karak'ter]
falha (f) de caráter	karakterbrist (m/f)	[karak'terˌbrist]
mente (f)	sinn (n)	['sin]
razão (f)	forstand (m)	[fɔ'ʂtan]

consciência (f)	samvittighet (m)	[sam'vitiˌhet]
hábito, costume (m)	vane (m)	['vanə]
habilidade (f)	evne (m/f)	['ɛvnə]
saber (~ nadar, etc.)	å kunne	[ɔ 'kʉnə]

paciente (adj)	tålmodig	[tɔl'mʊdi]
impaciente (adj)	utålmodig	['ʉtɔlˌmʊdi]
curioso (adj)	nysgjerrig	['nɣˌsæri]
curiosidade (f)	nysgjerrighet (m)	['nɣˌsæriˌhet]

modéstia (f)	beskjedenhet (m)	[be'ʂedenˌhet]
modesto (adj)	beskjeden	[be'ʂedən]
imodesto (adj)	ubeskjeden	['ʉbeˌʂedən]

preguiça (f)	lathet (m)	['latˌhet]
preguiçoso (adj)	doven	['dʊvən]
preguiçoso (m)	dovendyr (n)	['dʊvənˌdyr]

astúcia (f)	list (m/f)	['list]
astuto (adj)	listig	['listi]
desconfiança (f)	mistro (m/f)	['misˌtrɔ]
desconfiado (adj)	mistroende	['misˌtrʊenə]

generosidade (f)	gavmildhet (m)	['ɡavmilˌhet]
generoso (adj)	generøs	[ʂenə'røs]
talentoso (adj)	talentfull	[ta'lentˌfʉl]
talento (m)	talent (n)	[ta'lent]

corajoso (adj)	modig	['mʊdi]
coragem (f)	mot (n)	['mʊt]
honesto (adj)	ærlig	['æːl̡i]
honestidade (f)	ærlighet (m)	['æːl̡iˌhet]

| prudente, cuidadoso (adj) | forsiktig | [fɔ'ʂikti] |
| valoroso (adj) | modig | ['mʊdi] |

sério (adj)	alvorlig	[al'vɔːli]
severo (adj)	streng	['strɛŋ]

decidido (adj)	besluttsom	[be'ʂlut̪som]
indeciso (adj)	ubesluttsom	[ube'ʂlut̪som]
tímido (adj)	forsagt	['fo͜ʂakt]
timidez (f)	forsagthet (m)	['foʂakt̪het]

confiança (f)	tillit (m)	['tilit]
confiar (vt)	å tro	[ɔ 'truʊ]
crédulo (adj)	tillitsfull	['tilits̪ful]

sinceramente	oppriktig	[ɔp'rikti]
sincero (adj)	oppriktig	[ɔp'rikti]
sinceridade (f)	oppriktighet (m)	[ɔp'rikti͜het]
aberto (adj)	åpen	['ɔpən]

calmo (adj)	stille	['stilə]
franco (adj)	oppriktig	[ɔp'rikti]
ingênuo (adj)	naiv	[na'iv]
distraído (adj)	forstrødd	['fu͜ʂtrød]
engraçado (adj)	morsom	['muʂom]

ganância (f)	grådighet (m)	['groːdi͜het]
ganancioso (adj)	grådig	['groːdi]
avarento, sovina (adj)	gjerrig	['jæri]
mal (adj)	ond	['ʊn]
teimoso (adj)	hårdnakket	['hɔːr͜nakət]
desagradável (adj)	ubehagelig	[ube'hageli]

egoísta (m)	egoist (m)	[ɛgu'ist]
egoísta (adj)	egoistisk	[ɛgu'istisk]
covarde (m)	feiging (m)	['fæjgiŋ]
covarde (adj)	feig	['fæjg]

60. O sono. Sonhos

dormir (vi)	å sove	[ɔ 'sɔvə]
sono (m)	søvn (m)	['sœvn]
sonho (m)	drøm (m)	['drøm]
sonhar (ver sonhos)	å drømme	[ɔ 'drœmə]
sonolento (adj)	søvnig	['sœvni]

cama (f)	seng (m/f)	['sɛŋ]
colchão (m)	madrass (m)	[ma'dras]
cobertor (m)	dyne (m/f)	['dynə]
travesseiro (m)	pute (m/f)	['putə]
lençol (m)	laken (n)	['lakən]

insônia (f)	søvnløshet (m)	['sœvnløs͜het]
sem sono (adj)	søvnløs	['sœvn͜løs]
sonífero (m)	sovetablett (n)	['sove͜tab'let]
tomar um sonífero	å ta en sovetablett	[ɔ 'ta en 'sove͜tab'let]
estar sonolento	å være søvnig	[ɔ 'værə 'sœvni]

bocejar (vi)	å gjespe	[ɔ 'jɛspə]
ir para a cama	å gå til sengs	[ɔ 'gɔ til 'sɛŋs]
fazer a cama	å re opp sengen	[ɔ 're ɔp 'sɛŋən]
adormecer (vi)	å falle i søvn	[ɔ 'falə i 'sœvn]

pesadelo (m)	mareritt (n)	['marə‚rit]
ronco (m)	snork (m)	['snɔrk]
roncar (vi)	å snorke	[ɔ 'snɔrkə]

despertador (m)	vekkerklokka (m/f)	['vɛkər‚klɔka]
acordar, despertar (vt)	å vekke	[ɔ 'vɛkə]
acordar (vi)	å våkne	[ɔ 'vɔknə]
levantar-se (vr)	å stå opp	[ɔ 'stɔ: ɔp]
lavar-se (vr)	å vaske seg	[ɔ 'vaskə sæj]

61. Humor. Riso. Alegria

humor (m)	humor (m/n)	['hʉmʊr]
senso (m) de humor	sans (m) for humor	['sans fɔr 'hʉmʊr]
divertir-se (vr)	å more seg	[ɔ 'mʉrə sæj]
alegre (adj)	glad, munter	['gla], ['mʉntər]
diversão (f)	munterhet (m)	['mʉntər‚het]

sorriso (m)	smil (m/n)	['smil]
sorrir (vi)	å smile	[ɔ 'smilə]
começar a rir	å begynne å skratte	[ɔ be'jinə ɔ 'skratə]
rir (vi)	å le, å skratte	[ɔ 'le], [ɔ 'skratə]
riso (m)	latter (m), skratt (m/n)	['latər], ['skrat]

anedota (f)	anekdote (m)	[anek'dɔtə]
engraçado (adj)	morsom	['mʊʂɔm]
ridículo, cômico (adj)	morsom	['mʊʂɔm]

brincar (vi)	å spøke	[ɔ 'spøkə]
piada (f)	skjemt, spøk (m)	['ʂɛmt], ['spøk]
alegria (f)	glede (m/f)	['gledə]
regozijar-se (vr)	å glede seg	[ɔ 'gledə sæj]
alegre (adj)	glad	['gla]

62. Discussão, conversação. Parte 1

comunicação (f)	kommunikasjon (m)	[kʉmʉnikə'ʂʊn]
comunicar-se (vr)	å kommunisere	[ɔ kʉmʉni'serə]

conversa (f)	samtale (m)	['sam‚talə]
diálogo (m)	dialog (m)	[dia'lɔg]
discussão (f)	diskusjon (m)	[diskʉ'ʂʊn]
debate (m)	debatt (m)	[de'bat]
debater (vt)	å diskutere	[ɔ diskʉ'terə]

interlocutor (m)	samtalepartner (m)	['sam‚talə 'pa:ʈnər]
tema (m)	emne (n)	['ɛmnə]

ponto (m) de vista	synspunkt (n)	['syns‚punt]
opinião (f)	mening (m/f)	['meniŋ]
discurso (m)	tale (m)	['talə]

discussão (f)	diskusjon (m)	[disku'ʂun]
discutir (vt)	å drøfte, å diskutere	[ɔ 'drœftə], [ɔ disku'terə]
conversa (f)	samtale (m)	['sam‚talə]
conversar (vi)	å snakke, å samtale	[ɔ 'snakə], [ɔ 'sam‚talə]
reunião (f)	møte (n)	['møtə]
encontrar-se (vr)	å møtes	[ɔ 'møtəs]

provérbio (m)	ordspråk (n)	['u:r‚sprɔk]
ditado, provérbio (m)	ordstev (n)	['u:r‚stev]
adivinha (f)	gåte (m)	['go:tə]
dizer uma adivinha	å utgjøre en gåte	[ɔ ut'jørə en 'go:tə]
senha (f)	passord (n)	['pas‚u:r]
segredo (m)	hemmelighet (m/f)	['hɛməli‚het]

juramento (m)	ed (m)	['ɛd]
jurar (vi)	å sverge	[ɔ 'sværgə]
promessa (f)	løfte (n), loven (m)	['lœftə], ['lovən]
prometer (vt)	å love	[ɔ 'lovə]

conselho (m)	råd (n)	['rɔd]
aconselhar (vt)	å råde	[ɔ 'ro:də]
seguir o conselho	å følge råd	[ɔ 'følə 'ro:d]
escutar (~ os conselhos)	å adlyde	[ɔ 'ad‚lydə]

novidade, notícia (f)	nyhet (m)	['nyhet]
sensação (f)	sensasjon (m)	[sɛnsa'ʂun]
informação (f)	opplysninger (m/f pl)	['ɔp‚lysniŋər]
conclusão (f)	slutning (m)	['ʂlutniŋ]
voz (f)	røst (m/f), stemme (m)	['røst], ['stɛmə]
elogio (m)	kompliment (m)	[kumpli'man]
amável, querido (adj)	elskverdig	[ɛlsk'værdi]

palavra (f)	ord (n)	['u:r]
frase (f)	frase (m)	['frasə]
resposta (f)	svar (n)	['svar]
verdade (f)	sannhet (m)	['san‚het]
mentira (f)	løgn (m/f)	['løjn]

pensamento (m)	tanke (m)	['tankə]
ideia (f)	ide (m)	[i'de]
fantasia (f)	fantasi (m)	[fanta'si]

63. Discussão, conversação. Parte 2

estimado, respeitado (adj)	respektert	[rɛspɛk'tɛ:t]
respeitar (vt)	å respektere	[ɔ rɛspɛk'terə]
respeito (m)	respekt (m)	[rɛ'spɛkt]
Estimado ..., Caro ...	Kjære ...	['çærə ...]
apresentar	å introdusere	[ɔ introdu'serə]
(alguém a alguém)		

conhecer (vt)	å stifte bekjentskap med ...	[ɔ 'stiftə be'çɛnˌskap me ...]
intenção (f)	hensikt (m)	['hɛnˌsikt]
tencionar (~ fazer algo)	å ha til hensikt	[ɔ 'ha til 'hɛnˌsikt]
desejo (de boa sorte)	ønske (n)	['ønskə]
desejar (ex. ~ boa sorte)	å ønske	[ɔ 'ønskə]

surpresa (f)	overraskelse (m/f)	['ɔvəˌraskəlsə]
surpreender (vt)	å forundre	[ɔ fɔ'rʉndrə]
surpreender-se (vr)	å bli forundret	[ɔ 'bli fɔ'rʉndrət]

dar (vt)	å gi	[ɔ 'ji]
pegar (tomar)	å ta	[ɔ 'ta]
devolver (vt)	å gi tilbake	[ɔ 'ji til'bakə]
retornar (vt)	å returnere	[ɔ retʉr'nerə]

desculpar-se (vr)	å unnskylde seg	[ɔ 'ʉnˌsylə sæj]
desculpa (f)	unnskyldning (m/f)	['ʉnˌsyldniŋ]
perdoar (vt)	å tilgi	[ɔ 'tilˌji]

falar (vi)	å tale	[ɔ 'talə]
escutar (vt)	å lye, å lytte	[ɔ 'lye], [ɔ 'lʏtə]
ouvir até o fim	å høre på	[ɔ 'hørə pɔ]
entender (compreender)	å forstå	[ɔ fɔ'ʂtɔ]

mostrar (vt)	å vise	[ɔ 'visə]
olhar para ...	å se på ...	[ɔ 'se pɔ ...]
chamar (alguém para ...)	å kalle	[ɔ 'kalə]
perturbar, distrair (vt)	å distrahere	[ɔ distra'erə]
perturbar (vt)	å forstyrre	[ɔ fɔ'ʂtʏrə]
entregar (~ em mãos)	å rekke	[ɔ 'rɛkə]

pedido (m)	begjæring (m/f)	[be'jæriŋ]
pedir (ex. ~ ajuda)	å be, å bede	[ɔ 'be], [ɔ 'bedə]
exigência (f)	krav (n)	['krav]
exigir (vt)	å kreve	[ɔ 'krevə]

insultar (chamar nomes)	å erte	[ɔ 'ɛ:ʈə]
zombar (vt)	å håne	[ɔ 'ho:nə]
zombaria (f)	hån (m)	['hon]
alcunha (f), apelido (m)	kallenavn, tilnavn (n)	['kaləˌnavn], ['tilˌnavn]

insinuação (f)	insinuasjon (m)	[insinʉa'ʂʉn]
insinuar (vt)	å insinuere	[ɔ insinʉ'erə]
querer dizer	å bety	[ɔ 'bety]

descrição (f)	beskrivelse (m)	[be'skrivəlsə]
descrever (vt)	å beskrive	[ɔ be'skrivə]
elogio (m)	ros (m)	['rʊs]
elogiar (vt)	å rose, å berømme	[ɔ 'rʊsə], [ɔ be'rœmə]

desapontamento (m)	skuffelse (m)	['skʉfəlsə]
desapontar (vt)	å skuffe	[ɔ 'skʉfə]
desapontar-se (vr)	å bli skuffet	[ɔ 'bli 'skʉfət]

suposição (f)	antagelse (m)	[an'tagəlsə]
supor (vt)	å anta, å formode	[ɔ 'anˌta], [ɔ fɔr'mʊdə]

advertência (f)	advarsel (m)	['adˌvaʂəl]
advertir (vt)	å advare	[ɔ 'adˌvarə]

64. Discussão, conversação. Parte 3

convencer (vt)	å overtale	[ɔ 'ɔvəˌtalə]
acalmar (vt)	å berolige	[ɔ be'rʉliə]

silêncio (o ~ é de ouro)	taushet (m)	['taʊsˌhet]
ficar em silêncio	å tie	[ɔ 'tie]
sussurrar (vt)	å hviske	[ɔ 'viskə]
sussurro (m)	hvisking (m/f)	['viskiŋ]

francamente	oppriktig	[ɔp'rikti]
na minha opinião ...	etter min mening ...	['ɛtər min 'meniŋ ...]

detalhe (~ da história)	detalj (m)	[de'talj]
detalhado (adj)	detaljert	[detɑ'ljɛːt]
detalhadamente	i detaljer	[i de'taljer]

dica (f)	vink (n)	['vink]
dar uma dica	å gi et vink	[ɔ 'ji et 'vink]

olhar (m)	blikk (n)	['blik]
dar uma olhada	å kaste et blikk	[ɔ 'kastə et 'blik]
fixo (olhada ~a)	stiv	['stiv]
piscar (vi)	å blinke	[ɔ 'blinkə]
piscar (vt)	å blinke	[ɔ 'blinkə]
acenar com a cabeça	å nikke	[ɔ 'nikə]

suspiro (m)	sukk (n)	['sʉk]
suspirar (vi)	å sukke	[ɔ 'sʉkə]
estremecer (vi)	å gyse	[ɔ 'jisə]
gesto (m)	gest (m)	['gɛst]
tocar (com as mãos)	å røre	[ɔ 'rørə]
agarrar (~ pelo braço)	å gripe	[ɔ 'gripə]
bater de leve	å klappe	[ɔ 'klapə]

Cuidado!	Pass på!	['pas 'pɔ]
Sério?	Virkelig?	['virkəli]
Tem certeza?	Er du sikker?	[ɛr dʉ 'sikər]
Boa sorte!	Lykke til!	['lʏkə til]
Entendi!	Jeg forstår!	['jæ fɔ'ʂtoːr]
Que pena!	Det var synd!	[de var 'sʏn]

65. Acordo. Recusa

consentimento (~ mútuo)	samtykke (n)	['samˌtʏkə]
consentir (vi)	å samtykke	[ɔ 'samˌtʏkə]
aprovação (f)	godkjennelse (m)	['gʉˌçɛnəlsə]
aprovar (vt)	å godkjenne	[ɔ 'gʉˌçɛnə]
recusa (f)	avslag (n)	['afˌslag]

negar-se a ...	à vegre seg	[ɔ 'vɛgrə sæj]
Ótimo!	Det er fint!	['de ær 'fint]
Tudo bem!	Godt!	['gɔt]
Está bem! De acordo!	OK! Enig!	[ɔ'kɛj], ['ɛni]

proibido (adj)	forbudt	[for'bʉt]
é proibido	det er forbudt	[de ær for'bʉt]
é impossível	det er umulig	[de ær ʉ'mʉli]
incorreto (adj)	uriktig, ikke riktig	['ʉ,rikti], ['ikə ,rikti]

rejeitar (~ um pedido)	à avslå	[ɔ 'af,slɔ]
apoiar (vt)	à støtte	[ɔ 'stœtə]
aceitar (desculpas, etc.)	à akseptere	[ɔ aksɛp'terə]

confirmar (vt)	à bekrefte	[ɔ be'krɛftə]
confirmação (f)	bekreftelse (m)	[be'krɛftəlsə]
permissão (f)	tillatelse (m)	['ti,latəlsə]
permitir (vt)	à tillate	[ɔ 'ti,latə]
decisão (f)	beslutning (m)	[be'ʂlʉtnin]
não dizer nada	à tie	[ɔ 'tie]

condição (com uma ~)	betingelse (m)	[be'tinəlsə]
pretexto (m)	foregivende (n)	['forə,jivnə]
elogio (m)	ros (m)	['rʊs]
elogiar (vt)	à rose, à berømme	[ɔ 'rʊsə], [ɔ be'rœmə]

66. Sucesso. Boa sorte. Insucesso

êxito, sucesso (m)	suksess (m)	[sʉk'sɛ]
com êxito	med suksess	[me sʉk'sɛ]
bem sucedido (adj)	vellykket	['vel,lʏkət]

sorte (fortuna)	hell (n), lykke (m/f)	['hɛl], ['lʏkə]
Boa sorte!	Lykke til!	['lʏkə til]
de sorte	heldig, lykkelig	['hɛldi], ['lʏkəli]
sortudo, felizardo (adj)	heldig	['hɛldi]

fracasso (m)	mislykkelse, fiasko (m)	['mis,lʏkəlsə], [fi'askʊ]
pouca sorte (f)	uhell (n), utur (m)	['ʉ,hɛl], ['ʉ,tʉr]
azar (m), má sorte (f)	uhell (n)	['ʉ,hɛl]

| mal sucedido (adj) | mislykket | ['mis,lʏkət] |
| catástrofe (f) | katastrofe (m) | [kata'strɔfə] |

orgulho (m)	stolthet (m)	['stɔlt,het]
orgulhoso (adj)	stolt	['stɔlt]
estar orgulhoso, -a	à være stolt	[ɔ 'værə 'stɔlt]

vencedor (m)	seierherre (m)	['sæjər,hɛrə]
vencer (vi, vi, vt)	à seire, à vinne	[ɔ 'sæjrə], [ɔ 'vinə]
perder (vt)	à tape	[ɔ 'tapə]
tentativa (f)	forsøk (n)	['fɔ'ʂøk]
tentar (vt)	à prøve, à forsøke	[ɔ 'prøvə], [ɔ fɔ'ʂøkə]
chance (m)	sjanse (m)	['ʂansə]

67. Conflitos. Emoções negativas

grito (m)	skrik (n)	['skrik]
gritar (vi)	å skrike	[ɔ 'skrikə]
começar a gritar	å begynne å skrike	[ɔ be'jinə ɔ 'skrikə]

discussão (f)	krangel (m)	['kraŋəl]
brigar (discutir)	å krangle	[ɔ 'kraŋlə]
escândalo (m)	skandale (m)	[skan'dalə]
criar escândalo	å gjøre skandale	[ɔ 'jørə skan'dalə]
conflito (m)	konflikt (m)	[kʉn'flikt]
mal-entendido (m)	misforståelse (m)	[misfɔ'ʂtɔəlsə]

insulto (m)	fornærmelse (m)	[fɔ:'nærməlsə]
insultar (vt)	å fornærme	[ɔ fɔ:'nærmə]
insultado (adj)	fornærmet	[fɔ:'nærmət]
ofensa (f)	fornærmelse (m)	[fɔ:'nærməlsə]
ofender (vt)	å fornærme	[ɔ fɔ:'nærmə]
ofender-se (vr)	å bli fornærmet	[ɔ 'bli fɔ:'nærmət]

indignação (f)	forargelse (m)	[fɔ'rargəlsə]
indignar-se (vr)	å bli indignert	[ɔ 'bli indi'gnɛ:t]
queixa (f)	klage (m)	['klagə]
queixar-se (vr)	å klage	[ɔ 'klagə]

desculpa (f)	unnskyldning (m/f)	['ʉn‚syldniŋ]
desculpar-se (vr)	å unnskylde seg	[ɔ 'ʉn‚sylə sæj]
pedir perdão	å be om forlatelse	[ɔ 'be ɔm fɔ:'latəlsə]

crítica (f)	kritikk (m)	[kri'tik]
criticar (vt)	å kritisere	[ɔ kriti'serə]
acusação (f)	anklagelse (m)	['an‚klagəlsə]
acusar (vt)	å anklage	[ɔ 'an‚klagə]

vingança (f)	hevn (m)	['hɛvn]
vingar (vt)	å hevne	[ɔ 'hɛvnə]
vingar-se de	å hevne	[ɔ 'hɛvnə]

desprezo (m)	forakt (m)	[fɔ'rakt]
desprezar (vt)	å forakte	[ɔ fɔ'raktə]
ódio (m)	hat (n)	['hat]
odiar (vt)	å hate	[ɔ 'hatə]

nervoso (adj)	nervøs	[nær'vøs]
estar nervoso	å være nervøs	[ɔ 'værə nær'vøs]
zangado (adj)	vred, sint	['vred], ['sint]
zangar (vt)	å gjøre sint	[ɔ 'jørə ‚sint]

humilhação (f)	ydmykelse (m)	['yd‚mykəlsə]
humilhar (vt)	å ydmyke	[ɔ 'yd‚mykə]
humilhar-se (vr)	å ydmyke seg	[ɔ 'yd‚mykə sæj]

choque (m)	sjokk (n)	['ʂɔk]
chocar (vt)	å sjokkere	[ɔ ʂo'kerə]
aborrecimento (m)	knipe (m/f)	['knipə]

desagradável (adj)	ubehagelig	[ube'hɑgeli]
medo (m)	redsel, frykt (m)	['rɛtsəl], ['frʏkt]
terrível (tempestade, etc.)	fryktelig	['frʏkteli]
assustador (ex. história ~a)	uhyggelig, skremmende	['ʉhygəli], ['skrɛmənə]
horror (m)	redsel (m)	['rɛtsəl]
horrível (crime, etc.)	forferdelig	[fɔr'færdəli]

começar a tremer	å begynne å ryste	[ɔ be'jinə ɔ 'rystə]
chorar (vi)	å gråte	[ɔ 'gro:tə]
começar a chorar	å begynne å gråte	[ɔ be'jinə ɔ 'gro:tə]
lágrima (f)	tåre (m/f)	['to:rə]

falta (f)	skyld (m/f)	['şyl]
culpa (f)	skyldfølelse (m)	['şyl,føləlsə]
desonra (f)	skam, vanære (m/f)	['skɑm], ['vɑnærə]
protesto (m)	protest (m)	[prʊ'tɛst]
estresse (m)	stress (m/n)	['strɛs]

perturbar (vt)	å forstyrre	[ɔ fɔ'ştyrə]
zangar-se com ...	å være sint	[ɔ 'værə ,sint]
zangado (irritado)	vred, sint	['vred], ['sint]
terminar (vt)	å avbryte	[ɔ 'ɑv,brytə]
praguejar	å sverge	[ɔ 'sværgə]

assustar-se	å bli skremt	[ɔ 'bli 'skrɛmt]
golpear (vt)	å slå	[ɔ 'şlɔ]
brigar (na rua, etc.)	å slåss	[ɔ 'şlɔs]

resolver (o conflito)	å løse	[ɔ 'løsə]
descontente (adj)	misfornøyd, utilfreds	['mis,fɔ:'nøjd], ['ʉtil,frɛds]
furioso (adj)	rasende	['rɑsenə]

Não está bem!	Det er ikke bra!	[de ær ikə 'brɑ]
É ruim!	Det er dårlig!	[de ær 'do:ḻi]

Medicina

68. Doenças

doença (f)	sykdom (m)	['sʏkˌdɔm]
estar doente	å være syk	[ɔ 'væɾə 'syk]
saúde (f)	helse (m/f)	['hɛlsə]

nariz (m) escorrendo	snue (m)	['snʉə]
amigdalite (f)	angina (m)	[an'gina]
resfriado (m)	forkjølelse (m)	[for'çœləlsə]
ficar resfriado	å forkjøle seg	[ɔ for'çœlə sæj]

bronquite (f)	bronkitt (m)	[brɔn'kit]
pneumonia (f)	lungebetennelse (m)	['lʉŋə be'tɛnəlsə]
gripe (f)	influensa (m)	[inflʉ'ɛnsa]

míope (adj)	nærsynt	['næˌsʏnt]
presbita (adj)	langsynt	['laŋsʏnt]
estrabismo (m)	skjeløydhet (m)	['ʂɛløjdˌhet]
estrábico, vesgo (adj)	skjeløyd	['ʂɛlˌøjd]
catarata (f)	grå stær, katarakt (m)	['grɔ ˌstær], [kata'rakt]
glaucoma (m)	glaukom (n)	[glaʉ'kɔm]

AVC (m), apoplexia (f)	hjerneslag (n)	['jæːɳəˌslag]
ataque (m) cardíaco	infarkt (n)	[in'farkt]
enfarte (m) do miocárdio	myokardieinfarkt (n)	['mio'kardiə in'farkt]
paralisia (f)	paralyse, lammelse (m)	['para'lyse], ['lamelsə]
paralisar (vt)	å lamme	[ɔ 'lamə]

alergia (f)	allergi (m)	[alæː'gi]
asma (f)	astma (m)	['astma]
diabetes (f)	diabetes (m)	[dia'betəs]

dor (f) de dente	tannpine (m/f)	['tanˌpine]
cárie (f)	karies (m)	['karies]

diarreia (f)	diaré (m)	[dia'rɛ]
prisão (f) de ventre	forstoppelse (m)	[fɔ'stɔpəlsə]
desarranjo (m) intestinal	magebesvær (m)	['magəˌbe'svær]
intoxicação (f) alimentar	matforgiftning (m/f)	['matˌfor'jiftniŋ]
intoxicar-se	å få matforgiftning	[ɔ 'fɔ matˌfor'jiftniŋ]

artrite (f)	artritt (m)	[aː'ʈrit]
raquitismo (m)	rakitt (m)	[ra'kit]
reumatismo (m)	revmatisme (m)	[revma'tismə]
arteriosclerose (f)	arteriosklerose (m)	[aː'ʈeriʉsklerˌrʉsə]

gastrite (f)	magekatarr, gastritt (m)	['magəkaˌtar], [ˌga'strit]
apendicite (f)	appendisitt (m)	[apɛndi'sit]

colecistite (f)	galleblærebetennelse (m)	['galə‚blærə be'tɛnəlse]
úlcera (f)	magesår (n)	['magə‚sɔr]

sarampo (m)	meslinger (m pl)	['mɛs‚liŋər]
rubéola (f)	røde hunder (m pl)	['rødə 'hʉnər]
icterícia (f)	gulsott (m/f)	['gʉl‚sʉt]
hepatite (f)	hepatitt (m)	[hepa'tit]

esquizofrenia (f)	schizofreni (m)	[şisʉfre'ni]
raiva (f)	rabies (m)	['rabiəs]
neurose (f)	nevrose (m)	[nev'rʉsə]
contusão (f) cerebral	hjernerystelse (m)	['jæ:ŋə‚rʏstəlsə]

câncer (m)	kreft, cancer (m)	['krɛft], ['kansər]
esclerose (f)	sklerose (m)	[skle'rʉsə]
esclerose (f) múltipla	multippel sklerose (m)	[mʉl'tipəl skle'rʉsə]

alcoolismo (m)	alkoholisme (m)	[alkʉhʉ'lismə]
alcoólico (m)	alkoholiker (m)	[alkʉ'hʉlikər]
sífilis (f)	syfilis (m)	['syfilis]
AIDS (f)	AIDS, aids (m)	['ɛjds]

tumor (m)	svulst, tumor (m)	['svʉlst], [tʉ'mʉr]
maligno (adj)	ondartet, malign	['ʉn‚a:ʈət], [ma'lign]
benigno (adj)	godartet	['gʉ‚a:ʈət]

febre (f)	feber (m)	['febər]
malária (f)	malaria (m)	[ma'laria]
gangrena (f)	koldbrann (m)	['kɔlbran]
enjoo (m)	sjøsyke (m)	['şø‚sykə]
epilepsia (f)	epilepsi (m)	[ɛpilep'si]

epidemia (f)	epidemi (m)	[ɛpide'mi]
tifo (m)	tyfus (m)	['tyfʉs]
tuberculose (f)	tuberkulose (m)	[tubærkʉ'lɔsə]
cólera (f)	kolera (m)	['kʉlera]
peste (f) bubônica	pest (m)	['pɛst]

69. Sintomas. Tratamentos. Parte 1

sintoma (m)	symptom (n)	[sʏmp'tʉm]
temperatura (f)	temperatur (m)	[tɛmpəra'tʉr]
febre (f)	høy temperatur (m)	['høj tɛmpəra'tʉr]
pulso (m)	puls (m)	['pʉls]

vertigem (f)	svimmelhet (m)	['sviməl‚het]
quente (testa, etc.)	varm	['varm]
calafrio (m)	skjelving (m/f)	['şɛlviŋ]
pálido (adj)	blek	['blek]

tosse (f)	hoste (m)	['hʉstə]
tossir (vi)	å hoste	[ɔ 'hʉstə]
espirrar (vi)	å nyse	[ɔ 'nysə]
desmaio (m)	besvimelse (m)	[bɛ'sviməlsə]

desmaiar (vi)	å besvime	[ɔ be'svimə]
mancha (f) preta	blåmerke (n)	['blɔˌmærkə]
galo (m)	bule (m)	['bʉlə]
machucar-se (vr)	å slå seg	[ɔ 'ʂlɔ sæj]
contusão (f)	blåmerke (n)	['blɔˌmærkə]
machucar-se (vr)	å slå seg	[ɔ 'ʂlɔ sæj]

mancar (vi)	å halte	[ɔ 'haltə]
deslocamento (f)	forvridning (m)	[fɔr'vridniŋ]
deslocar (vt)	å forvri	[ɔ fɔr'vri]
fratura (f)	brudd (n), fraktur (m)	['brʉd], [frak'tʉr]
fraturar (vt)	å få brudd	[ɔ 'fɔ 'brʉd]

corte (m)	skjæresår (n)	['ʂæːrəˌsɔr]
cortar-se (vr)	å skjære seg	[ɔ 'ʂæːrə sæj]
hemorragia (f)	blødning (m/f)	['blødniŋ]

queimadura (f)	brannsår (n)	['branˌsɔr]
queimar-se (vr)	å brenne seg	[ɔ 'brɛnə sæj]

picar (vt)	å stikke	[ɔ 'stikə]
picar-se (vr)	å stikke seg	[ɔ 'stikə sæj]
lesionar (vt)	å skade	[ɔ 'skadə]
lesão (m)	skade (n)	['skadə]
ferida (f), ferimento (m)	sår (n)	['sɔr]
trauma (m)	traume (m)	['traʉmə]

delirar (vi)	å snakke i villelse	[ɔ 'snakə i 'viləlsə]
gaguejar (vi)	å stamme	[ɔ 'stamə]
insolação (f)	solstikk (n)	['sʉlˌstik]

70. Sintomas. Tratamentos. Parte 2

dor (f)	smerte (m)	['smæːʈə]
farpa (no dedo, etc.)	flis (m/f)	['flis]

suor (m)	svette (m)	['svɛtə]
suar (vi)	å svette	[ɔ 'svɛtə]
vômito (m)	oppkast (n)	['ɔpˌkast]
convulsões (f pl)	kramper (m pl)	['krampər]

grávida (adj)	gravid	[gra'vid]
nascer (vi)	å fødes	[ɔ 'fødə]
parto (m)	fødsel (m)	['føtsəl]
dar à luz	å føde	[ɔ 'fødə]
aborto (m)	abort (m)	[a'bɔːʈ]

respiração (f)	åndedrett (n)	['ɔndəˌdrɛt]
inspiração (f)	innånding (m/f)	['inˌɔniŋ]
expiração (f)	utånding (m/f)	['ʉtˌɔndiŋ]
expirar (vi)	å puste ut	[ɔ 'pʉstə ʉt]
inspirar (vi)	å ånde inn	[ɔ 'ɔndə ˌin]
inválido (m)	handikappet person (m)	['handiˌkapət pæ'ʂʉn]
aleijado (m)	krøpling (m)	['krøpliŋ]

drogado (m)	narkoman (m)	[nɑrkʊ'mɑn]
surdo (adj)	døv	['døv]
mudo (adj)	stum	['stʉm]
surdo-mudo (adj)	døvstum	['døf,stʉm]

louco, insano (adj)	gal	['gɑl]
louco (m)	gal mann (m)	['gɑl ,mɑn]
louca (f)	gal kvinne (m/f)	['gɑl ,kvinə]
ficar louco	å bli sinnssyk	[ɔ 'bli 'sin,syk]

gene (m)	gen (m)	['gen]
imunidade (f)	immunitet (m)	[imʉni'tet]
hereditário (adj)	arvelig	['ɑrvəli]
congênito (adj)	medfødt	['me: ,føt]

vírus (m)	virus (m)	['virʉs]
micróbio (m)	mikrobe (m)	[mi'krʊbə]
bactéria (f)	bakterie (m)	[bɑk'teriə]
infecção (f)	infeksjon (m)	[infɛk'ʂʊn]

71. Sintomas. Tratamentos. Parte 3

hospital (m)	sykehus (n)	['sykə,hʉs]
paciente (m)	pasient (m)	[pɑsi'ɛnt]

diagnóstico (m)	diagnose (m)	[diɑ'gnʊsə]
cura (f)	kur (m)	['kʉr]
tratamento (m) médico	behandling (m/f)	[be'hɑndliŋ]
curar-se (vr)	å bli behandlet	[ɔ 'bli be'hɑndlət]
tratar (vt)	å behandle	[ɔ be'hɑndlə]
cuidar (pessoa)	å skjøtte	[ɔ 'ʂøtə]
cuidado (m)	sykepleie (m/f)	['sykə,plæjə]

operação (f)	operasjon (m)	[ɔpərɑ'ʂʊn]
enfaixar (vt)	å forbinde	[ɔ fɔr'binə]
enfaixamento (m)	forbinding (m)	[fɔr'biniŋ]

vacinação (f)	vaksinering (m/f)	[vɑksi'neriŋ]
vacinar (vt)	å vaksinere	[ɔ vɑksi'nerə]
injeção (f)	injeksjon (m), sprøyte (m/f)	[injɛk'ʂʊn], ['sprøjtə]
dar uma injeção	å gi en sprøyte	[ɔ 'ji en 'sprøjtə]

ataque (~ de asma, etc.)	anfall (n)	['ɑn,fɑl]
amputação (f)	amputasjon (m)	[ɑmpʉtɑ'ʂʊn]
amputar (vt)	å amputere	[ɔ ɑmpʉ'terə]
coma (f)	koma (m)	['kʊmɑ]
estar em coma	å ligge i koma	[ɔ 'ligə i 'kʊmɑ]
reanimação (f)	intensivavdeling (m/f)	['inten,siv 'ɑv,deliŋ]

recuperar-se (vr)	å bli frisk	[ɔ 'bli 'frisk]
estado (~ de saúde)	tilstand (m)	['til,stɑn]
consciência (perder a ~)	bevissthet (m)	[be'vist,het]
memória (f)	minne (n), hukommelse (m)	['minə], [hʉ'kɔməlsə]
tirar (vt)	å trekke ut	[ɔ 'trɛkə ʉt]

obturação (f)	fylling (m/f)	['fʏliŋ]
obturar (vt)	å plombere	[ɔ plʊm'berə]

hipnose (f)	hypnose (m)	[hʏp'nʉsə]
hipnotizar (vt)	å hypnotisere	[ɔ hʏpnʉti'serə]

72. Médicos

médico (m)	lege (m)	['legə]
enfermeira (f)	sykepleierske (m/f)	['sykə‚plæjeşkə]
médico (m) pessoal	personlig lege (m)	[pæ'şʊnli 'legə]

dentista (m)	tannlege (m)	['tan‚legə]
oculista (m)	øyelege (m)	['øjə‚legə]
terapeuta (m)	terapeut (m)	[terɑ'pɛut]
cirurgião (m)	kirurg (m)	[çi'rʉrg]

psiquiatra (m)	psykiater (m)	[syki'ɑtər]
pediatra (m)	barnelege (m)	['bɑːŋə‚legə]
psicólogo (m)	psykolog (m)	[sykʊ'lɔg]
ginecologista (m)	gynekolog (m)	[gynekʊ'lɔg]
cardiologista (m)	kardiolog (m)	[kɑːdjʊ'lɔg]

73. Medicina. Drogas. Acessórios

medicamento (m)	medisin (m)	[medi'sin]
remédio (m)	middel (n)	['midəl]
receitar (vt)	å ordinere	[ɔ ɔrdi'nerə]
receita (f)	resept (m)	[re'sɛpt]

comprimido (m)	tablett (m)	[tab'let]
unguento (m)	salve (m/f)	['salvə]
ampola (f)	ampulle (m)	[am'pʉlə]
solução, preparado (m)	mikstur (m)	[miks'tʉr]
xarope (m)	sirup (m)	['sirʉp]
cápsula (f)	pille (m/f)	['pilə]
pó (m)	pulver (n)	['pʉlvər]

atadura (f)	gasbind (n)	['gɑs‚bin]
algodão (m)	vatt (m/n)	['vɑt]
iodo (m)	jod (m/n)	['ʉd]

curativo (m) adesivo	plaster (n)	['plɑstər]
conta-gotas (m)	pipette (m)	[pi'pɛtə]
termômetro (m)	termometer (n)	[tɛrmʊ'metər]
seringa (f)	sprøyte (m/f)	['sprøjtə]

cadeira (f) de rodas	rullestol (m)	['rʉlə‚stʊl]
muletas (f pl)	krykker (m/f pl)	['krʏkər]

analgésico (m)	smertestillende middel (n)	['smæːţə‚stilenə 'midəl]
laxante (m)	laksativ (n)	[lɑksɑ'tiv]

álcool (m)	sprit (m)	['sprit]
ervas (f pl) medicinais	legeurter (m/f pl)	['legə‚ʉː[ər]
de ervas (chá ~)	urte-	['ʉ:[ə-]

74. Fumar. Produtos tabágicos

tabaco (m)	tobakk (m)	[tʉ'bɑk]
cigarro (m)	sigarett (m)	[siga'rɛt]
charuto (m)	sigar (m)	[si'gɑr]
cachimbo (m)	pipe (m/f)	['pipə]
maço (~ de cigarros)	pakke (m/f)	['pɑkə]

fósforos (m pl)	fyrstikker (m/f pl)	['fy‚stikər]
caixa (f) de fósforos	fyrstikkeske (m)	['fyʂtik‚ɛskə]
isqueiro (m)	tenner (m)	['tɛnər]
cinzeiro (m)	askebeger (n)	['ɑskə‚begər]
cigarreira (f)	sigarettetui (n)	[siga'rɛt ɛtʉ'i]

| piteira (f) | munnstykke (n) | ['mʉn‚stʏkə] |
| filtro (m) | filter (n) | ['filtər] |

fumar (vi, vt)	å røyke	[ɔ 'røjkə]
acender um cigarro	å tenne en sigarett	[ɔ 'tɛnə en siga'rɛt]
tabagismo (m)	røyking, røkning (m)	['røjkiŋ], ['røkniŋ]
fumante (m)	røyker (m)	['røjkər]

bituca (f)	stump (m)	['stʉmp]
fumaça (f)	røyk (m)	['røjk]
cinza (f)	aske (m/f)	['ɑskə]

HABITAT HUMANO

Cidade

75. Cidade. Vida na cidade

cidade (f)	by (m)	['by]
capital (f)	hovedstad (m)	['huvəd‚stad]
aldeia (f)	landsby (m)	['lans‚by]
mapa (m) da cidade	bykart (n)	['by‚kɑːt]
centro (m) da cidade	sentrum (n)	['sɛntrum]
subúrbio (m)	forstad (m)	['fɔ‚ṣtad]
suburbano (adj)	forstads-	['fɔ‚ṣtads-]
periferia (f)	utkant (m)	['ʉt‚kant]
arredores (m pl)	omegner (m pl)	['ɔm‚æjnər]
quarteirão (m)	kvarter (n)	[kvaːʈer]
quarteirão (m) residencial	boligkvarter (n)	['buli‚kvaːʈer]
tráfego (m)	trafikk (m)	[traˈfik]
semáforo (m)	trafikklys (n)	[traˈfik‚lys]
transporte (m) público	offentlig transport (m)	['ɔfɛntli transˈpɔːt]
cruzamento (m)	veikryss (n)	['væjkrʏs]
faixa (f)	fotgjengerovergang (m)	['fʊtjɛŋer 'ɔver‚gaŋ]
túnel (m) subterrâneo	undergang (m)	['ʉnər‚gaŋ]
cruzar, atravessar (vt)	å gå over	[ɔ 'gɔ 'ɔver]
pedestre (m)	fotgjenger (m)	['fʊtjɛŋer]
calçada (f)	fortau (n)	['fɔː‚ʈaʊ]
ponte (f)	bro (m/f)	['brʉ]
margem (f) do rio	kai (m/f)	['kaj]
fonte (f)	fontene (m)	['fʊntnə]
alameda (f)	allé (m)	[aˈleː]
parque (m)	park (m)	['park]
bulevar (m)	bulevard (m)	[buleˈvar]
praça (f)	torg (n)	['tɔr]
avenida (f)	aveny (m)	[aveˈny]
rua (f)	gate (m/f)	['gatə]
travessa (f)	sidegate (m/f)	['sidə‚gatə]
beco (m) sem saída	blindgate (m/f)	['blin‚gatə]
casa (f)	hus (n)	['hʉs]
edifício, prédio (m)	bygning (m/f)	['bʏgniŋ]
arranha-céu (m)	skyskraper (m)	['sy‚skrapər]
fachada (f)	fasade (m)	[faˈsadə]
telhado (m)	tak (n)	['tak]

janela (f)	**vindu** (n)	['vindɵ]
arco (m)	**bue** (n)	['bɵ:ə]
coluna (f)	**søyle** (m)	['søjlə]
esquina (f)	**hjørne** (n)	['jœ:ŋə]

vitrine (f)	**utstillingsvindu** (n)	['ɵt̩stiliŋs 'vindɵ]
letreiro (m)	**skilt** (n)	['ʂilt]
cartaz (do filme, etc.)	**plakat** (m)	[plɑ'kat]
cartaz (m) publicitário	**reklameplakat** (m)	[rɛ'klamə͵plɑ'kat]
painel (m) publicitário	**reklametavle** (m/f)	[rɛ'klamə͵tavlə]

lixo (m)	**søppel** (m/f/n), **avfall** (n)	['sœpəl], ['av͵fal]
lata (f) de lixo	**søppelkasse** (m/f)	['sœpəl͵kasə]
jogar lixo na rua	**å kaste søppel**	[ɔ 'kastə 'sœpəl]
aterro (m) sanitário	**søppelfylling** (m/f), **deponi** (n)	['sœpəl͵fʏliŋ], [͵depɔ'ni]

orelhão (m)	**telefonboks** (m)	[tele'fʊn͵bɔks]
poste (m) de luz	**lyktestolpe** (m)	['lʏktə͵stɔlpə]
banco (m)	**benk** (m)	['bɛŋk]

polícia (m)	**politi** (m)	[pʊli'ti]
polícia (instituição)	**politi** (n)	[pʊli'ti]
mendigo, pedinte (m)	**tigger** (m)	['tigər]
desabrigado (m)	**hjemløs**	['jɛm͵løs]

76. Instituições urbanas

loja (f)	**forretning, butikk** (m)	[fɔ'rɛtniŋ], [bɵ'tik]
drogaria (f)	**apotek** (n)	[apʊ'tek]
ótica (f)	**optikk** (m)	[ɔp'tik]
centro (m) comercial	**kjøpesenter** (n)	['çœpə͵sɛntər]
supermercado (m)	**supermarked** (n)	['sɵpə͵market]

padaria (f)	**bakeri** (n)	[bake'ri]
padeiro (m)	**baker** (m)	['bakər]
pastelaria (f)	**konditori** (n)	[kʊnditɔ'ri]
mercearia (f)	**matbutikk** (m)	['matbɵ͵tik]
açougue (m)	**slakterbutikk** (m)	['ʂlaktəbɵ͵tik]

fruteira (f)	**grønnsaksbutikk** (m)	['grœn͵saks bɵ'tik]
mercado (m)	**marked** (n)	['markəd]

cafeteria (f)	**kafé, kaffebar** (m)	[ka'fe], ['kafə͵bar]
restaurante (m)	**restaurant** (m)	[rɛstʊ'raŋ]
bar (m)	**pub** (m)	['pɵb]
pizzaria (f)	**pizzeria** (m)	[pitsə'ria]

salão (m) de cabeleireiro	**frisørsalong** (m)	[fri'sør sa͵lɔŋ]
agência (f) dos correios	**post** (m)	['pɔst]
lavanderia (f)	**renseri** (n)	[rɛnse'ri]
estúdio (m) fotográfico	**fotostudio** (n)	['fɔtɔ͵stɵdiɔ]

sapataria (f)	**skobutikk** (m)	['skʊ͵bɵ'tik]
livraria (f)	**bokhandel** (m)	['bʊk͵handəl]

loja (f) de artigos esportivos	idrettsbutikk (m)	['idrɛts bʉ'tik]
costureira (f)	reparasjon (m) av klær	[repara'ʂʉn ɑ: ˌklær]
aluguel (m) de roupa	leie (m/f) av klær	['læjə ɑ: ˌklær]
videolocadora (f)	filmutleie (m/f)	['film ʉt'læje]
circo (m)	sirkus (m/n)	['sirkʉs]
jardim (m) zoológico	zoo, dyrepark (m)	['sʉ:], [dyrə'park]
cinema (m)	kino (m)	['çinʉ]
museu (m)	museum (n)	[mʉ'seum]
biblioteca (f)	bibliotek (n)	[bibliʉ'tek]
teatro (m)	teater (n)	[te'atər]
ópera (f)	opera (m)	['ʉpera]
boate (casa noturna)	nattklubb (m)	['natˌklʉb]
cassino (m)	kasino (n)	[ka'sinʉ]
mesquita (f)	moské (m)	[mʉ'ske]
sinagoga (f)	synagoge (m)	[syna'gʉgə]
catedral (f)	katedral (m)	[kate'dral]
templo (m)	tempel (n)	['tɛmpəl]
igreja (f)	kirke (m/f)	['çirkə]
faculdade (f)	institutt (n)	[insti'tʉt]
universidade (f)	universitet (n)	[ʉnivæʂi'tet]
escola (f)	skole (m/f)	['skʉlə]
prefeitura (f)	prefektur (n)	[prɛfɛk'tʉr]
câmara (f) municipal	rådhus (n)	['rɔdˌhʉs]
hotel (m)	hotell (n)	[hʉ'tɛl]
banco (m)	bank (m)	['bank]
embaixada (f)	ambassade (m)	[amba'sadə]
agência (f) de viagens	reisebyrå (n)	['ræjsə by ro]
agência (f) de informações	opplysningskontor (n)	[ɔp'lysniŋs kʉn'tʉr]
casa (f) de câmbio	vekslingskontor (n)	['vɛkʂliŋs kʉn'tʉr]
metrô (m)	tunnelbane, T-bane (m)	['tʉnəlˌbanə], ['tɛ:ˌbanə]
hospital (m)	sykehus (n)	['sykəˌhʉs]
posto (m) de gasolina	bensinstasjon (m)	[bɛn'sinˌsta'ʂʉn]
parque (m) de estacionamento	parkeringsplass (m)	[par'keriŋsˌplas]

77. Transportes urbanos

ônibus (m)	buss (m)	['bʉs]
bonde (m) elétrico	trikk (m)	['trik]
trólebus (m)	trolleybuss (m)	['trɔliˌbʉs]
rota (f), itinerário (m)	rute (m/f)	['rʉtə]
número (m)	nummer (n)	['nʉmər]
ir de ... (carro, etc.)	å kjøre med ...	[ɔ 'çœ:rə me ...]
entrar no ...	å gå på ...	[ɔ 'gɔ pɔ ...]
descer do ...	å gå av ...	[ɔ 'gɔ a: ...]
parada (f)	holdeplass (m)	['hɔləˌplas]

próxima parada (f)	neste holdeplass (m)	['nɛstə 'hɔlə‚plas]
terminal (m)	endestasjon (m)	['ɛnə‚sta'ʂʊn]
horário (m)	rutetabell (m)	['rʉtə‚ta'bɛl]
esperar (vt)	å vente	[ɔ 'vɛntə]

passagem (f)	billett (m)	[bi'let]
tarifa (f)	billettpris (m)	[bi'let‚pris]

bilheteiro (m)	kasserer (m)	[ka'serər]
controle (m) de passagens	billettkontroll (m)	[bi'let kʊn‚trɔl]
revisor (m)	billett inspektør (m)	[bi'let inspɛk'tør]

atrasar-se (vr)	å komme for sent	[ɔ 'kɔmə fɔ'ʂɛnt]
perder (o autocarro, etc.)	å komme for sent til ...	[ɔ 'kɔmə fɔ'ʂɛnt til ...]
estar com pressa	å skynde seg	[ɔ 'ʂynə sæj]

táxi (m)	drosje (m/f), taxi (m)	['drɔʂɛ], ['taksi]
taxista (m)	taxisjåfør (m)	['taksi ʂɔ'før]
de táxi (ir ~)	med taxi	[me 'taksi]
ponto (m) de táxis	taxiholdeplass (m)	['taksi 'hɔlə‚plas]
chamar um táxi	å taxi bestellen	[ɔ 'taksi be'stɛlən]
pegar um táxi	å ta taxi	[ɔ 'ta ‚taksi]

tráfego (m)	trafikk (m)	[tra'fik]
engarrafamento (m)	trafikkork (m)	[tra'fik‚kɔrk]
horas (f pl) de pico	rushtid (m/f)	['rʉʂ‚tid]
estacionar (vi)	å parkere	[ɔ par'kerə]
estacionar (vt)	å parkere	[ɔ par'kerə]
parque (m) de estacionamento	parkeringsplass (m)	[par'keriŋs‚plas]

metrô (m)	tunnelbane, T-bane (m)	['tʉnəl‚banə], ['tɛ:‚banə]
estação (f)	stasjon (m)	[sta'ʂʊn]
ir de metrô	å kjøre med T-bane	[ɔ 'çœ:rə me 'tɛ:‚banə]
trem (m)	tog (n)	['tɔg]
estação (f) de trem	togstasjon (m)	['tɔg‚sta'ʂʊn]

78. Turismo

monumento (m)	monument (n)	[mɔnʉ'mɛnt]
fortaleza (f)	festning (m/f)	['fɛstniŋ]
palácio (m)	palass (n)	[pa'las]
castelo (m)	borg (m)	['bɔrg]
torre (f)	tårn (n)	['tɔ:n]
mausoléu (m)	mausoleum (n)	[maʊsʊ'leum]

arquitetura (f)	arkitektur (m)	[arkitɛk'tʉr]
medieval (adj)	middelalderlig	['midəl‚aldɛ:[i]
antigo (adj)	gammel	['gamel]
nacional (adj)	nasjonal	[naʂʊ'nal]
famoso, conhecido (adj)	kjent	['çɛnt]

turista (m)	turist (m)	[tʉ'rist]
guia (pessoa)	guide (m)	['gajd]
excursão (f)	utflukt (m/f)	['ʉt‚flʉkt]

mostrar (vt)	å vise	[ɔ 'visə]
contar (vt)	å fortelle	[ɔ fɔ:'tɛlə]

encontrar (vt)	å finne	[ɔ 'finə]
perder-se (vr)	å gå seg bort	[ɔ 'gɔ sæj 'bʊ:t]
mapa (~ do metrô)	kart, linjekart (n)	['kɑ:t], ['linjə'kɑ:t]
mapa (~ da cidade)	kart (n)	['kɑ:t]

lembrança (f), presente (m)	suvenir (m)	[sʉve'nir]
loja (f) de presentes	suvenirbutikk (m)	[sʉve'nir bʉ'tik]
tirar fotos, fotografar	å fotografere	[ɔ fɔtɔgrɑ'ferə]
fotografar-se (vr)	å bli fotografert	[ɔ 'bli fɔtɔgrɑ'fɛ:t]

79. Compras

comprar (vt)	å kjøpe	[ɔ 'çœ:pə]
compra (f)	innkjøp (n)	['in͵çœp]
fazer compras	å gå shopping	[ɔ 'gɔ ͵sopiŋ]
compras (f pl)	shopping (m)	['sopiŋ]

estar aberta (loja)	å være åpen	[ɔ 'værə 'ɔpən]
estar fechada	å være stengt	[ɔ 'værə 'stɛnt]

calçado (m)	skotøy (n)	['skʊtøj]
roupa (f)	klær (n)	['klær]
cosméticos (m pl)	kosmetikk (m)	[kʊsme'tik]
alimentos (m pl)	matvarer (m/f pl)	['mɑt͵vɑrər]
presente (m)	gave (m/f)	['gɑvə]

vendedor (m)	forselger (m)	[fɔ'sɛlər]
vendedora (f)	forselger (m)	[fɔ'sɛlər]

caixa (f)	kasse (m/f)	['kɑsə]
espelho (m)	speil (n)	['spæjl]
balcão (m)	disk (m)	['disk]
provador (m)	prøverom (n)	['prøvə͵rʊm]

provar (vt)	å prøve	[ɔ 'prøvə]
servir (roupa, caber)	å passe	[ɔ 'pɑsə]
gostar (apreciar)	å like	[ɔ 'likə]

preço (m)	pris (m)	['pris]
etiqueta (f) de preço	prislapp (m)	['pris͵lɑp]
custar (vt)	å koste	[ɔ 'kɔstə]
Quanto?	Hvor mye?	[vʊr 'mye]
desconto (m)	rabatt (m)	[rɑ'bɑt]

não caro (adj)	billig	['bili]
barato (adj)	billig	['bili]
caro (adj)	dyr	['dyr]
É caro	Det er dyrt	[de ær 'dy:t]

aluguel (m)	utleie (m/f)	['ʉt͵læjə]
alugar (roupas, etc.)	å leie	[ɔ 'læjə]

crédito (m)	**kreditt** (m)	[krɛ'dit]
a crédito	**på kreditt**	[pɔ krɛ'dit]

80. Dinheiro

dinheiro (m)	**penger** (m pl)	['pɛŋər]
câmbio (m)	**veksling** (m/f)	['vɛkʂliŋ]
taxa (f) de câmbio	**kurs** (m)	['kuʂ]
caixa (m) eletrônico	**minibank** (m)	['mini,bank]
moeda (f)	**mynt** (m)	['mʏnt]

dólar (m)	**dollar** (m)	['dɔlar]
euro (m)	**euro** (m)	['ɛʉrʉ]

lira (f)	**lira** (m)	['lire]
marco (m)	**mark** (m/f)	['mɑrk]
franco (m)	**franc** (m)	['frɑn]
libra (f) esterlina	**pund sterling** (m)	['pʉn stɛ:'l̩iŋ]
iene (m)	**yen** (m)	['jɛn]

dívida (f)	**skyld** (m/f), **gjeld** (m)	['ʂʏl], ['jɛl]
devedor (m)	**skyldner** (m)	['ʂʏlnər]
emprestar (vt)	**å låne ut**	[ɔ 'loːnə ʉt]
pedir emprestado	**å låne**	[ɔ 'loːnə]

banco (m)	**bank** (m)	['bɑnk]
conta (f)	**konto** (m)	['kɔntʉ]
depositar (vt)	**å sette inn**	[ɔ 'sɛtə in]
depositar na conta	**å sette inn på kontoen**	[ɔ 'sɛtə in pɔ 'kɔntʉən]
sacar (vt)	**å ta ut fra kontoen**	[ɔ 'tɑ ʉt frɑ 'kɔntʉən]

cartão (m) de crédito	**kredittkort** (n)	[krɛ'dit,kɔ:t]
dinheiro (m) vivo	**kontanter** (m pl)	[kʉn'tɑntər]
cheque (m)	**sjekk** (m)	['ʂɛk]
passar um cheque	**å skrive en sjekk**	[ɔ 'skrivə en 'ʂɛk]
talão (m) de cheques	**sjekkbok** (m/f)	['ʂɛk,bʉk]

carteira (f)	**lommebok** (m)	['lʉmə,bʉk]
niqueleira (f)	**pung** (m)	['pʉŋ]
cofre (m)	**safe, seif** (m)	['sɛjf]

herdeiro (m)	**arving** (m)	['ɑrviŋ]
herança (f)	**arv** (m)	['ɑrv]
fortuna (riqueza)	**formue** (m)	['fɔr,mʉə]

arrendamento (m)	**leie** (m)	['læje]
aluguel (pagar o ~)	**husleie** (m/f)	['hʉs,læje]
alugar (vt)	**å leie**	[ɔ 'læjə]

preço (m)	**pris** (m)	['pris]
custo (m)	**kostnad** (m)	['kɔstnad]
soma (f)	**sum** (m)	['sʉm]
gastar (vt)	**å bruke**	[ɔ 'brʉkə]
gastos (m pl)	**utgifter** (m/f pl)	['ʉt,jiftər]

economizar (vi)	å spare	[ɔ 'spɑrə]
econômico (adj)	sparsom	['spɑʂɔm]

pagar (vt)	å betale	[ɔ be'tɑlə]
pagamento (m)	betaling (m/f)	[be'tɑliŋ]
troco (m)	vekslepenger (pl)	['vɛkʂlə‚pɛŋər]

imposto (m)	skatt (m)	['skɑt]
multa (f)	bot (m/f)	['bʊt]
multar (vt)	å bøtelegge	[ɔ 'bøtə‚legə]

81. Correios. Serviço postal

agência (f) dos correios	post (m)	['pɔst]
correio (m)	post (m)	['pɔst]
carteiro (m)	postbud (n)	['pɔst‚bʊd]
horário (m)	åpningstider (m/f pl)	['ɔpniŋs‚tidər]

carta (f)	brev (n)	['brev]
carta (f) registada	rekommandert brev (n)	[rekʊmɑn'dɛ:t ‚brev]
cartão (m) postal	postkort (n)	['pɔst‚kɔ:t]
telegrama (m)	telegram (n)	[tele'grɑm]
encomenda (f)	postpakke (m/f)	['pɔst‚pɑkə]
transferência (f) de dinheiro	pengeoverføring (m/f)	['pɛŋə 'ɔvər‚føriŋ]

receber (vt)	å motta	[ɔ 'mɔtɑ]
enviar (vt)	å sende	[ɔ 'sɛnə]
envio (m)	avsending (m)	['ɑf‚sɛniŋ]

endereço (m)	adresse (m)	[ɑ'drɛsə]
código (m) postal	postnummer (n)	['pɔst‚nʉmər]
remetente (m)	avsender (m)	['ɑf‚sɛnər]
destinatário (m)	mottaker (m)	['mɔt‚tɑkər]

nome (m)	fornavn (n)	['fɔr‚nɑvn]
sobrenome (m)	etternavn (n)	['ɛtə‚nɑvn]

tarifa (f)	tariff (m)	[tɑ'rif]
ordinário (adj)	vanlig	['vɑnli]
econômico (adj)	økonomisk	[økʊ'nɔmisk]

peso (m)	vekt (m)	['vɛkt]
pesar (estabelecer o peso)	å veie	[ɔ 'væjə]
envelope (m)	konvolutt (m)	[kʊnvʊ'lʉt]
selo (m) postal	frimerke (n)	['fri‚mærkə]
colar o selo	å sette på frimerke	[ɔ 'sɛtə pɔ 'fri‚mærkə]

Moradia. Casa. Lar

82. Casa. Habitação

casa (f)	hus (n)	['hʉs]
em casa	hjemme	['jɛmə]
pátio (m), quintal (f)	gård (m)	['gɔːr]
cerca, grade (f)	gjerde (n)	['jærə]

tijolo (m)	tegl (n), murstein (m)	['tæjl], ['mʉˌstæjn]
de tijolos	tegl-	['tæjl-]
pedra (f)	stein (m)	['stæjn]
de pedra	stein-	['stæjn-]
concreto (m)	betong (m)	[be'tɔŋ]
concreto (adj)	betong-	[be'tɔŋ-]

novo (adj)	ny	['ny]
velho (adj)	gammel	['gaməl]
decrépito (adj)	falleferdig	['faleˌfæːɖi]
moderno (adj)	moderne	[mʉ'dɛːɳə]
de vários andares	fleretasjes-	['flerɛˌtaʂɛs-]
alto (adj)	høy	['høj]

| andar (m) | etasje (m) | [ɛ'taʂə] |
| de um andar | enetasjes | ['ɛnɛˌtaʂɛs] |

| térreo (m) | første etasje (m) | ['fœʂtə ɛ'taʂə] |
| andar (m) de cima | øverste etasje (m) | ['øvəʂtə ɛ'taʂə] |

| telhado (m) | tak (n) | ['tak] |
| chaminé (f) | skorstein (m/f) | ['skɔˌʂtæjn] |

telha (f)	takstein (m)	['takˌstæjn]
de telha	taksteins-	['takˌstæjns-]
sótão (m)	loft (n)	['lɔft]

| janela (f) | vindu (n) | ['vindʉ] |
| vidro (m) | glass (n) | ['glas] |

| parapeito (m) | vinduskarm (m) | ['vindʉsˌkarm] |
| persianas (f pl) | vinduslemmer (m pl) | ['vindʉsˌlemər] |

parede (f)	mur, vegg (m)	['mʉr], ['vɛg]
varanda (f)	balkong (m)	[bal'kɔn]
calha (f)	nedløpsrør (n)	['nedløpsˌrør]

em cima	oppe	['ɔpə]
subir (vi)	å gå ovenpå	[ɔ 'gɔ 'ɔvənˌpɔ]
descer (vi)	å gå ned	[ɔ 'gɔ ne]
mudar-se (vr)	å flytte	[ɔ 'flʏtə]

83. Casa. Entrada. Elevador

entrada (f)	inngang (m)	['in,gɑŋ]
escada (f)	trapp (m/f)	['trɑp]
degraus (m pl)	trinn (n pl)	['trin]
corrimão (m)	gelender (n)	[ge'lendər]
hall (m) de entrada	hall, lobby (m)	['hɑl], ['lɔbi]
caixa (f) de correio	postkasse (m/f)	['pɔst,kɑsə]
lata (f) do lixo	søppelkasse (m/f)	['sœpəl,kɑsə]
calha (f) de lixo	søppelsjakt (m/f)	['sœpəl,ʂɑkt]
elevador (m)	heis (m)	['hæjs]
elevador (m) de carga	lasteheis (m)	['lɑstə'hæjs]
cabine (f)	heiskorg (m/f)	['hæjs,kɔrg]
pegar o elevador	å ta heisen	[ɔ 'tɑ ,hæjsən]
apartamento (m)	leilighet (m/f)	['læjli,het]
residentes (pl)	beboere (m pl)	[be'bʊerə]
vizinho (m)	nabo (m)	['nɑbʊ]
vizinha (f)	nabo (m)	['nɑbʊ]
vizinhos (pl)	naboer (m pl)	['nɑbʊər]

84. Casa. Portas. Fechaduras

porta (f)	dør (m/f)	['dœr]
portão (m)	grind (m/f), port (m)	['griŋ], ['pɔ:t]
maçaneta (f)	dørhåndtak (n)	['dœr,hɔntak]
destrancar (vt)	å låse opp	[ɔ 'lo:sə ɔp]
abrir (vt)	å åpne	[ɔ 'ɔpnə]
fechar (vt)	å lukke	[ɔ 'lʉkə]
chave (f)	nøkkel (m)	['nøkəl]
molho (m)	knippe (n)	['knipə]
ranger (vi)	å knirke	[ɔ 'knirkə]
rangido (m)	knirk (m/n)	['knirk]
dobradiça (f)	hengsel (m/n)	['hɛŋsel]
capacho (m)	dørmatte (m/f)	['dœr,mɑtə]
fechadura (f)	dørlås (m/n)	['dœr,lɔs]
buraco (m) da fechadura	nøkkelhull (n)	['nøkəl,hʉl]
barra (f)	slå (m/f)	['ʂlɔ]
fecho (ferrolho pequeno)	slå (m/f)	['ʂlɔ]
cadeado (m)	hengelås (m/n)	['hɛŋe,lɔs]
tocar (vt)	å ringe	[ɔ 'riŋə]
toque (m)	ringing (m/f)	['riŋiŋ]
campainha (f)	ringeklokke (m/f)	['riŋə,klɔkə]
botão (m)	ringeklokke knapp (m)	['riŋə,klɔkə 'knɑp]
batida (f)	kakking (m/f)	['kɑkiŋ]
bater (vi)	å kakke	[ɔ 'kɑkə]
código (m)	kode (m)	['kʊdə]
fechadura (f) de código	kodelås (m/n)	['kʊdə,lɔs]

interfone (m)	dørtelefon (m)	['dœr͵tele'fʊn]
número (m)	nummer (n)	['nʉmər]
placa (f) de porta	dørskilt (n)	['dœ͵ʂilt]
olho (m) mágico	kikhull (n)	['çik͵hʉl]

85. Casa de campo

aldeia (f)	landsby (m)	['lɑns͵by]
horta (f)	kjøkkenhage (m)	['çœkən͵hɑgə]

cerca (f)	gjerde (n)	['jærə]
cerca (f) de piquete	stakitt (m/n)	[stɑ'kit]
portão (f) do jardim	port, stakittport (m)	['pɔːt], [stɑ'kit͵pɔːt]

celeiro (m)	kornlåve (m)	['kʊːŋ͵loːvə]
adega (f)	jordkjeller (m)	['juːr͵çɛlər]
galpão, barracão (m)	skur, skjul (n)	['skʉr], ['ʂʉl]
poço (m)	brønn (m)	['brœn]

fogão (m)	ovn (m)	['ɔvn]
atiçar o fogo	å fyre	[ɔ 'fyrə]

lenha (carvão ou ~)	ved (m)	['ve]
acha, lenha (f)	vedstykke (n), vedskie (f)	['vɛd͵stʏkə], ['vɛ͵ʂiə]

varanda (f)	veranda (m)	[væ'rɑndɑ]
alpendre (m)	terrasse (m)	[tɛ'rɑsə]
degraus (m pl) de entrada	yttertrapp (m/f)	['ytə͵trɑp]
balanço (m)	gynge (m/f)	['jiŋə]

86. Castelo. Palácio

castelo (m)	borg (m)	['bɔrg]
palácio (m)	palass (n)	[pɑ'lɑs]
fortaleza (f)	festning (m/f)	['fɛstniŋ]

muralha (f)	mur (m)	['mʉr]
torre (f)	tårn (n)	['tɔːŋ]
calabouço (m)	kjernetårn (n)	['çæːŋə'tɔːŋ]

grade (f) levadiça	fallgitter (n)	['fɑl͵gitər]
passagem (f) subterrânea	underjordisk gang (m)	['ʉnər͵juːrdisk 'gɑŋ]
fosso (m)	vollgrav (m/f)	['vɔl͵grɑv]

corrente, cadeia (f)	kjede (m)	['çɛːde]
seteira (f)	skyteskår (n)	['ʂytə͵skɔr]

magnífico (adj)	praktfull	['prɑkt͵fʉl]
majestoso (adj)	majestetisk	[mɑje'stɛtisk]

inexpugnável (adj)	uinntakelig	[ʉən'tɑkəli]
medieval (adj)	middelalderlig	['midəl͵ɑldɛːli]

87. Apartamento

apartamento (m)	leilighet (m/f)	['læjli,het]
quarto, cômodo (m)	rom (n)	['rʊm]
quarto (m) de dormir	soverom (n)	['sɔvə,rʊm]
sala (f) de jantar	spisestue (m/f)	['spisə,stʉə]
sala (f) de estar	dagligstue (m/f)	['dagli,stʉə]
escritório (m)	arbeidsrom (n)	['arbæjds,rʊm]
sala (f) de entrada	entré (m)	[an'trɛ:]
banheiro (m)	bad, baderom (n)	['bad], ['badə,rʊm]
lavabo (m)	toalett, WC (n)	[tʊa'let], [vɛ'sɛ]
teto (m)	tak (n)	['tak]
chão, piso (m)	gulv (n)	['gʉlv]
canto (m)	hjørne (n)	['jœ:ŋə]

88. Apartamento. Limpeza

arrumar, limpar (vt)	å rydde	[ɔ 'rʏdə]
guardar (no armário, etc.)	å stue unna	[ɔ 'stʉə 'ʉna]
pó (m)	støv (n)	['støv]
empoeirado (adj)	støvet	['støvet]
tirar o pó	å tørke støv	[ɔ 'tœrkə 'støv]
aspirador (m)	støvsuger (m)	['støf,sʉgər]
aspirar (vt)	å støvsuge	[ɔ 'støf,sʉgə]
varrer (vt)	å sope, å feie	[ɔ 'sɔpə], [ɔ 'fæjə]
sujeira (f)	søppel (m/f/n)	['sœpəl]
arrumação, ordem (f)	orden (m)	['ɔrdən]
desordem (f)	uorden (m)	['ʉ:,ɔrdən]
esfregão (m)	mopp (m)	['mɔp]
pano (m), trapo (m)	klut (m)	['klʉt]
vassoura (f)	feiekost (m)	['fæjə,kʊst]
pá (f) de lixo	feiebrett (n)	['fæjə,brɛt]

89. Mobiliário. Interior

mobiliário (m)	møbler (n pl)	['møblər]
mesa (f)	bord (n)	['bʊr]
cadeira (f)	stol (m)	['stʊl]
cama (f)	seng (m/f)	['sɛŋ]
sofá, divã (m)	sofa (m)	['sʊfa]
poltrona (f)	lenestol (m)	['lenə,stʊl]
estante (f)	bokskap (n)	['bʊk,skap]
prateleira (f)	hylle (m/f)	['hʏlə]
guarda-roupas (m)	klesskap (n)	['kle,skap]
cabide (m) de parede	knaggbrett (n)	['knag,brɛt]

cabideiro (m) de pé	stumtjener (m)	['stʉmˌtjenər]
cômoda (f)	kommode (m)	[kʊ'mʊdə]
mesinha (f) de centro	kaffebord (n)	['kafəˌbʊr]

espelho (m)	speil (n)	['spæjl]
tapete (m)	teppe (n)	['tɛpə]
tapete (m) pequeno	lite teppe (n)	['litə 'tɛpə]

lareira (f)	peis (m), ildsted (n)	['pæjs], ['ilsted]
vela (f)	lys (n)	['lys]
castiçal (m)	lysestake (m)	['lysəˌstakə]

cortinas (f pl)	gardiner (m/f pl)	[ga:'dinər]
papel (m) de parede	tapet (n)	[ta'pet]
persianas (f pl)	persienne (m)	[pæşi'enə]

luminária (f) de mesa	bordlampe (m/f)	['bʊrˌlampə]
luminária (f) de parede	vegglampe (m/f)	['vɛgˌlampə]
abajur (m) de pé	gulvlampe (m/f)	['gʉlvˌlampə]
lustre (m)	lysekrone (m/f)	['lysəˌkrʊnə]

pé (de mesa, etc.)	bein (n)	['bæjn]
braço, descanso (m)	armlene (n)	['armˌlenə]
costas (f pl)	rygg (m)	['rʏg]
gaveta (f)	skuff (m)	['skʉf]

90. Quarto de dormir

roupa (f) de cama	sengetøy (n)	['sɛŋəˌtøj]
travesseiro (m)	pute (m/f)	['pʉtə]
fronha (f)	putevar, putetrekk (n)	['pʉtəˌvar], ['pʉtəˌtrɛk]
cobertor (m)	dyne (m/f)	['dynə]
lençol (m)	laken (n)	['lakən]
colcha (f)	sengeteppe (n)	['sɛŋəˌtɛpə]

91. Cozinha

cozinha (f)	kjøkken (n)	['çœkən]
gás (m)	gass (m)	['gas]
fogão (m) a gás	gasskomfyr (m)	['gas kɔmˌfyr]
fogão (m) elétrico	elektrisk komfyr (m)	[ɛ'lektrisk kɔmˌfyr]
forno (m)	bakeovn (m)	['bakəˌɔvn]
forno (m) de micro-ondas	mikrobølgeovn (m)	['mikrʊˌbølgə'ɔvn]

geladeira (f)	kjøleskap (n)	['çœləˌskap]
congelador (m)	fryser (m)	['frysər]
máquina (f) de lavar louça	oppvaskmaskin (m)	['ɔpvask maˌşin]

moedor (m) de carne	kjøttkvern (m/f)	['çœtˌkvɛ:n]
espremedor (m)	juicepresse (m/f)	['dʒʉsˌprɛsə]
torradeira (f)	brødrister (m)	['brøˌristər]
batedeira (f)	mikser (m)	['miksər]

máquina (f) de café	kaffetrakter (m)	['kafəˌtraktər]
cafeteira (f)	kaffekanne (m/f)	['kafəˌkanə]
moedor (m) de café	kaffekvern (m/f)	['kafəˌkvɛ:n]
chaleira (f)	tekjele (m)	['teˌçelə]
bule (m)	tekanne (m/f)	['teˌkanə]
tampa (f)	lokk (n)	['lɔk]
coador (m) de chá	tesil (m)	['teˌsil]
colher (f)	skje (m)	['ʂe]
colher (f) de chá	teskje (m)	['teˌʂe]
colher (f) de sopa	spiseskje (m)	['spisəˌʂɛ]
garfo (m)	gaffel (m)	['gafəl]
faca (f)	kniv (m)	['kniv]
louça (f)	servise (n)	[sær'visə]
prato (m)	tallerken (m)	[ta'lærkən]
pires (m)	tefat (n)	['teˌfat]
cálice (m)	shotglass (n)	['ʂɔtˌglas]
copo (m)	glass (n)	['glas]
xícara (f)	kopp (m)	['kɔp]
açucareiro (m)	sukkerskål (m/f)	['sʉkərˌskɔl]
saleiro (m)	saltbøsse (m/f)	['saltˌbøsə]
pimenteiro (m)	pepperbøsse (m/f)	['pɛpərˌbøsə]
manteigueira (f)	smørkopp (m)	['smœrˌkɔp]
panela (f)	gryte (m/f)	['grytə]
frigideira (f)	steikepanne (m/f)	['stæjkəˌpanə]
concha (f)	sleiv (m/f)	['ʂlæjv]
coador (m)	dørslag (n)	['dœʂlag]
bandeja (f)	brett (n)	['brɛt]
garrafa (f)	flaske (m)	['flaskə]
pote (m) de vidro	glasskrukke (m/f)	['glasˌkrʉkə]
lata (~ de cerveja)	boks (m)	['bɔks]
abridor (m) de garrafa	flaskeåpner (m)	['flaskəˌɔpnər]
abridor (m) de latas	konservåpner (m)	['kʉnsəvˌɔpnər]
saca-rolhas (m)	korketrekker (m)	['kɔrkəˌtrɛkər]
filtro (m)	filter (n)	['filtər]
filtrar (vt)	å filtrere	[ɔ fil'trerə]
lixo (m)	søppel (m/f/n)	['sœpəl]
lixeira (f)	søppelbøtte (m/f)	['sœpəlˌbœtə]

92. Casa de banho

banheiro (m)	bad, baderom (n)	['bad], ['badəˌrʉm]
água (f)	vann (n)	['van]
torneira (f)	kran (m/f)	['kran]
água (f) quente	varmt vann (n)	['varmt ˌvan]
água (f) fria	kaldt vann (n)	['kalt van]

pasta (f) de dente	tannpasta (m)	['tanˌpasta]
escovar os dentes	å pusse tennene	[ɔ 'pʉsə 'tɛnənə]
escova (f) de dente	tannbørste (m)	['tanˌbœʂtə]

barbear-se (vr)	å barbere seg	[ɔ bar'berə sæj]
espuma (f) de barbear	barberskum (n)	[bar'bɛˌskʉm]
gilete (f)	høvel (m)	['høvəl]

lavar (vt)	å vaske	[ɔ 'vaskə]
tomar banho	å vaske seg	[ɔ 'vaskə sæj]
chuveiro (m), ducha (f)	dusj (m)	['dʉʂ]
tomar uma ducha	å ta en dusj	[ɔ 'ta en 'dʉʂ]

banheira (f)	badekar (n)	['badəˌkar]
vaso (m) sanitário	toalettstol (m)	[tʊa'letˌstʊl]
pia (f)	vaskeservant (m)	['vaskəˌsɛr'vant]

sabonete (m)	såpe (m/f)	['soːpə]
saboneteira (f)	såpeskål (m/f)	['soːpəˌskɔl]

esponja (f)	svamp (m)	['svamp]
xampu (m)	sjampo (m)	['ʂamˌpʉ]
toalha (f)	håndkle (n)	['honˌkle]
roupão (m) de banho	badekåpe (m/f)	['badəˌkoːpə]

lavagem (f)	vask (m)	['vask]
lavadora (f) de roupas	vaskemaskin (m)	['vaskə maˌʂin]
lavar a roupa	å vaske tøy	[ɔ 'vaskə 'tøj]
detergente (m)	vaskepulver (n)	['vaskəˌpʉlvər]

93. Eletrodomésticos

televisor (m)	TV (m), TV-apparat (n)	['tɛvɛ], ['tɛvɛ apa'rat]
gravador (m)	båndopptaker (m)	['bɔnˌɔptakər]
videogravador (m)	video (m)	['videʉ]
rádio (m)	radio (m)	['radiʉ]
leitor (m)	spiller (m)	['spilər]

projetor (m)	videoprojektor (m)	['videʉ prɔ'jɛktor]
cinema (m) em casa	hjemmekino (m)	['jɛməˌçinʉ]
DVD Player (m)	DVD-spiller (m)	[deve'de ˌspilər]
amplificador (m)	forsterker (m)	[fɔ'ʂtærkər]
console (f) de jogos	spillkonsoll (m)	['spil kʉn'sɔl]

câmera (f) de vídeo	videokamera (n)	['videʉ ˌkamera]
máquina (f) fotográfica	kamera (n)	['kamera]
câmera (f) digital	digitalkamera (n)	[digi'tal ˌkamera]

aspirador (m)	støvsuger (m)	['støfˌsʉgər]
ferro (m) de passar	strykejern (n)	['strykə jæːŋ]
tábua (f) de passar	strykebrett (n)	['strykəˌbrɛt]

telefone (m)	telefon (m)	[tele'fʉn]
celular (m)	mobiltelefon (m)	[mʉ'bil tele'fʉn]

máquina (f) de escrever	skrivemaskin (m)	['skrivə maˌʂin]
máquina (f) de costura	symaskin (m)	['siːmaˌʂin]

microfone (m)	mikrofon (m)	[mikrʊ'fʊn]
fone (m) de ouvido	hodetelefoner (n pl)	['hɔdəteləˌfʊnər]
controle remoto (m)	fjernkontroll (m)	['fjæːɳ kʊn'trɔl]

CD (m)	CD-rom (m)	['sɛdɛˌrʊm]
fita (f) cassete	kassett (m)	[ka'sɛt]
disco (m) de vinil	plate, skive (m/f)	['platə], ['ʂivə]

94. Reparações. Renovação

renovação (f)	renovering (m/f)	[renʊ'veriŋ]
renovar (vt), fazer obras	å renovere	[ɔ renʊ'verə]
reparar (vt)	å reparere	[ɔ repɑ'rerə]
consertar (vt)	å bringe orden	[ɔ 'briŋə 'ɔrdən]
refazer (vt)	å gjøre om	[ɔ 'jørə ɔm]

tinta (f)	maling (m/f)	['maliŋ]
pintar (vt)	å male	[ɔ 'malə]
pintor (m)	maler (m)	['malər]
pincel (m)	pensel (m)	['pɛnsəl]

cal (f)	kalkmaling (m/f)	['kalkˌmaliŋ]
caiar (vt)	å hvitmale	[ɔ 'vitˌmalə]

papel (m) de parede	tapet (n)	[tɑ'pet]
colocar papel de parede	å tapetsere	[ɔ tapet'serə]
verniz (m)	ferniss (m)	['fæːˌɳis]
envernizar (vt)	å lakkere	[ɔ la'kerə]

95. Canalizações

água (f)	vann (n)	['van]
água (f) quente	varmt vann (n)	['varmt ˌvan]
água (f) fria	kaldt vann (n)	['kalt van]
torneira (f)	kran (m/f)	['kran]

gota (f)	dråpe (m)	['droːpə]
gotejar (vi)	å dryppe	[ɔ 'drʏpə]
vazar (vt)	å lekke	[ɔ 'lekə]
vazamento (m)	lekk (m)	['lek]
poça (f)	pøl, pytt (m)	['pøl], ['pʏt]

tubo (m)	rør (n)	['rør]
válvula (f)	ventil (m)	[vɛn'til]
entupir-se (vr)	å bli tilstoppet	[ɔ 'bli til'stɔpet]

ferramentas (f pl)	verktøy (n pl)	['værkˌtøj]
chave (f) inglesa	skiftenøkkel (m)	['ʂiftəˌnøkəl]
desenroscar (vt)	å skru ut	[ɔ 'skrʉ ʉt]

enroscar (vt)	å skru fast	[ɔ 'skrʉ 'fast]
desentupir (vt)	å rense	[ɔ 'rɛnsə]
encanador (m)	rørlegger (m)	['rør‚legər]
porão (m)	kjeller (m)	['çɛlər]
rede (f) de esgotos	avløp (n)	['av‚løp]

96. Fogo. Deflagração

incêndio (m)	ild (m)	['il]
chama (f)	flamme (m)	['flamə]
faísca (f)	gnist (m)	['gnist]
fumaça (f)	røyk (m)	['røjk]
tocha (f)	fakkel (m)	['fakəl]
fogueira (f)	bål (n)	['bɔl]
gasolina (f)	bensin (m)	[bɛn'sin]
querosene (m)	parafin (m)	[para'fin]
inflamável (adj)	brennbar	['brɛŋ‚bar]
explosivo (adj)	eksplosiv	['ɛksplu‚siv]
PROIBIDO FUMAR!	RØYKING FORBUDT	['røjkiŋ fɔr'bʉt]
segurança (f)	sikkerhet (m/f)	['sikər‚het]
perigo (m)	fare (m)	['farə]
perigoso (adj)	farlig	['fɑːli̩]
incendiar-se (vr)	å ta fyr	[ɔ 'ta ‚fyr]
explosão (f)	eksplosjon (m)	[ɛksplʉ'ʂʉn]
incendiar (vt)	å sette fyr	[ɔ 'sɛtə ‚fyr]
incendiário (m)	brannstifter (m)	['bran‚stiftər]
incêndio (m) criminoso	brannstiftelse (m)	['bran‚stiftəlsə]
flamejar (vi)	å flamme	[ɔ 'flamə]
queimar (vi)	å brenne	[ɔ 'brɛnə]
queimar tudo (vi)	å brenne ned	[ɔ 'brɛnə ne]
chamar os bombeiros	å ringe bransvesenet	[ɔ 'riŋə 'brans‚vesənə]
bombeiro (m)	brannmann (m)	['bran‚man]
caminhão (m) de bombeiros	brannbil (m)	['bran‚bil]
corpo (m) de bombeiros	brannkorps (n)	['bran‚kɔrps]
escada (f) extensível	teleskopstige (m)	['tele'skʉp‚stiːə]
mangueira (f)	slange (m)	['ʂlaŋə]
extintor (m)	brannslukker (n)	['bran‚ʂlʉkər]
capacete (m)	hjelm (m)	['jɛlm]
sirene (f)	sirene (m/f)	[si'renə]
gritar (vi)	å skrike	[ɔ 'skrikə]
chamar por socorro	å rope på hjelp	[ɔ 'rʉpə pɔ 'jɛlp]
socorrista (m)	redningsmann (m)	['rɛdniŋs‚man]
salvar, resgatar (vt)	å redde	[ɔ 'rɛdə]
chegar (vi)	å ankomme	[ɔ 'an‚kɔmə]
apagar (vt)	å slokke	[ɔ 'ʂløkə]
água (f)	vann (n)	['van]

areia (f)	sand (m)	['sɑn]
ruínas (f pl)	ruiner (m pl)	[rʉ'inər]
ruir (vi)	å falle sammen	[ɔ 'falə 'samən]
desmoronar (vi)	å styrte ned	[ɔ 'sty:ʈə ne]
desabar (vi)	å styrte inn	[ɔ 'sty:ʈə in]
fragmento (m)	del (m)	['del]
cinza (f)	aske (m/f)	['askə]
sufocar (vi)	å kveles	[ɔ 'kveləs]
perecer (vi)	å omkomme	[ɔ 'ɔm‚kɔmə]

ATIVIDADES HUMANAS

Emprego. Negócios. Parte 1

97. Banca

banco (m)	bank (m)	['bank]
balcão (f)	avdeling (m)	['av͵deliŋ]
consultor (m) bancário	konsulent (m)	[kʉnsʉ'lent]
gerente (m)	forstander (m)	[fɔ'ʂtandər]
conta (f)	bankkonto (m)	['bank͵kɔntʉ]
número (m) da conta	kontonummer (n)	['kɔntʉ͵nʉmər]
conta (f) corrente	sjekkonto (m)	['ʂɛk͵kɔntʉ]
conta (f) poupança	sparekonto (m)	['sparə͵kɔntʉ]
abrir uma conta	å åpne en konto	[ɔ 'ɔpnə en 'kɔntʉ]
fechar uma conta	å lukke kontoen	[ɔ 'lʉkə 'kɔntʉən]
depositar na conta	å sette inn på kontoen	[ɔ 'sɛtə in pɔ 'kɔntʉən]
sacar (vt)	å ta ut fra kontoen	[ɔ 'ta ʉt fra 'kɔntʉən]
depósito (m)	innskudd (n)	['in͵skʉd]
fazer um depósito	å sette inn	[ɔ 'sɛtə in]
transferência (f) bancária	overføring (m/f)	['ɔvər͵føriŋ]
transferir (vt)	å overføre	[ɔ 'ɔvər͵førə]
soma (f)	sum (m)	['sʉm]
Quanto?	Hvor mye?	[vʉr 'mye]
assinatura (f)	underskrift (m/f)	['ʉnə͵skrift]
assinar (vt)	å underskrive	[ɔ 'ʉnə͵skrivə]
cartão (m) de crédito	kredittkort (n)	[krɛ'dit͵kɔːʈ]
senha (f)	kode (m)	['kʉdə]
número (m) do cartão de crédito	kreditkortnummer (n)	[krɛ'dit͵kɔːʈ 'nʉmər]
caixa (m) eletrônico	minibank (m)	['mini͵bank]
cheque (m)	sjekk (m)	['ʂɛk]
passar um cheque	å skrive en sjekk	[ɔ 'skrivə en 'ʂɛk]
talão (m) de cheques	sjekkbok (m/f)	['ʂɛk͵bʉk]
empréstimo (m)	lån (n)	['lɔn]
pedir um empréstimo	å søke om lån	[ɔ ͵søkə ɔm 'lɔn]
obter empréstimo	å få lån	[ɔ 'fɔ 'lɔn]
dar um empréstimo	å gi lån	[ɔ 'ji 'lɔn]
garantia (f)	garanti (m)	[garan'ti]

98. Telefone. Conversação telefônica

telefone (m)	**telefon** (m)	[tele'fʊn]
celular (m)	**mobiltelefon** (m)	[mʊ'bil tele'fʊn]
secretária (f) eletrônica	**telefonsvarer** (m)	[tele'fʊn͵svarər]
fazer uma chamada	**å ringe**	[ɔ 'riŋə]
chamada (f)	**telefonsamtale** (m)	[tele'fʊn 'sam͵talə]
discar um número	**å slå et nummer**	[ɔ 'slɔ et 'nʉmər]
Alô!	**Hallo!**	[ha'lʊ]
perguntar (vt)	**å spørre**	[ɔ 'spøre]
responder (vt)	**å svare**	[ɔ 'svarə]
ouvir (vt)	**å høre**	[ɔ 'hørə]
bem	**godt**	['gɔt]
mal	**dårlig**	['doːli̯]
ruído (m)	**støy** (m)	['støj]
fone (m)	**telefonrør** (n)	[tele'fʊn͵rør]
pegar o telefone	**å ta telefonen**	[ɔ 'ta tele'fʊnən]
desligar (vi)	**å legge på røret**	[ɔ 'legə pɔ 'rørə]
ocupado (adj)	**opptatt**	['ɔp͵tat]
tocar (vi)	**å ringe**	[ɔ 'riŋə]
lista (f) telefônica	**telefonkatalog** (m)	[tele'fʊn kata'lɔg]
local (adj)	**lokal-**	[lo'kal-]
chamada (f) local	**lokalsamtale** (m)	[lo'kal 'sam͵talə]
de longa distância	**riks-**	['riks-]
chamada (f) de longa distância	**rikssamtale** (m)	['riks 'sam͵talə]
internacional (adj)	**internasjonal**	['intɛ:ŋaʂʊ͵nal]
chamada (f) internacional	**internasjonal samtale** (m)	['intɛ:ŋaʂʊ͵nal 'sam͵talə]

99. Telefone móvel

celular (m)	**mobiltelefon** (m)	[mʊ'bil tele'fʊn]
tela (f)	**skjerm** (m)	['ʂærm]
botão (m)	**knapp** (m)	['knap]
cartão SIM (m)	**SIM-kort** (n)	['sim͵kɔ:t]
bateria (f)	**batteri** (n)	[batɛ'ri]
descarregar-se (vr)	**å bli utladet**	[ɔ 'bli 'ʉt͵ladət]
carregador (m)	**lader** (m)	['ladər]
menu (m)	**meny** (m)	[me'ny]
configurações (f pl)	**innstillinger** (m/f pl)	['in͵stiliŋər]
melodia (f)	**melodi** (m)	[melo'di]
escolher (vt)	**å velge**	[ɔ 'vɛlgə]
calculadora (f)	**regnemaskin** (m)	['rɛjnə ma͵ʂin]
correio (m) de voz	**telefonsvarer** (m)	[tele'fʊn͵svarər]

despertador (m)   vekkerklokka (m/f)   ['vɛkər‚klɔka]
contatos (m pl)   kontakter (m pl)   [kʊn'taktər]

mensagem (f) de texto   SMS-beskjed (m)   [ɛsɛm'ɛs bɛ‚ʂɛ]
assinante (m)   abonnent (m)   [abɔ'nɛnt]

100. Estacionário

caneta (f)   kulepenn (m)   ['kʉ:lə‚pɛn]
caneta (f) tinteiro   fyllepenn (m)   ['fʏlə‚pɛn]

lápis (m)   blyant (m)   ['bly‚ant]
marcador (m) de texto   merkepenn (m)   ['mærkə‚pɛn]
caneta (f) hidrográfica tusjpenn (m)   ['tʉʂ‚pɛn]

bloco (m) de notas   notatbok (m/f)   [nʊ'tat‚bʊk]
agenda (f)   dagbok (m/f)   ['dɑg‚bʊk]

régua (f)   linjal (m)   [li'njal]
calculadora (f)   regnemaskin (m)   ['rɛjnə ma‚ʂin]
borracha (f)   viskelær (n)   ['viskə‚lær]
alfinete (m)   tegnestift (m)   ['tæjnə‚stift]
clipe (m)   binders (m)   ['bindɛʂ]

cola (f)   lim (n)   ['lim]
grampeador (m)   stiftemaskin (m)   ['stiftə ma‚ʂin]
furador (m) de papel   hullemaskin (m)   ['hʉlə ma‚ʂin]
apontador (m)   blyantspisser (m)   ['blyant‚spisər]

Emprego. Negócios. Parte 2

101. Media

jornal (m)	avis (m/f)	[a'vis]
revista (f)	magasin, tidsskrift (n)	[maga'sin], ['tid͵skrift]
imprensa (f)	presse (m/f)	['prɛsə]
rádio (m)	radio (m)	['radiʉ]
estação (f) de rádio	radiostasjon (m)	['radiʉ͵sta'ʂʉn]
televisão (f)	televisjon (m)	['televi͵ʂʉn]
apresentador (m)	programleder (m)	[prʉ'gram͵ledər]
locutor (m)	nyhetsoppleser (m)	['nyhets'ɔp͵leser]
comentarista (m)	kommentator (m)	[kʉmən'tatʉr]
jornalista (m)	journalist (m)	[ʂuːŋa'list]
correspondente (m)	korrespondent (m)	[kʉrespɔn'dɛnt]
repórter (m) fotográfico	pressefotograf (m)	['prɛsə fɔtɔ'graf]
repórter (m)	reporter (m)	[re'pɔːtər]
redator (m)	redaktør (m)	[rɛdak'tør]
redator-chefe (m)	sjefredaktør (m)	['ʂɛf rɛdak'tør]
assinar a ...	å abonnere	[ɔ abɔ'nerə]
assinatura (f)	abonnement (n)	[abɔnə'maŋ]
assinante (m)	abonnent (m)	[abɔ'nɛnt]
ler (vt)	å lese	[ɔ 'lesə]
leitor (m)	leser (m)	['lesər]
tiragem (f)	opplag (n)	['ɔp͵lag]
mensal (adj)	månedlig	['moːnədli]
semanal (adj)	ukentlig	['ʉkəntli]
número (jornal, revista)	nummer (n)	['nʉmər]
recente, novo (adj)	ny, fersk	['ny], ['fæʂk]
manchete (f)	overskrift (m)	['ɔvə͵skrift]
pequeno artigo (m)	notis (m)	[nʉ'tis]
coluna (~ semanal)	rubrikk (m)	[rʉ'brik]
artigo (m)	artikkel (m)	[aː'ʈikəl]
página (f)	side (m/f)	['sidə]
reportagem (f)	reportasje (m)	[repɔː'ʈaʂə]
evento (festa, etc.)	hendelse (m)	['hɛndəlsə]
sensação (f)	sensasjon (m)	[sɛnsa'ʂʉn]
escândalo (m)	skandale (m)	[skan'dalə]
escandaloso (adj)	skandaløs	[skanda'løs]
grande (adj)	stor	['stʉr]
programa (m)	program (n)	[prʉ'gram]
entrevista (f)	intervju (n)	[intə'vjʉː]

transmissão (f) ao vivo	direktesending (m/f)	[di'rɛktə͵sɛniŋ]
canal (m)	kanal (m)	[ka'nal]

102. Agricultura

agricultura (f)	landbruk (n)	['lan͵brʉk]
camponês (m)	bonde (m)	['bɔnə]
camponesa (f)	bondekone (m/f)	['bɔnə͵kʉnə]
agricultor, fazendeiro (m)	gårdbruker, bonde (m)	['gɔːr͵brʉkər], ['bɔnə]

trator (m)	traktor (m)	['traktʉr]
colheitadeira (f)	skurtresker (m)	['skʉː͵trɛskər]

arado (m)	plog (m)	['plug]
arar (vt)	å pløye	[ɔ 'pløjə]
campo (m) lavrado	pløyemark (m/f)	['pløjə͵mark]
sulco (m)	fure (m)	['fʉrə]

semear (vt)	å så	[ɔ 'sɔ]
plantadeira (f)	såmaskin (m)	['soːma͵ʂin]
semeadura (f)	såing (m/f)	['soːiŋ]

foice (m)	ljå (m)	['ljoː]
cortar com foice	å meie, å slå	[ɔ 'mæjə], [ɔ 'slɔ]

pá (f)	spade (m)	['spadə]
cavar (vt)	å grave	[ɔ 'gravə]

enxada (f)	hakke (m/f)	['hakə]
capinar (vt)	å hakke	[ɔ 'hakə]
erva (f) daninha	ugras (n)	[ʉ'gras]

regador (m)	vannkanne (f)	['van͵kanə]
regar (plantas)	å vanne	[ɔ 'vanə]
rega (f)	vanning (m/f)	['vaniŋ]

forquilha (f)	greip (m)	['græjp]
ancinho (m)	rive (m/f)	['rivə]

fertilizante (m)	gjødsel (m/f)	['jøtsəl]
fertilizar (vt)	å gjødsle	['ɔ 'jøtslə]
estrume, esterco (m)	møkk (m/f)	['møk]

campo (m)	åker (m)	['oːker]
prado (m)	eng (m/f)	['ɛŋ]
horta (f)	kjøkkenhage (m)	['çœkən͵hagə]
pomar (m)	frukthage (m)	['frʉkt͵hagə]

pastar (vt)	å beite	[ɔ 'bæjtə]
pastor (m)	gjeter, hyrde (m)	['jetər], ['hʏrdə]
pastagem (f)	beite (n), beitemark (m/f)	['bæjtə], ['bæjtə͵mark]

pecuária (f)	husdyrhold (n)	['hʉsdyr͵hɔl]
criação (f) de ovelhas	sauehold (n)	['saʉə͵hɔl]

plantação (f)	plantasje (m)	[plɑn'taʂə]
canteiro (m)	rad (m/f)	['rɑd]
estufa (f)	drivhus (n)	['driv‚hʉs]

seca (f)	tørke (m/f)	['tœrkə]
seco (verão ~)	tørr	['tœr]

grão (m)	korn (n)	['kʉːn]
cereais (m pl)	cerealer (n pl)	[sere'ɑlər]
colher (vt)	å høste	[ɔ 'høstə]

moleiro (m)	møller (m)	['mølər]
moinho (m)	mølle (m/f)	['mølə]
moer (vt)	å male	[ɔ 'mɑlə]
farinha (f)	mel (n)	['mel]
palha (f)	halm (m)	['hɑlm]

103. Construção. Processo de construção

canteiro (m) de obras	byggeplass (m)	['bʏgə‚plɑs]
construir (vt)	å bygge	[ɔ 'bʏgə]
construtor (m)	bygningsarbeider (m)	['bʏgniŋs 'ɑr‚bæjər]

projeto (m)	prosjekt (n)	[prʉ'sɛkt]
arquiteto (m)	arkitekt (m)	[ɑrki'tɛkt]
operário (m)	arbeider (m)	['ɑr‚bæjdər]

fundação (f)	fundament (n)	[fʉndɑ'mɛnt]
telhado (m)	tak (n)	['tɑk]
estaca (f)	pæl (m)	['pæl]
parede (f)	mur, vegg (m)	['mʉr], ['vɛg]

colunas (f pl) de sustentação	armeringsjern (n)	[ɑr'meriŋs'jæːn]
andaime (m)	stillas (n)	[sti'lɑs]

concreto (m)	betong (m)	[be'tɔŋ]
granito (m)	granitt (m)	[grɑ'nit]
pedra (f)	stein (m)	['stæjn]
tijolo (m)	tegl (n), murstein (m)	['tæjl], ['mʉ‚stæjn]

areia (f)	sand (m)	['sɑn]
cimento (m)	sement (m)	[se'mɛnt]
emboço, reboco (m)	puss (m)	['pʉs]
emboçar, rebocar (vt)	å pusse	[ɔ 'pʉsə]

tinta (f)	maling (m/f)	['mɑliŋ]
pintar (vt)	å male	[ɔ 'mɑlə]
barril (m)	tønne (m)	['tœnə]

grua (f), guindaste (m)	heisekran (m/f)	['hæjsə‚krɑn]
erguer (vt)	å løfte	[ɔ 'lœftə]
baixar (vt)	å heise ned	[ɔ 'hæjsə ne]
buldózer (m)	bulldoser (m)	['bʉl‚dʉsər]
escavadora (f)	gravemaskin (m)	['grɑvə mɑ'ʂin]

caçamba (f)	skuffe (m/f)	['skʉfə]
escavar (vt)	å grave	[ɔ 'grɑvə]
capacete (m) de proteção	hjelm (m)	['jɛlm]

Profissões e ocupações

104. Procura de emprego. Demissão

trabalho (m)	**arbeid** (n), **jobb** (m)	['arbæj], ['job]
equipe (f)	**ansatte** (pl)	['an͵satə]
pessoal (m)	**personale** (n)	[pæʂu'nalə]
carreira (f)	**karriere** (m)	[kari'ɛrə]
perspectivas (f pl)	**utsikter** (m pl)	['ʉt͵siktər]
habilidades (f pl)	**mesterskap** (n)	['mɛstæ͵ʂkap]
seleção (f)	**utvelgelse** (m)	['ʉt͵vɛlgəlsə]
agência (f) de emprego	**rekrutteringsbyrå** (n)	['rekrʉ͵teriŋs by͵ro]
currículo (m)	**CV** (m/n)	['sɛvɛ]
entrevista (f) de emprego	**jobbintervju** (n)	['job ͵intər'vjʉ]
vaga (f)	**vakanse** (m)	['vakansə]
salário (m)	**lønn** (m/f)	['lœn]
salário (m) fixo	**fastlønn** (m/f)	['fast͵lœn]
pagamento (m)	**betaling** (m/f)	[be'taliŋ]
cargo (m)	**stilling** (m/f)	['stiliŋ]
dever (do empregado)	**plikt** (m/f)	['plikt]
gama (f) de deveres	**arbeidsplikter** (m/f pl)	['arbæjds͵pliktər]
ocupado (adj)	**opptatt**	['ɔp͵tat]
despedir, demitir (vt)	**å avskjedige**	[ɔ 'af͵ʂedigə]
demissão (f)	**avskjedigelse** (m)	['afʂe͵digəlsə]
desemprego (m)	**arbeidsløshet** (m)	['arbæjdsløs͵het]
desempregado (m)	**arbeidsløs** (m)	['arbæjds͵løs]
aposentadoria (f)	**pensjon** (m)	[pan'ʂun]
aposentar-se (vr)	**å gå av med pensjon**	[ɔ 'gɔ a: me pan'ʂun]

105. Gente de negócios

diretor (m)	**direktør** (m)	[dirɛk'tør]
gerente (m)	**forstander** (m)	[fo'ʂtandər]
patrão, chefe (m)	**boss** (m)	['bɔs]
superior (m)	**overordnet** (m)	['ɔvər͵ɔrdnet]
superiores (m pl)	**overordnede** (pl)	['ɔvər͵ɔrdnedə]
presidente (m)	**president** (m)	[prɛsi'dɛnt]
chairman (m)	**styreformann** (m)	['styrə͵forman]
substituto (m)	**stedfortreder** (m)	['stedfɔ:͵tredər]
assistente (m)	**assistent** (m)	[asi'stɛnt]

secretário (m)	sekretær (m)	[sɛkrə'tær]
secretário (m) pessoal	privatsekretær (m)	[pri'vat sɛkrə'tær]
homem (m) de negócios	forretningsmann (m)	[fɔ'rɛtniŋsˌman]
empreendedor (m)	entreprenør (m)	[ɛntreprə'nør]
fundador (m)	grunnlegger (m)	['grʉnˌlegər]
fundar (vt)	å grunnlegge, å stifte	[ɔ 'grʉnˌlegə], [ɔ 'stiftə]
principiador (m)	stifter (m)	['stiftər]
parceiro, sócio (m)	partner (m)	['paːʈnər]
acionista (m)	aksjonær (m)	[akʂʉ'nær]
milionário (m)	millionær (m)	[milju'nær]
bilionário (m)	milliardær (m)	[milja:'dær]
proprietário (m)	eier (m)	['æjər]
proprietário (m) de terras	jordeier (m)	['juːrˌæjər]
cliente (m)	kunde (m)	['kʉndə]
cliente (m) habitual	fast kunde (m)	[ˌfast 'kʉndə]
comprador (m)	kjøper (m)	['çœːpər]
visitante (m)	besøkende (m)	[be'søkenə]
profissional (m)	yrkesmann (m)	['yrkəsˌman]
perito (m)	ekspert (m)	[ɛks'pæːʈ]
especialista (m)	spesialist (m)	[spesia'list]
banqueiro (m)	bankier (m)	[banki'e]
corretor (m)	mekler, megler (m)	['mɛklər]
caixa (m, f)	kasserer (m)	[ka'serər]
contador (m)	regnskapsfører (m)	['rɛjnskapsˌførər]
guarda (m)	sikkerhetsvakt (m/f)	['sikərhɛtsˌvakt]
investidor (m)	investor (m)	[in'vɛstʉr]
devedor (m)	skyldner (m)	['ʂylnər]
credor (m)	kreditor (m)	['krɛditʉr]
mutuário (m)	låntaker (m)	['lɔnˌtakər]
importador (m)	importør (m)	[impɔ:'ʈør]
exportador (m)	eksportør (m)	[ɛkspɔ:'ʈør]
produtor (m)	produsent (m)	[prʉdʉ'sɛnt]
distribuidor (m)	distributør (m)	[distribʉ'tør]
intermediário (m)	mellommann (m)	['mɛlɔˌman]
consultor (m)	konsulent (m)	[kʉnsʉ'lent]
representante comercial	representant (m)	[represɛn'tant]
agente (m)	agent (m)	[a'gɛnt]
agente (m) de seguros	forsikringsagent (m)	[fɔ'ʂikriŋs a'gɛnt]

106. Profissões de serviços

cozinheiro (m)	kokk (m)	['kʉk]
chefe (m) de cozinha	sjefkokk (m)	['ʂɛfˌkʉk]

padeiro (m)	baker (m)	['bakər]
barman (m)	bartender (m)	['ba:‚tɛndər]
garçom (m)	servitør (m)	['særvi'tør]
garçonete (f)	servitrise (m/f)	[særvi'trisə]

advogado (m)	advokat (m)	[advʊ'kat]
jurista (m)	jurist (m)	[jʉ'rist]
notário (m)	notar (m)	[nʊ'tar]

eletricista (m)	elektriker (m)	[ɛ'lektrikər]
encanador (m)	rørlegger (m)	['rør‚legər]
carpinteiro (m)	tømmermann (m)	['tœmər‚man]

massagista (m)	massør (m)	[ma'sør]
massagista (f)	massøse (m)	[ma'søsə]
médico (m)	lege (m)	['legə]

taxista (m)	taxisjåfør (m)	['taksi ʂɔ'før]
condutor (automobilista)	sjåfør (m)	[ʂɔ'før]
entregador (m)	bud (n)	['bʉd]

camareira (f)	stuepike (m/f)	['stʉə‚pikə]
guarda (m)	sikkerhetsvakt (m/f)	['sikərhɛts‚vakt]
aeromoça (f)	flyvertinne (m/f)	[flyvɛ:'ʈinə]

professor (m)	lærer (m)	['lærər]
bibliotecário (m)	bibliotekar (m)	[bibliʊ'tekar]
tradutor (m)	oversetter (m)	['ɔvə‚sɛtər]
intérprete (m)	tolk (m)	['tɔlk]
guia (m)	guide (m)	['gajd]

cabeleireiro (m)	frisør (m)	[fri'sør]
carteiro (m)	postbud (n)	['pɔst‚bʉd]
vendedor (m)	forselger (m)	[fɔ'ʂɛlər]

jardineiro (m)	gartner (m)	['ga:ʈnər]
criado (m)	tjener (m)	['tjenər]
criada (f)	tjenestepike (m/f)	['tjenɛstə‚pikə]
empregada (f) de limpeza	vaskedame (m/f)	['vaskə‚damə]

107. Profissões militares e postos

soldado (m) raso	menig (m)	['meni]
sargento (m)	sersjant (m)	[sær'ʂant]
tenente (m)	løytnant (m)	['løjt‚nant]
capitão (m)	kaptein (m)	[kap'tæjn]

major (m)	major (m)	[ma'jɔr]
coronel (m)	oberst (m)	['ʊbɛʂt]
general (m)	general (m)	[gene'ral]
marechal (m)	marskalk (m)	['marʂal]
almirante (m)	admiral (m)	[admi'ral]
militar (m)	militær (m)	[mili'tær]
soldado (m)	soldat (m)	[sʊl'dat]

oficial (m) | offiser (m) | [ɔfi'sɛr]
comandante (m) | befalshaver (m) | [be'fals,havər]

guarda (m) de fronteira | grensevakt (m/f) | ['grɛnsə,vakt]
operador (m) de rádio | radiooperatør (m) | ['radiʊ ʊpəra'tør]
explorador (m) | oppklaringssoldat (m) | ['ɔp,klariŋ sʊl'dat]
sapador-mineiro (m) | pioner (m) | [piʊ'ner]
atirador (m) | skytter (m) | ['ṣytər]
navegador (m) | styrmann (m) | ['styr,man]

108. Oficiais. Padres

rei (m) | konge (m) | ['kʊŋə]
rainha (f) | dronning (m/f) | ['drɔniŋ]

príncipe (m) | prins (m) | ['prins]
princesa (f) | prinsesse (m/f) | [prin'sɛsə]

czar (m) | tsar (m) | ['tsar]
czarina (f) | tsarina (m) | [tsɑ'rina]

presidente (m) | president (m) | [prɛsi'dɛnt]
ministro (m) | minister (m) | [mi'nistər]
primeiro-ministro (m) | statsminister (m) | ['stats mi'nistər]
senador (m) | senator (m) | [se'natʊr]

diplomata (m) | diplomat (m) | [diplʊ'mat]
cônsul (m) | konsul (m) | ['kʊn,sʊl]
embaixador (m) | ambassadør (m) | [ambasa'dør]
conselheiro (m) | rådgiver (m) | ['rɔd,jivər]

funcionário (m) | embetsmann (m) | ['ɛmbets,man]
prefeito (m) | prefekt (m) | [prɛ'fɛkt]
Presidente (m) da Câmara | borgermester (m) | [bɔrgər'mɛstər]

juiz (m) | dommer (m) | ['dɔmər]
procurador (m) | anklager (m) | ['an,klagər]

missionário (m) | misjonær (m) | [miṣʊ'nær]
monge (m) | munk (m) | ['mʊnk]
abade (m) | abbed (m) | ['abed]
rabino (m) | rabbiner (m) | [ra'binər]

vizir (m) | vesir (m) | [vɛ'sir]
xá (m) | sjah (m) | ['ṣa]
xeique (m) | sjeik (m) | ['ṣæjk]

109. Profissões agrícolas

abelheiro (m) | birøkter (m) | ['bi,røktər]
pastor (m) | gjeter, hyrde (m) | ['jetər], ['hyrdə]
agrônomo (m) | agronom (m) | [agrʊ'nʊm]

criador (m) de gado	**husdyrholder** (m)	['hʉsdyrˌhɔldər]
veterinário (m)	**dyrlege, veterinær** (m)	['dyrˌlegə], [vetəri'nær]

agricultor, fazendeiro (m)	**gårdbruker, bonde** (m)	['gɔːrˌbrʉkər], ['bɔnə]
vinicultor (m)	**vinmaker** (m)	['vinˌmakər]
zoólogo (m)	**zoolog** (m)	[sʉ:'lɔg]
vaqueiro (m)	**cowboy** (m)	['kawˌbɔj]

110. Profissões artísticas

ator (m)	**skuespiller** (m)	['skʉəˌspilər]
atriz (f)	**skuespillerinne** (m/f)	['skʉəˌspilə'rinə]

cantor (m)	**sanger** (m)	['saŋər]
cantora (f)	**sangerinne** (m/f)	[saŋə'rinə]

bailarino (m)	**danser** (m)	['dansər]
bailarina (f)	**danserinne** (m/f)	[danse'rinə]

artista (m)	**skuespiller** (m)	['skʉəˌspilər]
artista (f)	**skuespillerinne** (m/f)	['skʉəˌspilə'rinə]

músico (m)	**musiker** (m)	['mʉsikər]
pianista (m)	**pianist** (m)	[pia'nist]
guitarrista (m)	**gitarspiller** (m)	[gi'tarˌspilər]

maestro (m)	**dirigent** (m)	[diri'gɛnt]
compositor (m)	**komponist** (m)	[kʉmpʉ'nist]
empresário (m)	**impresario** (m)	[impre'sariʉ]

diretor (m) de cinema	**regissør** (m)	[rɛʂi'sør]
produtor (m)	**produsent** (m)	[prʉdʉ'sɛnt]
roteirista (m)	**manusforfatter** (m)	['manʉs fɔr'fatər]
crítico (m)	**kritiker** (m)	['kritikər]

escritor (m)	**forfatter** (m)	[fɔr'fatər]
poeta (m)	**poet, dikter** (m)	['pɔɛt], ['diktər]
escultor (m)	**skulptør** (m)	[skʉlp'tør]
pintor (m)	**kunstner** (m)	['kʉnstnər]

malabarista (m)	**sjonglør** (m)	[ʂɔŋ'lør]
palhaço (m)	**klovn** (m)	['klɔvn]
acrobata (m)	**akrobat** (m)	[akrʉ'bat]
ilusionista (m)	**tryllekunstner** (m)	['trʏləˌkʉnstnər]

111. Várias profissões

médico (m)	**lege** (m)	['legə]
enfermeira (f)	**sykepleierske** (m/f)	['sykəˌplæjeʂkə]
psiquiatra (m)	**psykiater** (m)	[syki'atər]
dentista (m)	**tannlege** (m)	['tanˌlegə]
cirurgião (m)	**kirurg** (m)	[çi'rʉrg]

astronauta (m)	astronaut (m)	[astrʉ'naʉt]
astrônomo (m)	astronom (m)	[astrʉ'nʉm]
motorista (m)	fører (m)	['førər]
maquinista (m)	lokfører (m)	['lʉk‚førər]
mecânico (m)	mekaniker (m)	[me'kanikər]
mineiro (m)	gruvearbeider (m)	['grʉvə'ar‚bæjdər]
operário (m)	arbeider (m)	['ar‚bæjdər]
serralheiro (m)	låsesmed (m)	['lo:sə‚sme]
marceneiro (m)	snekker (m)	['snɛkər]
torneiro (m)	dreier (m)	['dræjər]
construtor (m)	bygningsarbeider (m)	['bʏgniŋs 'ar‚bæjər]
soldador (m)	sveiser (m)	['svæjsər]
professor (m)	professor (m)	[prʉ'fɛsʉr]
arquiteto (m)	arkitekt (m)	[arki'tɛkt]
historiador (m)	historiker (m)	[hi'stʉrikər]
cientista (m)	vitenskapsmann (m)	['vitən‚skaps man]
físico (m)	fysiker (m)	['fysikər]
químico (m)	kjemiker (m)	['çemikər]
arqueólogo (m)	arkeolog (m)	[‚arkeʉ'lɔg]
geólogo (m)	geolog (m)	[geʉ'lɔg]
pesquisador (cientista)	forsker (m)	['fɔşkər]
babysitter, babá (f)	babysitter (m)	['bɛby‚sitər]
professor (m)	lærer, pedagog (m)	[lærər], [peda'gɔg]
redator (m)	redaktør (m)	[rɛdak'tør]
redator-chefe (m)	sjefredaktør (m)	['şɛf rɛdak'tør]
correspondente (m)	korrespondent (m)	[kʉrespɔn'dɛnt]
datilógrafa (f)	maskinskriverske (m)	[ma'şin ‚skrivɛşkə]
designer (m)	designer (m)	[de'sajnər]
especialista (m) em informática	dataekspert (m)	['data ɛks'pɛ:t]
programador (m)	programmerer (m)	[prʉgra'merər]
engenheiro (m)	ingeniør (m)	[inşə'njør]
marujo (m)	sjømann (m)	['şø‚man]
marinheiro (m)	matros (m)	[ma'trʉs]
socorrista (m)	redningsmann (m)	['rɛdniŋs‚man]
bombeiro (m)	brannmann (m)	['bran‚man]
polícia (m)	politi (m)	[pʉli'ti]
guarda-noturno (m)	nattvakt (m)	['nat‚vakt]
detetive (m)	detektiv (m)	[detɛk'tiv]
funcionário (m) da alfândega	tollbetjent (m)	['tɔlbe‚tjɛnt]
guarda-costas (m)	livvakt (m/f)	['liv‚vakt]
guarda (m) prisional	fangevokter (m)	['faŋə‚vɔktər]
inspetor (m)	inspektør (m)	[inspɛk'tør]
esportista (m)	idrettsmann (m)	['idrɛts‚man]
treinador (m)	trener (m)	['trenər]

açougueiro (m)	slakter (m)	['şlaktər]
sapateiro (m)	skomaker (m)	['skʊˌmakər]
comerciante (m)	handelsmann (m)	['handəlsˌman]
carregador (m)	lastearbeider (m)	['lastə'arˌbæjdər]

| estilista (m) | moteskaper (m) | ['mʊtəˌskapər] |
| modelo (f) | modell (m) | [mʊ'dɛl] |

112. Ocupações. Estatuto social

| estudante (~ de escola) | skolegutt (m) | ['skʊləˌgʉt] |
| estudante (~ universitária) | student (m) | [stʉ'dɛnt] |

filósofo (m)	filosof (m)	[filu'sʊf]
economista (m)	økonom (m)	[økʊ'nʊm]
inventor (m)	oppfinner (m)	['ɔpˌfinər]

desempregado (m)	arbeidsløs (m)	['arbæjdsˌløs]
aposentado (m)	pensjonist (m)	[panşʊ'nist]
espião (m)	spion (m)	[spi'un]

preso, prisioneiro (m)	fange (m)	['faŋə]
grevista (m)	streiker (m)	['stræjkər]
burocrata (m)	byråkrat (m)	[byrɔ'krat]
viajante (m)	reisende (m)	['ræjsenə]

homossexual (m)	homofil (m)	['hʊmʊˌfil]
hacker (m)	hacker (m)	['hakər]
hippie (m, f)	hippie (m)	['hipi]

bandido (m)	banditt (m)	[ban'dit]
assassino (m)	leiemorder (m)	['læjəˌmʊrdər]
drogado (m)	narkoman (m)	[narkʊ'man]
traficante (m)	narkolanger (m)	['narkɔˌlaŋər]
prostituta (f)	prostituert (m)	[prʊstitʉ'e:t]
cafetão (m)	hallik (m)	['halik]

bruxo (m)	trollmann (m)	['trɔlˌman]
bruxa (f)	trollkjerring (m/f)	['trɔlˌçæriŋ]
pirata (m)	pirat, sjørøver (m)	['pi'rat], ['şøˌrøvər]
escravo (m)	slave (m)	['slavə]
samurai (m)	samurai (m)	[samʉ'raj]
selvagem (m)	villmann (m)	['vilˌman]

Desportos

113. Tipos de desportos. Desportistas

esportista (m)	idrettsmann (m)	['idrɛts̩man]
tipo (m) de esporte	idrettsgren (m/f)	['idrɛts̩gren]
basquete (m)	basketball (m)	['basketbal]
jogador (m) de basquete	basketballspiller (m)	['basketbal̩spilər]
beisebol (m)	baseball (m)	['bɛjsbɔl]
jogador (m) de beisebol	baseballspiller (m)	['bɛjsbɔl̩spilər]
futebol (m)	fotball (m)	['futbal]
jogador (m) de futebol	fotballspiller (m)	['futbal̩spilər]
goleiro (m)	målmann (m)	['mo:l̩man]
hóquei (m)	ishockey (m)	['is̩hɔki]
jogador (m) de hóquei	ishockeyspiller (m)	['is̩hɔki 'spilər]
vôlei (m)	volleyball (m)	['vɔlibal]
jogador (m) de vôlei	volleyballspiller (m)	['vɔlibal̩spilər]
boxe (m)	boksing (m)	['bɔksiŋ]
boxeador (m)	bokser (m)	['bɔksər]
luta (f)	bryting (m/f)	['brytiŋ]
lutador (m)	bryter (m)	['brytər]
caratê (m)	karate (m)	[ka'rate]
carateca (m)	karateutøver (m)	[ka'ratə 'ʉ̩tøvər]
judô (m)	judo (m)	['jʉdɔ]
judoca (m)	judobryter (m)	['jʉdɔ̩brytər]
tênis (m)	tennis (m)	['tɛnis]
tenista (m)	tennisspiller (m)	['tɛnis̩spilər]
natação (f)	svømming (m/f)	['svœmiŋ]
nadador (m)	svømmer (m)	['svœmər]
esgrima (f)	fekting (m)	['fɛktiŋ]
esgrimista (m)	fekter (m)	['fɛktər]
xadrez (m)	sjakk (m)	['ʂak]
jogador (m) de xadrez	sjakkspiller (m)	['ʂak̩spilər]
alpinismo (m)	alpinisme (m)	[alpi'nismə]
alpinista (m)	alpinist (m)	[alpi'nist]
corrida (f)	løp (n)	['løp]

corredor (m)	løper (m)	['løpər]
atletismo (m)	friidrett (m)	['fri: 'i‚drɛt]
atleta (m)	atlet (m)	[at'let]

hipismo (m)	ridesport (m)	['ridə‚spɔ:t]
cavaleiro (m)	rytter (m)	['rʏtər]

patinação (f) artística	kunstløp (n)	['kʉnst‚løp]
patinador (m)	kunstløper (m)	['kʉnst‚løpər]
patinadora (f)	kunstløperske (m/f)	['kʉnst‚løpəşkə]

halterofilismo (m)	vektløfting (m/f)	['vɛkt‚lœftiŋ]
halterofilista (m)	vektløfter (m)	['vɛkt‚lœftər]

corrida (f) de carros	billøp (m), bilrace (n)	['bil‚løp], ['bil‚ras]
piloto (m)	racerfører (m)	['resə‚førər]

ciclismo (m)	sykkelsport (m)	['sʏkəl‚spɔ:t]
ciclista (m)	syklist (m)	[sʏk'list]

salto (m) em distância	lengdehopp (n pl)	['leŋdə‚hɔp]
salto (m) com vara	stavhopp (n)	['stav‚hɔp]
atleta (m) de saltos	hopper (m)	['hɔpər]

114. Tipos de desportos. Diversos

futebol (m) americano	amerikansk fotball (m)	[ameri'kansk 'fʉtbal]
badminton (m)	badminton (m)	['bɛdmintɔn]
biatlo (m)	skiskyting (m/f)	['şi‚şytiŋ]
bilhar (m)	biljard (m)	[bil'ja:d]

bobsled (m)	bobsleigh (m)	['bɔbslej]
musculação (f)	kroppsbygging (m/f)	['krɔps‚bygiŋ]
polo (m) aquático	vannpolo (m)	['van‚pʉlʉ]
handebol (m)	håndball (m)	['hɔn‚bal]
golfe (m)	golf (m)	['gɔlf]

remo (m)	roing (m/f)	['rʉiŋ]
mergulho (m)	dykking (m/f)	['dʏkiŋ]
corrida (f) de esqui	langrenn (n), skirenn (n)	['laŋ‚rɛn], ['şi‚rɛn]
tênis (m) de mesa	bordtennis (m)	['bʉr‚tɛnis]

vela (f)	seiling (m/f)	['sæjliŋ]
rali (m)	rally (n)	['rɛli]
rúgbi (m)	rugby (m)	['rygbi]
snowboard (m)	snøbrett (n)	['snø‚brɛt]
arco-e-flecha (m)	bueskyting (m/f)	['bʉ:ə‚şytiŋ]

115. Ginásio

barra (f)	vektstang (m/f)	['vɛkt‚staŋ]
halteres (m pl)	manualer (m pl)	['manʉ‚alər]

aparelho (m) de musculação	treningsapparat (n)	['treniŋs apa'rat]
bicicleta (f) ergométrica	trimsykkel (m)	['trim,sykəl]
esteira (f) de corrida	løpebånd (n)	['løpə,bɔːn]
barra (f) fixa	svingstang (m/f)	['sviŋstaŋ]
barras (f pl) paralelas	barre (m)	['barə]
cavalo (m)	hest (m)	['hɛst]
tapete (m) de ginástica	matte (m/f)	['matə]
corda (f) de saltar	hoppetau (n)	['hɔpə,taʊ]
aeróbica (f)	aerobic (m)	[aɛ'rɔbik]
ioga, yoga (f)	yoga (m)	['jɔga]

116. Desportos. Diversos

Jogos (m pl) Olímpicos	de olympiske leker	[de u'lympiskə 'lekər]
vencedor (m)	seierherre (m)	['sæjər,hɛrə]
vencer (vi)	å vinne, å seire	[ɔ 'vinə], [ɔ 'sæjrə]
vencer (vi, vt)	å vinne	[ɔ 'vinə]
líder (m)	leder (m)	['ledər]
liderar (vt)	å lede	[ɔ 'ledə]
primeiro lugar (m)	førsteplass (m)	['fœştə,plas]
segundo lugar (m)	annenplass (m)	['anən,plas]
terceiro lugar (m)	tredjeplass (m)	['trɛdjə,plas]
medalha (f)	medalje (m)	[me'daljə]
troféu (m)	trofé (m/n)	[trɔ'fe]
taça (f)	pokal (m)	[pɔ'kal]
prêmio (m)	pris (m)	['pris]
prêmio (m) principal	hovedpris (m)	['hʊvəd,pris]
recorde (m)	rekord (m)	[re'kɔrd]
estabelecer um recorde	å sette rekord	[ɔ 'sɛtə re'kɔrd]
final (m)	finale (m)	[fi'nalə]
final (adj)	finale-	[fi'nalə-]
campeão (m)	mester (m)	['mɛstər]
campeonato (m)	mesterskap (n)	['mɛstæ,şkap]
estádio (m)	stadion (m/n)	['stadiɔn]
arquibancadas (f pl)	tribune (m)	[tri'bʉnə]
fã, torcedor (m)	fan (m)	['fæn]
adversário (m)	motstander (m)	['mʊt,stanər]
partida (f)	start (m)	['staːt]
linha (f) de chegada	mål (n), målstrek (m)	['moːl], ['moːl,strek]
derrota (f)	nederlag (n)	['nedə,lag]
perder (vt)	å tape	[ɔ 'tapə]
árbitro, juiz (m)	dommer (m)	['dɔmər]
júri (m)	jury (m)	['jʉry]

resultado (m)	resultat (n)	[resʉl'tat]
empate (m)	uavgjort (m)	[ʉ:av'jɔːt̩]
empatar (vi)	å spille uavgjort	[ɔ 'spilə ʉːav'jɔːt̩]
ponto (m)	poeng (n)	[pɔ'ɛŋ]
resultado (m) final	resultat (n)	[resʉl'tat]
tempo (m)	periode (m)	[pæri'ʊdə]
intervalo (m)	halvtid (m)	['hal,tid]
doping (m)	doping (m)	['dʊpiŋ]
penalizar (vt)	å straffe	[ɔ 'strafə]
desqualificar (vt)	å diskvalifisere	[ɔ 'diskvalifi,serə]
aparelho, aparato (m)	redskap (m/n)	['rɛd,skap]
dardo (m)	spyd (n)	['spyd]
peso (m)	kule (m/f)	['kʉːlə]
bola (f)	kule (m/f), ball (m)	['kʉːlə], ['bɑl]
alvo, objetivo (m)	mål (n)	['mol]
alvo (~ de papel)	målskive (m/f)	['moːl,ʂivə]
disparar, atirar (vi)	å skyte	[ɔ 'ʂytə]
preciso (tiro ~)	fulltreffer	['fʉl,trɛfər]
treinador (m)	trener (m)	['trenər]
treinar (vt)	å trene	[ɔ 'trenə]
treinar-se (vr)	å trene	[ɔ 'trenə]
treino (m)	trening (m/f)	['treniŋ]
academia (f) de ginástica	idrettssal (m)	['idrɛts,sal]
exercício (m)	øvelse (m)	['øvəlsə]
aquecimento (m)	oppvarming (m/f)	['ɔp,varmiŋ]

Educação

117. Escola

escola (f)	skole (m/f)	['skʊlə]
diretor (m) de escola	rektor (m)	['rektʊr]
aluno (m)	elev (m)	[e'lev]
aluna (f)	elev (m)	[e'lev]
estudante (m)	skolegutt (m)	['skʊlə‚gʊt]
estudante (f)	skolepike (m)	['skʊlə‚pikə]
ensinar (vt)	å undervise	[ɔ 'ʉnər‚visə]
aprender (vt)	å lære	[ɔ 'lærə]
decorar (vt)	å lære utenat	[ɔ 'lærə 'ʉtənat]
estudar (vi)	å lære	[ɔ 'lærə]
estar na escola	å gå på skolen	[ɔ 'gɔ pɔ 'skʊlən]
ir à escola	å gå på skolen	[ɔ 'gɔ pɔ 'skʊlən]
alfabeto (m)	alfabet (n)	[alfa'bet]
disciplina (f)	fag (n)	['fag]
sala (f) de aula	klasserom (m/f)	['klasə‚rʊm]
lição, aula (f)	time (m)	['timə]
recreio (m)	frikvarter (n)	['frikva:‚ʈər]
toque (m)	skoleklokke (m/f)	['skʊlə‚klɔkə]
classe (f)	skolepult (m)	['skʊlə‚pʉlt]
quadro (m) negro	tavle (m/f)	['tavlə]
nota (f)	karakter (m)	[karak'ter]
boa nota (f)	god karakter (m)	['gʊ karak'ter]
nota (f) baixa	dårlig karakter (m)	['dɔ:ʎi karak'ter]
dar uma nota	å gi en karakter	[ɔ 'ji en karak'ter]
erro (m)	feil (m)	['fæjl]
errar (vi)	å gjøre feil	[ɔ 'jørə ‚fæjl]
corrigir (~ um erro)	å rette	[ɔ 'rɛtə]
cola (f)	fuskelapp (m)	['fʉskə‚lap]
dever (m) de casa	lekser (m/f pl)	['leksər]
exercício (m)	øvelse (m)	['øvəlsə]
estar presente	å være til stede	[ɔ 'værə til 'stedə]
estar ausente	å være fraværende	[ɔ 'værə 'fra‚værənə]
faltar às aulas	å skulke skolen	[ɔ 'skʉlkə 'skʊlən]
punir (vt)	å straffe	[ɔ 'strafə]
punição (f)	straff, avstraffelse (m)	['straf], ['af‚strafəlsə]
comportamento (m)	oppførsel (m)	['ɔp‚fœʂəl]

boletim (m) escolar	karakterbok (m/f)	[karak'ter,buk]
lápis (m)	blyant (m)	['bly,ant]
borracha (f)	viskelær (n)	['viskə,lær]
giz (m)	kritt (n)	['krit]
porta-lápis (m)	pennal (n)	[pɛ'nal]
mala, pasta, mochila (f)	skoleveske (m/f)	['skʊlə,vɛskə]
caneta (f)	penn (m)	['pɛn]
caderno (m)	skrivebok (m/f)	['skrivə,buk]
livro (m) didático	lærebok (m/f)	['lærə,buk]
compasso (m)	passer (m)	['pasər]
traçar (vt)	å tegne	[ɔ 'tæjnə]
desenho (m) técnico	teknisk tegning (m/f)	['tɛknisk ,tæjniŋ]
poesia (f)	dikt (n)	['dikt]
de cor	utenat	['ʉtən,at]
decorar (vt)	å lære utenat	[ɔ 'lærə 'ʉtənat]
férias (f pl)	skoleferie (m)	['skʊlə,fɛriə]
estar de férias	å være på ferie	[ɔ 'værə pɔ 'fɛriə]
passar as férias	å tilbringe ferien	[ɔ 'til,briŋə 'fɛriən]
teste (m), prova (f)	prøve (m/f)	['prøvə]
redação (f)	essay (n)	[ɛ'sɛj]
ditado (m)	diktat (m)	[dik'tat]
exame (m), prova (f)	eksamen (m)	[ɛk'samən]
fazer prova	å ta eksamen	[ɔ 'ta ɛk'samən]
experiência (~ química)	forsøk (n)	['fo'şøk]

118. Colégio. Universidade

academia (f)	akademi (n)	[akade'mi]
universidade (f)	universitet (n)	[ʉnivæşi'tet]
faculdade (f)	fakultet (n)	[fakʉl'tet]
estudante (m)	student (m)	[stʉ'dɛnt]
estudante (f)	kvinnelig student (m)	['kvinəli stʉ'dɛnt]
professor (m)	lærer, foreleser (m)	['lærər], ['fʉrə,lesər]
auditório (m)	auditorium (n)	[,aʊdi'tʊrium]
graduado (m)	alumn (m)	[a'lʉmn]
diploma (m)	diplom (n)	[di'plʊm]
tese (f)	avhandling (m/f)	['av,handliŋ]
estudo (obra)	studie (m)	['stʉdiə]
laboratório (m)	laboratorium (n)	[labʊra'tɔrium]
palestra (f)	forelesning (m)	['fɔrə,lesniŋ]
colega (m) de curso	studiekamerat (m)	['stʉdiə kame,rat]
bolsa (f) de estudos	stipendium (n)	[sti'pɛndium]
grau (m) acadêmico	akademisk grad (m)	[aka'demisk ,grad]

119. Ciências. Disciplinas

matemática (f)	matematikk (m)	[matəma'tik]
álgebra (f)	algebra (m)	['algə‚bra]
geometria (f)	geometri (m)	[geʊme'tri]

astronomia (f)	astronomi (m)	[astrʊnʊ'mi]
biologia (f)	biologi (m)	[biʊlʊ'gi]
geografia (f)	geografi (m)	[geʊgra'fi]
geologia (f)	geologi (m)	[geʊlʊ'gi]
história (f)	historie (m/f)	[hi'stʊriə]

medicina (f)	medisin (m)	[medi'sin]
pedagogia (f)	pedagogikk (m)	[pedagʊ'gik]
direito (m)	rett (m)	['rɛt]

física (f)	fysikk (m)	[fy'sik]
química (f)	kjemi (m)	[çe'mi]
filosofia (f)	filosofi (m)	[filʊsʊ'fi]
psicologia (f)	psykologi (m)	[sikʊlʊ'gi]

120. Sistema de escrita. Ortografia

gramática (f)	grammatikk (m)	[grama'tik]
vocabulário (m)	ordforråd (n)	['u:rfʊ‚rod]
fonética (f)	fonetikk (m)	[fʊne'tik]

substantivo (m)	substantiv (n)	['sʊbstan‚tiv]
adjetivo (m)	adjektiv (n)	['adjɛk‚tiv]
verbo (m)	verb (n)	['værb]
advérbio (m)	adverb (n)	[ad'væ:b]

pronome (m)	pronomen (n)	[prʊ'nʊmən]
interjeição (f)	interjeksjon (m)	[interjɛk'ʂʊn]
preposição (f)	preposisjon (m)	[prɛpʊsi'ʂʊn]

raiz (f)	rot (m/f)	['rʊt]
terminação (f)	endelse (m)	['ɛnəlsə]
prefixo (m)	prefiks (n)	[prɛ'fiks]
sílaba (f)	stavelse (m)	['stavəlsə]
sufixo (m)	suffiks (n)	[sʉ'fiks]

| acento (m) | betoning (m), trykk (n) | ['be'tɔniŋ], ['trʏk] |
| apóstrofo (f) | apostrof (m) | [apʊ'strɔf] |

ponto (m)	punktum (n)	['pʉnktum]
vírgula (f)	komma (n)	['kɔma]
ponto e vírgula (m)	semikolon (n)	[‚semikʊ'lɔn]
dois pontos (m pl)	kolon (n)	['kʊlɔn]
reticências (f pl)	tre prikker (m pl)	['tre 'prikər]

| ponto (m) de interrogação | spørsmålstegn (n) | ['spœʂmɔls‚tæjn] |
| ponto (m) de exclamação | utropstegn (n) | ['ʉtrʊps‚tæjn] |

aspas (f pl)	anførselstegn (n pl)	[anˈfœşɛls,tejn]
entre aspas	i anførselstegn	[i anˈfœşɛls,tejn]
parênteses (m pl)	parentes (m)	[parɛnˈtes]
entre parênteses	i parentes	[i parɛnˈtes]

hífen (m)	bindestrek (m)	[ˈbinə,strek]
travessão (m)	tankestrek (m)	[ˈtankə,strek]
espaço (m)	mellomrom (n)	[ˈmɛlɔm,rʊm]

letra (f)	bokstav (m)	[ˈbʊkstav]
letra (f) maiúscula	stor bokstav (m)	[ˈstʊr ˈbʊkstav]

vogal (f)	vokal (m)	[vʊˈkal]
consoante (f)	konsonant (m)	[kʊnsʊˈnant]

frase (f)	setning (m)	[ˈsɛtniŋ]
sujeito (m)	subjekt (n)	[sʉbˈjɛkt]
predicado (m)	predikat (n)	[prɛdiˈkat]

linha (f)	linje (m)	[ˈlinjə]
em uma nova linha	på ny linje	[pɔ ny ˈlinjə]
parágrafo (m)	avsnitt (n)	[ˈaf,snit]

palavra (f)	ord (n)	[ˈuːr]
grupo (m) de palavras	ordgruppe (m/f)	[ˈuːr,grʉpə]
expressão (f)	uttrykk (n)	[ˈʉt,trʏk]
sinônimo (m)	synonym (n)	[synʊˈnym]
antônimo (m)	antonym (n)	[antʊˈnym]

regra (f)	regel (m)	[ˈrɛgəl]
exceção (f)	unntak (n)	[ˈʉn,tak]
correto (adj)	riktig	[ˈrikti]

conjugação (f)	bøyning (m/f)	[ˈbøjniŋ]
declinação (f)	bøyning (m/f)	[ˈbøjniŋ]
caso (m)	kasus (m)	[ˈkasʉs]
pergunta (f)	spørsmål (n)	[ˈspœş,mol]
sublinhar (vt)	å understreke	[ɔ ˈʉnə,strekə]
linha (f) pontilhada	prikket linje (m)	[ˈprikət ˈlinjə]

121. Línguas estrangeiras

língua (f)	språk (n)	[ˈsprɔk]
estrangeiro (adj)	fremmed-	[ˈfremə-]
língua (f) estrangeira	fremmedspråk (n)	[ˈfremed,sprɔk]
estudar (vt)	å studere	[ɔ stʉˈderə]
aprender (vt)	å lære	[ɔ ˈlærə]

ler (vt)	å lese	[ɔ ˈlesə]
falar (vi)	å tale	[ɔ ˈtalə]
entender (vt)	å forstå	[ɔ fɔˈştɔ]
escrever (vt)	å skrive	[ɔ ˈskrivə]
rapidamente	fort	[ˈfʊːt]
devagar, lentamente	langsomt	[ˈlaŋsɔmt]

fluentemente	**flytende**	['flytnə]
regras (f pl)	**regler** (m pl)	['rɛglər]
gramática (f)	**grammatikk** (m)	[grama'tik]
vocabulário (m)	**ordforråd** (n)	['uːrfʊˌrɔd]
fonética (f)	**fonetikk** (m)	[fʊne'tik]

livro (m) didático	**lærebok** (m/f)	['læreˌbʊk]
dicionário (m)	**ordbok** (m/f)	['uːrˌbʊk]
manual (m) autodidático	**lærebok** (m for selvstudium	['læreˌbʊk fɔ 'selˌstʉdium]
guia (m) de conversação	**parlør** (m)	[pɑː'lør]

fita (f) cassete	**kassett** (m)	[ka'sɛt]
videoteipe (m)	**videokassett** (m)	['videʊ ka'sɛt]
CD (m)	**CD-rom** (m)	['sɛdɛˌrʊm]
DVD (m)	**DVD** (m)	[deve'de]

alfabeto (m)	**alfabet** (n)	[alfa'bet]
soletrar (vt)	**å stave**	[ɔ 'stave]
pronúncia (f)	**uttale** (m)	['ʉtˌtale]

sotaque (m)	**aksent** (m)	[ak'saŋ]
com sotaque	**med aksent**	[me ak'saŋ]
sem sotaque	**uten aksent**	['ʉten ak'saŋ]

palavra (f)	**ord** (n)	['uːr]
sentido (m)	**betydning** (m)	[be'tʏdniŋ]

curso (m)	**kurs** (n)	['kʉʂ]
inscrever-se (vr)	**å anmelde seg**	[ɔ 'anˌmɛle sæj]
professor (m)	**lærer** (m)	['lærər]

tradução (processo)	**oversettelse** (m)	['ɔveˌʂɛtelse]
tradução (texto)	**oversettelse** (m)	['ɔveˌʂɛtelse]
tradutor (m)	**oversetter** (m)	['ɔveˌʂɛter]
intérprete (m)	**tolk** (m)	['tɔlk]

poliglota (m)	**polyglott** (m)	[pʊlʏ'glɔt]
memória (f)	**minne** (n), **hukommelse** (m)	['mine], [hʉ'kɔmelse]

122. Personagens de contos de fadas

Papai Noel (m)	**Julenissen**	['jʉleˌnisen]
Cinderela (f)	**Askepott**	['askeˌpɔt]
sereia (f)	**havfrue** (m/f)	['havˌfrʉe]
Netuno (m)	**Neptun**	[nɛp'tʉn]

bruxo, feiticeiro (m)	**trollmann** (m)	['trɔlˌman]
fada (f)	**fe** (f)	['fe]
mágico (adj)	**trylle-**	['trʏle-]
varinha (f) mágica	**tryllestav** (m)	['trʏleˌstav]

conto (m) de fadas	**eventyr** (n)	['ɛvenˌtyr]
milagre (m)	**mirakel** (n)	[mi'rakel]

| anão (m) | gnom, dverg (m) | ['gnʊm], ['dvɛrg] |
| transformar-se em ... | å forvandle seg til ... | [ɔ fɔr'vandlə sæj til ...] |

fantasma (m)	fantom (m)	[fan'tɔm]
fantasma (m)	spøkelse (n)	['spøkəlsə]
monstro (m)	monster (n)	['mɔnstər]
dragão (m)	drage (m)	['drɑgə]
gigante (m)	gigant (m)	[gi'gant]

123. Signos do Zodíaco

Áries (f)	Væren (m)	['væran]
Touro (m)	Tyren (m)	['tyrən]
Gêmeos (m pl)	Tvillingene (m pl)	['tviliŋənə]
Câncer (m)	Krepsen (m)	['krɛpsən]
Leão (m)	Løven (m)	['løvən]
Virgem (f)	Jomfruen (m)	['ʉmfrʉən]

Libra (f)	Vekten (m)	['vɛktən]
Escorpião (m)	Skorpionen	[skɔrpi'ʊnən]
Sagitário (m)	Skytten (m)	['ʂytən]
Capricórnio (m)	Steinbukken (m)	['stæjn,bʉkən]
Aquário (m)	Vannmannen (m)	['van,manən]
Peixes (pl)	Fiskene (pl)	['fiskenə]

caráter (m)	karakter (m)	[karak'ter]
traços (m pl) do caráter	karaktertrekk (n pl)	[karak'ter,trɛk]
comportamento (m)	oppførsel (m)	['ɔp,fœʂəl]
prever a sorte	å spå	[ɔ 'spɔ]
adivinha (f)	spåkone (m/f)	['spɔː,kɔnə]
horóscopo (m)	horoskop (n)	[hʊrʊ'skɔp]

Artes

124. Teatro

teatro (m)	teater (n)	[te'atər]
ópera (f)	opera (m)	['ʋpera]
opereta (f)	operette (m)	[ʋpe'rɛtə]
balé (m)	ballett (m)	[ba'let]
cartaz (m)	plakat (m)	[pla'kat]
companhia (f) de teatro	teatertrupp (m)	[te'atər‚trʋp]
turnê (f)	turné (m)	[tʉr'ne:]
estar em turnê	å være på turné	[ɔ 'værə pɔ tʉr'ne:]
ensaiar (vt)	å repetere	[ɔ repe'terə]
ensaio (m)	repetisjon (m)	[repeti'ʂʋn]
repertório (m)	repertoar (n)	[repæ:tʉ'ar]
apresentação (f)	forestilling (m/f)	['fɔrə‚stiliŋ]
espetáculo (m)	teaterstykke (n)	[te'atər‚stʏkə]
peça (f)	skuespill (n)	['skʉə‚spil]
entrada (m)	billett (m)	[bi'let]
bilheteira (f)	billettluke (m/f)	[bi'let‚lʉkə]
hall (m)	lobby, foajé (m)	['lɔbi], [fʋa'je]
vestiário (m)	garderobe (m)	[ga:də'rʋbə]
senha (f) numerada	garderobemerke (n)	[ga:də'rʋbə 'mærkə]
binóculo (m)	kikkert (m)	['çikɛ:t]
lanterninha (m)	plassanviser (m)	['plas an‚visər]
plateia (f)	parkett (m)	[par'kɛt]
balcão (m)	balkong (m)	[bal'kɔŋ]
primeiro balcão (m)	første losjerad (m)	['fœstə ‚luʂerad]
camarote (m)	losje (m)	['lʋʂə]
fila (f)	rad (m/f)	['rad]
assento (m)	plass (m)	['plas]
público (m)	publikum (n)	['pʉblikum]
espectador (m)	tilskuer (m)	['til‚skʉər]
aplaudir (vt)	å klappe	[ɔ 'klapə]
aplauso (m)	applaus (m)	[a'plaʋs]
ovação (f)	bifall (n)	['bi‚fal]
palco (m)	scene (m)	['se:nə]
cortina (f)	teppe (n)	['tɛpə]
cenário (m)	dekorasjon (m)	[dekʋra'ʂʋn]
bastidores (m pl)	kulisser (m pl)	[kʉ'lisər]
cena (f)	scene (m)	['se:nə]
ato (m)	akt (m)	['akt]
intervalo (m)	mellomakt (m)	['mɛlɔm‚akt]

115

125. Cinema

ator (m)	skuespiller (m)	['skɰeˌspilər]
atriz (f)	skuespillerinne (m/f)	['skɰeˌspilə'rinə]
cinema (m)	filmindustri (m)	['film indɰ'stri]
filme (m)	film (m)	['film]
episódio (m)	del (m)	['del]
filme (m) policial	kriminalfilm (m)	[krimi'nalˌfilm]
filme (m) de ação	actionfilm (m)	['ɛkʂənˌfilm]
filme (m) de aventuras	eventyrfilm (m)	['ɛvəntyrˌfilm]
filme (m) de ficção científica	Sci-Fi film (m)	['sɑjˌfaj film]
filme (m) de horror	skrekkfilm (m)	['skrɛkˌfilm]
comédia (f)	komedie (m)	['kʊ'mediə]
melodrama (m)	melodrama (n)	[melɔ'drama]
drama (m)	drama (n)	['drama]
filme (m) de ficção	spillefilm (m)	['spiləˌfilm]
documentário (m)	dokumentarfilm (m)	[dokɰmen'tar ˌfilm]
desenho (m) animado	tegnefilm (m)	['tæjnəˌfilm]
cinema (m) mudo	stumfilm (m)	['stɰmˌfilm]
papel (m)	rolle (m/f)	['rɔlə]
papel (m) principal	hovedrolle (m)	['hʊvədˌrɔle]
representar (vt)	å spille	[ɔ 'spilə]
estrela (f) de cinema	filmstjerne (m)	['filmˌstjæːŋə]
conhecido (adj)	kjent	['çɛnt]
famoso (adj)	berømt	[be'rømt]
popular (adj)	populær	[pʊpɰ'lær]
roteiro (m)	manus (n)	['manɰs]
roteirista (m)	manusforfatter (m)	['manɰs for'fatər]
diretor (m) de cinema	regissør (m)	[rɛʂi'sør]
produtor (m)	produsent (m)	[prʊdɰ'sɛnt]
assistente (m)	assistent (m)	[asi'stɛnt]
diretor (m) de fotografia	kameramann (m)	['kameraˌman]
dublê (m)	stuntmann (m)	['stantˌman]
dublê (m) de corpo	stand-in (m)	[ˌstand'in]
filmar (vt)	å spille inn en film	[ɔ 'spilə in en 'film]
audição (f)	prøve (m/f)	['prøvə]
filmagem (f)	opptak (n)	['ɔpˌtak]
equipe (f) de filmagem	filmteam (n)	['filmˌtim]
set (m) de filmagem	opptaksplass (m)	['ɔptaksˌplas]
câmera (f)	filmkamera (n)	['filmˌkamera]
cinema (m)	kino (m)	['çinʊ]
tela (f)	filmduk (m)	['filmˌdɰk]
exibir um filme	å vise en film	[ɔ 'visə en 'film]
trilha (f) sonora	lydspor (n)	['lydˌspʊr]
efeitos (m pl) especiais	spesialeffekter (m pl)	['spesi'al e'fɛktər]

legendas (f pl)	undertekster (m/f)	['ʉnə‚tɛkstər]
crédito (m)	rulletekst (m)	['rʉlə‚tɛkst]
tradução (f)	oversettelse (m)	['ɔvə‚sɛtəlsə]

126. Pintura

arte (f)	kunst (m)	['kʉnst]
belas-artes (f pl)	de skjønne kunster	[de 'ʂønə 'kʉnstər]
galeria (f) de arte	kunstgalleri (n)	['kʉnst gale'ri]
exibição (f) de arte	maleriutstilling (m/f)	[‚male'ri ʉt‚stiliŋ]

pintura (f)	malerkunst (m)	['malər‚kʉnst]
arte (f) gráfica	grafikk (m)	[gra'fik]
arte (f) abstrata	abstrakt kunst (m)	[ab'strakt 'kʉnst]
impressionismo (m)	impresjonisme (m)	[imprɛʂʉ'nisme]

pintura (f), quadro (m)	maleri (m/f)	[‚male'ri]
desenho (m)	tegning (m/f)	['tæjniŋ]
cartaz, pôster (m)	plakat, poster (m)	['pla‚kat], ['pɔstər]

ilustração (f)	illustrasjon (m)	[ilʉstra'ʂʉn]
miniatura (f)	miniatyr (m)	[minia'tyr]
cópia (f)	kopi (m)	[kʉ'pi]
reprodução (f)	reproduksjon (m)	[reprʉdʉk'ʂʉn]

mosaico (m)	mosaikk (m)	[mʉsa'ik]
vitral (m)	glassmaleri (n)	['glas‚male'ri]
afresco (m)	freske (m)	['frɛskə]
gravura (f)	gravyr (m)	[gra'vyr]

busto (m)	byste (m)	['bʏstə]
escultura (f)	skulptur (m)	[skʉlp'tʉr]
estátua (f)	statue (m)	['statʉə]
gesso (m)	gips (m)	['jips]
em gesso (adj)	gips-	['jips-]

retrato (m)	portrett (n)	[pɔ:'trɛt]
autorretrato (m)	selvportrett (n)	['sɛl‚pɔ:'trɛt]
paisagem (f)	landskapsmaleri (n)	['lanskaps‚male'ri]
natureza (f) morta	stilleben (n)	['stil‚lebən]
caricatura (f)	karikatur (m)	[karika'tʉr]
esboço (m)	skisse (m/f)	['ʂisə]

tinta (f)	maling (m/f)	['maliŋ]
aquarela (f)	akvarell (m)	[akva'rɛl]
tinta (f) a óleo	olje (m)	['ɔljə]
lápis (m)	blyant (m)	['bly‚ant]
tinta (f) nanquim	tusj (m/n)	['tʉʂ]
carvão (m)	kull (n)	['kʉl]

desenhar (vt)	å tegne	[ɔ 'tæjnə]
pintar (vt)	å male	[ɔ 'malə]
posar (vi)	å posere	[ɔ pɔ'serə]
modelo (m)	modell (m)	[mʉ'dɛl]

modelo (f)	modell (m)	[mu'dɛl]
pintor (m)	kunstner (m)	['kʉnstnər]
obra (f)	kunstverk (n)	['kʉnst‚værk]
obra-prima (f)	mesterverk (n)	['mɛstɛr‚værk]
estúdio (m)	atelier (n)	[ate'lje]
tela (f)	kanvas (m/n), lerret (n)	['kanvas], ['leret]
cavalete (m)	staffeli (n)	[stafe'li]
paleta (f)	palett (m)	[pa'let]
moldura (f)	ramme (m/f)	['ramə]
restauração (f)	restaurering (m)	[rɛstau'reriŋ]
restaurar (vt)	å restaurere	[ɔ rɛstau'rerə]

127. Literatura & Poesia

literatura (f)	litteratur (m)	[litəra'tʉr]
autor (m)	forfatter (m)	[for'fatər]
pseudônimo (m)	pseudonym (n)	[sewdu'nym]
livro (m)	bok (m/f)	['bʉk]
volume (m)	bind (n)	['bin]
índice (m)	innholdsfortegnelse (m)	['inhɔls fɔ:'ʈæjnəlsə]
página (f)	side (m/f)	['sidə]
protagonista (m)	hovedperson (m)	['hʉvəd pæ'ʂʉn]
autógrafo (m)	autograf (m)	[autu'graf]
conto (m)	novelle (m/f)	[nu'vɛlə]
novela (f)	kortroman (m)	['kʉ:ʈ ru‚man]
romance (m)	roman (m)	[rʉ'man]
obra (f)	verk (n)	['værk]
fábula (m)	fabel (m)	['fabəl]
romance (m) policial	kriminalroman (m)	[krimi'nal rʉ‚man]
verso (m)	dikt (n)	['dikt]
poesia (f)	poesi (m)	[pɔɛ'si]
poema (m)	epos (n)	['ɛpɔs]
poeta (m)	poet, dikter (m)	['pɔɛt], ['diktər]
ficção (f)	skjønnlitteratur (m)	['ʂøn litera'tʉr]
ficção (f) científica	science fiction (m)	['sajəns ‚fikʂn]
aventuras (f pl)	eventyr (n pl)	['ɛvən‚tyr]
literatura (f) didática	undervisningslitteratur (m)	['ʉnər‚visniŋs litera'tʉr]
literatura (f) infantil	barnelitteratur (m)	['ba:ɳə litera'tʉr]

128. Circo

circo (m)	sirkus (m/n)	['sirkʉs]
circo (m) ambulante	ambulerende sirkus (n)	['ambʉ‚lerɛnə 'sirkʉs]
programa (m)	program (n)	[prʉ'gram]
apresentação (f)	forestilling (m/f)	['fɔrə‚stiliŋ]
número (m)	nummer (n)	['nʉmər]

picadeiro (f)	manesje, arena (m)	[ma'neʂə], [ɑ'rena]
pantomima (f)	pantomime (m)	[pantʉ'mimə]
palhaço (m)	klovn (m)	['klɔvn]

acrobata (m)	akrobat (m)	[akrʉ'bat]
acrobacia (f)	akrobatikk (m)	[akrʉba'tik]
ginasta (m)	gymnast (m)	[gʏm'nast]
ginástica (f)	gymnastikk (m)	[gʏmna'stik]
salto (m) mortal	salto (m)	['saltʉ]

homem (m) forte	atlet (m)	[at'let]
domador (m)	dyretemmer (m)	['dyrə,tɛmər]
cavaleiro (m) equilibrista	rytter (m)	['rʏtər]
assistente (m)	assistent (m)	[asi'stɛnt]

truque (m)	trikk, triks (n)	['trik], ['triks]
truque (m) de mágica	trylletriks (n)	['trʏlə,triks]
ilusionista (m)	tryllekunstner (m)	['trʏlə,kʉnstnər]

malabarista (m)	sjonglør (m)	[ʂɔŋ'lør]
fazer malabarismos	å sjonglere	[ɔ 'ʂɔŋ,lerə]
adestrador (m)	dressør (m)	[drɛ'sør]
adestramento (m)	dressur (m)	[drɛ'sʉr]
adestrar (vt)	å dressere	[ɔ drɛ'serə]

129. Música. Música popular

música (f)	musikk (m)	[mʉ'sik]
músico (m)	musiker (m)	['mʉsikər]
instrumento (m) musical	musikkinstrument (n)	[mʉ'sik instrʉ'mɛnt]
tocar ...	å spille ...	[ɔ 'spilə ...]

guitarra (f)	gitar (m)	['gi,tar]
violino (m)	fiolin (m)	[fiʊ'lin]
violoncelo (m)	cello (m)	['sɛlʉ]
contrabaixo (m)	kontrabass (m)	['kʉntra,bas]
harpa (f)	harpe (m)	['harpə]

piano (m)	piano (n)	[pi'anʉ]
piano (m) de cauda	flygel (n)	['flygəl]
órgão (m)	orgel (n)	['ɔrgəl]

instrumentos (m pl) de sopro	blåseinstrumenter (n pl)	['blo:sə instrʉ'mɛntər]
oboé (m)	obo (m)	[ʊ'bʊ]
saxofone (m)	saksofon (m)	[saksʊ'fʊn]
clarinete (m)	klarinett (m)	[klari'nɛt]
flauta (f)	fløyte (m)	['fløjtə]
trompete (m)	trompet (m)	[trʊm'pet]

| acordeão (m) | trekkspill (n) | ['trɛk,spil] |
| tambor (m) | tromme (m) | ['trʊmə] |

| dueto (m) | duett (m) | [dʉ'ɛt] |
| trio (m) | trio (m) | ['triʊ] |

quarteto (m)	kvartett (m)	[kvɑ:'tɛt]
coro (m)	kor (n)	['kʊr]
orquestra (f)	orkester (n)	[ɔr'kɛstər]

música (f) pop	popmusikk (m)	['pɔp mʉ'sik]
música (f) rock	rockmusikk (m)	['rɔk mʉ'sik]
grupo (m) de rock	rockeband (n)	['rɔkə‚bɛnd]
jazz (m)	jazz (m)	['jas]

ídolo (m)	idol (n)	[i'dʊl]
fã, admirador (m)	beundrer (m)	[be'ʉndrər]

concerto (m)	konsert (m)	[kʊn'sæ:t]
sinfonia (f)	symfoni (m)	[sʏmfʊ'ni]
composição (f)	komposisjon (m)	[kʊmpʊzi'ʂʊn]
compor (vt)	å komponere	[ɔ kʊmpʊ'nerə]

canto (m)	synging (m/f)	['sʏŋiŋ]
canção (f)	sang (m)	['sɑŋ]
melodia (f)	melodi (m)	[melɔ'di]
ritmo (m)	rytme (m)	['rʏtmə]
blues (m)	blues (m)	['blʉs]

notas (f pl)	noter (m pl)	['nʊtər]
batuta (f)	taktstokk (m)	['takt‚stɔk]
arco (m)	bue, boge (m)	['bʉ:ə], ['bɔgə]
corda (f)	streng (m)	['strɛŋ]
estojo (m)	futteral (n), kasse (m/f)	['fʉte'rɑl], ['kɑsə]

Descanso. Entretenimento. Viagens

130. Viagens

turismo (m)	turisme (m)	[tʉ'rismə]
turista (m)	turist (m)	[tʉ'rist]
viagem (f)	reise (m/f)	['ræjsə]
aventura (f)	eventyr (n)	['ɛvən‚tyr]
percurso (curta viagem)	tripp (m)	['trip]

férias (f pl)	ferie (m)	['fɛriə]
estar de férias	å være på ferie	[ɔ 'væːrə pɔ 'fɛriə]
descanso (m)	hvile (m/f)	['vilə]

trem (m)	tog (n)	['tɔg]
de trem (chegar ~)	med tog	[me 'tɔg]
avião (m)	fly (n)	['fly]
de avião	med fly	[me 'fly]
de carro	med bil	[me 'bil]
de navio	med skip	[me 'ʂip]

bagagem (f)	bagasje (m)	[ba'gaʂə]
mala (f)	koffert (m)	['kʉfɛːt]
carrinho (m)	bagasjetralle (m/f)	[ba'gaʂə‚tralə]

passaporte (m)	pass (n)	['pas]
visto (m)	visum (n)	['visʉm]
passagem (f)	billett (m)	[bi'let]
passagem (f) aérea	flybillett (m)	['fly bi'let]

guia (m) de viagem	reisehåndbok (m/f)	['ræjsə‚hɔnbʉk]
mapa (m)	kart (n)	['kɑːt]
área (f)	område (n)	['ɔm‚rɔːdə]
lugar (m)	sted (n)	['sted]

exótico (adj)	eksotisk	[ɛk'sʉtisk]
surpreendente (adj)	forunderlig	[fo'rʉnde:lɪ]

grupo (m)	gruppe (m)	['grʉpə]
excursão (f)	utflukt (m/f)	['ʉt‚flʉkt]
guia (m)	guide (m)	['gɑjd]

131. Hotel

hotel (m)	hotell (n)	[hʉ'tɛl]
motel (m)	motell (n)	[mʊ'tɛl]
três estrelas	trestjernet	['tre‚stjæːnə]
cinco estrelas	femstjernet	['fɛm‚stjæːnə]

ficar (vi, vt)	à bo	[ɔ 'bʊ]
quarto (m)	rom (n)	['rʊm]
quarto (m) individual	enkeltrom (n)	['ɛnkelt‚rʊm]
quarto (m) duplo	dobbeltrom (n)	['dɔbelt‚rʊm]
reservar um quarto	à reservere rom	[ɔ resɛr'verə 'rʊm]

| meia pensão (f) | halvpensjon (m) | ['hal pan‚sʊn] |
| pensão (f) completa | fullpensjon (m) | ['fʉl pan‚sʊn] |

com banheira	med badekar	[me 'badə‚kar]
com chuveiro	med dusj	[me 'dʉʂ]
televisão (m) por satélite	satellitt-TV (m)	[satɛ'lit 'tɛvɛ]
ar (m) condicionado	klimaanlegg (n)	['klima'an‚leg]
toalha (f)	håndkle (n)	['hɔn‚kle]
chave (f)	nøkkel (m)	['nøkəl]

administrador (m)	administrator (m)	[admini'straːtʊr]
camareira (f)	stuepike (m/f)	['stʉə‚pikə]
bagageiro (m)	pikkolo (m)	['pikɔlɔ]
porteiro (m)	portier (m)	[pɔ:'tje]

restaurante (m)	restaurant (m)	[rɛstʊ'raŋ]
bar (m)	bar (m)	['bar]
café (m) da manhã	frokost (m)	['frʊkɔst]
jantar (m)	middag (m)	['mi‚da]
bufê (m)	buffet (m)	[bʉ'fɛ]

| saguão (m) | hall, lobby (m) | ['hal], ['lɔbi] |
| elevador (m) | heis (m) | ['hæjs] |

| NÃO PERTURBE | VENNLIGST IKKE FORSTYRR! | ['vɛnligt ikə fɔ'ʂtyr] |
| PROIBIDO FUMAR! | RØYKING FORBUDT | ['røjkiŋ fɔr'bʉt] |

132. Livros. Leitura

livro (m)	bok (m/f)	['bʊk]
autor (m)	forfatter (m)	[fɔr'fatər]
escritor (m)	forfatter (m)	[fɔr'fatər]
escrever (~ um livro)	à skrive	[ɔ 'skrivə]

leitor (m)	leser (m)	['lesər]
ler (vt)	à lese	[ɔ 'lesə]
leitura (f)	lesning (m/f)	['lesniŋ]

| para si | for seg selv | [fɔr sæj 'sɛl] |
| em voz alta | høyt | ['højt] |

publicar (vt)	à publisere	[ɔ pʉbli'serə]
publicação (f)	publisering (m/f)	[pʉbli'seriŋ]
editor (m)	forlegger (m)	['fɔː‚ɭegər]
editora (f)	forlag (n)	['fɔː‚ɭag]
sair (vi)	à komme ut	[ɔ 'kɔmə ʉt]
lançamento (m)	utgivelse (m)	['ʉtjivəlsə]

tiragem (f)	opplag (n)	['ɔp‚lag]
livraria (f)	bokhandel (m)	['bʊk‚handəl]
biblioteca (f)	bibliotek (n)	[bibliʊ'tek]

novela (f)	kortroman (m)	['kʊːʈ rʊ‚man]
conto (m)	novelle (m/f)	[nʊ'vɛlə]
romance (m)	roman (m)	[rʊ'man]
romance (m) policial	kriminalroman (m)	[krimi'nal rʊ‚man]

memórias (f pl)	memoarer (pl)	[memʊ'arər]
lenda (f)	legende (m)	['le'gɛndə]
mito (m)	myte (m)	['myːtə]

poesia (f)	dikt (n pl)	['dikt]
autobiografia (f)	selvbiografi (m)	['sɛl‚biʊgra'fi]
obras (f pl) escolhidas	utvalgte verker (n pl)	['ʉt‚valgtə 'værkər]
ficção (f) científica	science fiction (m)	['sajəns ‚fikʂn]
título (m)	tittel (m)	['titəl]
introdução (f)	innledning (m)	['in‚ledniŋ]
folha (f) de rosto	tittelblad (n)	['titəl‚bla]

capítulo (m)	kapitel (n)	[ka'pitəl]
excerto (m)	utdrag (n)	['ʉt‚drag]
episódio (m)	episode (m)	[ɛpi'sʊdə]

enredo (m)	handling (m/f)	['handliŋ]
conteúdo (m)	innhold (n)	['in‚hɔl]
índice (m)	innholdsfortegnelse (m)	['inhɔls fɔː'ʈæjnəlsə]
protagonista (m)	hovedperson (m)	['hʊvəd pæ'ʂun]

volume (m)	bind (n)	['bin]
capa (f)	omslag (n)	['ɔm‚slag]
encadernação (f)	bokbind (n)	['bʊk‚bin]
marcador (m) de página	bokmerke (n)	['bʊk‚mærkə]

página (f)	side (m/f)	['sidə]
folhear (vt)	å bla	[ɔ 'bla]
margem (f)	marger (m pl)	['margər]
anotação (f)	annotering (n)	[anʊ'tɛriŋ]
nota (f) de rodapé	anmerkning (m)	['an‚mærkniŋ]

texto (m)	tekst (m/f)	['tɛkst]
fonte (f)	skrift, font (m)	['skrift], ['fɔnt]
falha (f) de impressão	trykkfeil (m)	['trʏk‚fæjl]

tradução (f)	oversettelse (m)	['ɔvə‚ʂɛtəlsə]
traduzir (vt)	å oversette	[ɔ 'ɔvə‚ʂɛtə]
original (m)	original (m)	[ɔrigi'nal]

famoso (adj)	berømt	[be'rømt]
desconhecido (adj)	ukjent	['ʉ‚çɛnt]
interessante (adj)	interessant	[intere'san]
best-seller (m)	bestselger (m)	['bɛst‚sɛlər]
dicionário (m)	ordbok (m/f)	['uːr‚bʊk]
livro (m) didático	lærebok (m/f)	['lærə‚bʊk]
enciclopédia (f)	encyklopedi (m)	[ɛnsʏklɔpe'di]

133. Caça. Pesca

caça (f)	jakt (m/f)	['jakt]
caçar (vi)	å jage	[ɔ 'jagə]
caçador (m)	jeger (m)	['jɛːgər]
disparar, atirar (vi)	å skyte	[ɔ 'sytə]
rifle (m)	gevær (n)	[ge'vær]
cartucho (m)	patron (m)	[pa'trʊn]
chumbo (m) de caça	hagl (n)	['hagl]
armadilha (f)	saks (m/f)	['saks]
armadilha (com corda)	felle (m/f)	['fɛlə]
cair na armadilha	å fanges i felle	[ɔ 'faŋəs i 'fɛlə]
pôr a armadilha	å sette opp felle	[ɔ 'sɛtə ɔp 'fɛlə]
caçador (m) furtivo	tyvskytter (m)	['tyf‚sytər]
caça (animais)	vilt (n)	['vilt]
cão (m) de caça	jakthund (m)	['jakt‚hʉn]
safári (m)	safari (m)	[sa'fari]
animal (m) empalhado	utstoppet dyr (n)	['ʉt‚stɔpet ‚dyr]
pescador (m)	fisker (m)	['fiskər]
pesca (f)	fiske (n)	['fiskə]
pescar (vt)	å fiske	[ɔ 'fiskə]
vara (f) de pesca	fiskestang (m/f)	['fiskə‚staŋ]
linha (f) de pesca	fiskesnøre (n)	['fiskə‚snørə]
anzol (m)	krok (m)	['krʊk]
boia (f), flutuador (m)	dupp (m)	['dʉp]
isca (f)	agn (m)	['aŋn]
lançar a linha	å kaste ut	[ɔ 'kastə ʉt]
morder (peixe)	å bite	[ɔ 'bitə]
pesca (f)	fangst (m)	['faŋst]
buraco (m) no gelo	hull (n) i isen	['hʉl i ‚isən]
rede (f)	nett (n)	['nɛt]
barco (m)	båt (m)	['bɔt]
pescar com rede	å fiske med nett	[ɔ 'fiskə me 'nɛt]
lançar a rede	å kaste nettet	[ɔ 'kastə 'nɛtə]
puxar a rede	å hale opp nettet	[ɔ 'halə ɔp 'nɛtə]
cair na rede	å bli fanget i nett	[ɔ 'bli 'faŋət i 'nɛt]
baleeiro (m)	hvalfanger (m)	['val‚faŋər]
baleeira (f)	hvalbåt (m)	['val‚bɔt]
arpão (m)	harpun (m)	[har'pʉn]

134. Jogos. Bilhar

bilhar (m)	biljard (m)	[bil'jaːd]
sala (f) de bilhar	biljardsalong (m)	[bil'jaːdsa‚lɔŋ]
bola (f) de bilhar	biljardkule (m/f)	[bil'jaːd‚kuːlə]

embolsar uma bola	å støte en kule	[ɔ 'støtə en 'kʉ:lə]
taco (m)	kø (m)	['kø]
caçapa (f)	hull (n)	['hʉl]

135. Jogos. Jogar cartas

ouros (m pl)	ruter (m pl)	['rʉtər]
espadas (f pl)	spar (m pl)	['spɑr]
copas (f pl)	hjerter (m)	['jæ:ʈər]
paus (m pl)	kløver (m)	['kløvər]
ás (m)	ess (n)	['ɛs]
rei (m)	konge (m)	['kʊŋə]
dama (f), rainha (f)	dame (m/f)	['dɑmə]
valete (m)	knekt (m)	['knɛkt]
carta (f) de jogar	kort (n)	['kɔ:ʈ]
cartas (f pl)	kort (n pl)	['kɔ:ʈ]
trunfo (m)	trumf (m)	['trʉmf]
baralho (m)	kortstokk (m)	['kɔ:ʈˌstɔk]
ponto (m)	poeng (n)	[pɔ'ɛŋ]
dar, distribuir (vt)	å gi, å dele ut	[ɔ 'ji], [ɔ 'delə ʉt]
embaralhar (vt)	å blande	[ɔ 'blɑnə]
vez, jogada (f)	trekk (n)	['trɛk]
trapaceiro (m)	falskspiller (m)	['fɑlskˌspilər]

136. Descanso. Jogos. Diversos

passear (vi)	å spasere	[ɔ spɑ'serə]
passeio (m)	spasertur (m)	[spɑ'sɛːˌʈʉr]
viagem (f) de carro	kjøretur (m)	['çœːrəˌtʉr]
aventura (f)	eventyr (n)	['ɛvənˌtyr]
piquenique (m)	piknik (m)	['piknik]
jogo (m)	spill (n)	['spil]
jogador (m)	spiller (m)	['spilər]
partida (f)	parti (n)	[pɑ:'ʈi]
colecionador (m)	samler (m)	['sɑmlər]
colecionar (vt)	å samle	[ɔ 'sɑmlə]
coleção (f)	samling (m/f)	['sɑmliŋ]
palavras (f pl) cruzadas	kryssord (n)	['krʏsˌʉːr]
hipódromo (m)	travbane (m)	['trɑvˌbɑnə]
discoteca (f)	diskotek (n)	[diskʊ'tek]
sauna (f)	sauna (m)	['sɑʊnɑ]
loteria (f)	lotteri (n)	[lɔte'ri]
campismo (m)	campingtur (m)	['kɑmpiŋˌtʉr]
acampamento (m)	leir (m)	['læjr]

barraca (f)	telt (n)	['tɛlt]
bússola (f)	kompass (m/n)	[kʊm'pɑs]
campista (m)	camper (m)	['kampər]

ver (vt), assistir à ...	å se på	[ɔ 'se pɔ]
telespectador (m)	TV-seer (m)	['tɛvɛ ˌseːər]
programa (m) de TV	TV-show (n)	['tɛvɛ ˌɕɔːw]

137. Fotografia

máquina (f) fotográfica	kamera (n)	['kamera]
foto, fotografia (f)	foto, fotografi (n)	['fɔtɔ], ['fɔtɔgra'fi]

fotógrafo (m)	fotograf (m)	[fɔtɔ'graf]
estúdio (m) fotográfico	fotostudio (n)	['fɔtɔˌstʉdiɔ]
álbum (m) de fotografias	fotoalbum (n)	['fɔtɔˌalbʉm]

lente (f) fotográfica	objektiv (n)	[ɔbjɛk'tiv]
lente (f) teleobjetiva	teleobjektiv (n)	['teleɔbjek'tiv]
filtro (m)	filter (n)	['filtər]
lente (f)	linse (m/f)	['linsə]

ótica (f)	optikk (m)	[ɔp'tik]
abertura (f)	blender (m)	['blenər]
exposição (f)	eksponeringstid (m/f)	[ɛkspʊ'neriŋsˌtid]
visor (m)	søker (m)	['søkər]

câmera (f) digital	digitalkamera (n)	[digi'tal ˌkamera]
tripé (m)	stativ (m)	[sta'tiv]
flash (m)	blits (m)	['blits]
fotografar (vt)	å fotografere	[ɔ fɔtɔgra'ferə]
tirar fotos	å ta bilder	[ɔ 'ta 'bildər]
fotografar-se (vr)	å bli fotografert	[ɔ 'bli fɔtɔgra'fɛːt]

foco (m)	fokus (n)	['fɔkʉs]
focar (vt)	å stille skarphet	[ɔ 'stilə 'skarpˌhet]
nítido (adj)	skarp	['skarp]
nitidez (f)	skarphet (m)	['skarpˌhet]

contraste (m)	kontrast (m)	[kʊn'trast]
contrastante (adj)	kontrast-	[kʊn'trast-]

retrato (m)	bilde (n)	['bildə]
negativo (m)	negativ (m/n)	['negaˌtiv]
filme (m)	film (m)	['film]
fotograma (m)	bilde (n)	['bildə]
imprimir (vt)	å skrive ut	[ɔ skrivə ʉt]

138. Praia. Natação

praia (f)	badestrand (m/f)	['badəˌstran]
areia (f)	sand (m)	['san]

deserto (adj)	øde	['ødə]
bronzeado (m)	solbrenthet (m)	['sʉlbrɛntˌhet]
bronzear-se (vr)	å sole seg	[ɔ 'sʉlə sæj]
bronzeado (adj)	solbrent	['sʉlˌbrɛnt]
protetor (m) solar	solkrem (m)	['sʉlˌkrɛm]

biquíni (m)	bikini (m)	[bi'kini]
maiô (m)	badedrakt (m/f)	['badəˌdrakt]
calção (m) de banho	badebukser (m/f)	['badəˌbʉksər]

piscina (f)	svømmebasseng (n)	['svœməˌba'sɛŋ]
nadar (vi)	å svømme	[ɔ 'svœmə]
chuveiro (m), ducha (f)	dusj (m)	['dʉʃ]
mudar, trocar (vt)	å kle seg om	[ɔ 'kle sæj ˌɔm]
toalha (f)	håndkle (n)	['hɔnˌkle]

| barco (m) | båt (m) | ['bɔt] |
| lancha (f) | motorbåt (m) | ['mɔtʉrˌbɔt] |

esqui (m) aquático	vannski (m pl)	['vanˌʃi]
barco (m) de pedais	pedalbåt (m)	['pe'dalˌbɔt]
surf, surfe (m)	surfing (m/f)	['sørfiŋ]
surfista (m)	surfer (m)	['sørfər]

equipamento (m) de mergulho	scuba (n)	['skʉba]
pé (m pl) de pato	svømmeføtter (m pl)	['svœməˌfœtər]
máscara (f)	maske (m/f)	['maskə]
mergulhador (m)	dykker (m)	['dʏkər]
mergulhar (vi)	å dykke	[ɔ 'dʏkə]
debaixo d'água	under vannet	['ʉnər 'vanə]

guarda-sol (m)	parasoll (m)	[para'sɔl]
espreguiçadeira (f)	liggestol (m)	['ligəˌstʉl]
óculos (m pl) de sol	solbriller (m pl)	['sʉlˌbrilər]
colchão (m) de ar	luftmadrass (m)	['lʉftmaˌdras]

| brincar (vi) | å leke | [ɔ 'lekə] |
| ir nadar | å bade | [ɔ 'badə] |

bola (f) de praia	ball (m)	['bal]
encher (vt)	å blåse opp	[ɔ 'blɔːsə ɔp]
inflável (adj)	luft-, oppblåsbar	['lʉft-], [ɔp'blɔːsbar]

onda (f)	bølge (m)	['bølgə]
boia (f)	bøye (m)	['bøjə]
afogar-se (vr)	å drukne	[ɔ 'drʉknə]

salvar (vt)	å redde	[ɔ 'rɛdə]
colete (m) salva-vidas	redningsvest (m)	['rɛdniŋsˌvɛst]
observar (vt)	å observere	[ɔ ɔbsɛr'verə]
salva-vidas (pessoa)	badevakt (m/f)	['badəˌvakt]

EQUIPAMENTO TÉCNICO. TRANSPORTES

Equipamento técnico. Transportes

139. Computador

computador (m)	datamaskin (m)	['data ma‚şin]
computador (m) portátil	bærbar, laptop (m)	['bær‚bar], ['laptɔp]
ligar (vt)	å slå på	[ɔ 'şlɔ pɔ]
desligar (vt)	å slå av	[ɔ 'şlɔ a:]
teclado (m)	tastatur (n)	[tasta'tʉr]
tecla (f)	tast (m)	['tast]
mouse (m)	mus (m/f)	['mʉs]
tapete (m) para mouse	musematte (m/f)	['mʉsə‚matə]
botão (m)	knapp (m)	['knap]
cursor (m)	markør (m)	[mar'kør]
monitor (m)	monitor (m)	['mɔnitɔr]
tela (f)	skjerm (m)	['şærm]
disco (m) rígido	harddisk (m)	['har‚disk]
capacidade (f) do disco rígido	harddiskkapasitet (m)	['har‚disk kapasi'tet]
memória (f)	minne (n)	['minə]
memória RAM (f)	hovedminne (n)	['hɔvəd‚minə]
arquivo (m)	fil (m)	['fil]
pasta (f)	mappe (m/f)	['mapə]
abrir (vt)	å åpne	[ɔ 'ɔpnə]
fechar (vt)	å lukke	[ɔ 'lʉkə]
salvar (vt)	å lagre	[ɔ 'lagrə]
deletar (vt)	å slette, å fjerne	[ɔ 'şletə], [ɔ 'fjæ:ŋə]
copiar (vt)	å kopiere	[ɔ kʉ'pjerə]
ordenar (vt)	å sortere	[ɔ sɔ:'ţerə]
copiar (vt)	å overføre	[ɔ 'ɔver‚førə]
programa (m)	program (n)	[prʉ'gram]
software (m)	programvare (m/f)	[prʉ'gram‚varə]
programador (m)	programmerer (m)	[prʉgra'merər]
programar (vt)	å programmere	[ɔ prʉgra'merə]
hacker (m)	hacker (m)	['hakər]
senha (f)	passord (n)	['pas‚u:r]
vírus (m)	virus (m)	['virʉs]
detectar (vt)	å oppdage	[ɔ 'ɔp‚dagə]
byte (m)	byte (m)	['bajt]

megabyte (m)	megabyte (m)	['mega,bajt]
dados (m pl)	data (m pl)	['data]
base (f) de dados	database (m)	['data,base]

cabo (m)	kabel (m)	['kabel]
desconectar (vt)	å koble fra	[ɔ 'koble fra]
conectar (vt)	å koble	[ɔ 'koble]

140. Internet. E-mail

internet (f)	Internett	['inte,nɛt]
browser (m)	nettleser (m)	['nɛt,leser]
motor (m) de busca	søkemotor (m)	['søke,motur]
provedor (m)	leverandør (m)	[leveran'dør]

webmaster (m)	webmaster (m)	['vɛb,master]
website (m)	webside, hjemmeside (m/f)	['vɛb,side], ['jɛme,side]
web page (f)	nettside (m)	['nɛt,side]

endereço (m)	adresse (m)	[a'drɛse]
livro (m) de endereços	adressebok (f)	[a'drɛse,bʊk]

caixa (f) de correio	postkasse (m/f)	['pɔst,kase]
correio (m)	post (m)	['pɔst]
cheia (caixa de correio)	full	['fʊl]

mensagem (f)	melding (m/f)	['mɛliŋ]
mensagens (f pl) recebidas	innkommende meldinger	['in,komene 'mɛliŋer]
mensagens (f pl) enviadas	utgående meldinger	['ʊt,goene 'mɛliŋer]
remetente (m)	avsender (m)	['af,sɛner]
enviar (vt)	å sende	[ɔ 'sɛne]
envio (m)	avsending (m)	['af,sɛniŋ]
destinatário (m)	mottaker (m)	['mɔt,taker]
receber (vt)	å motta	[ɔ 'mɔta]

correspondência (f)	korrespondanse (m)	[kʊrespon'danse]
corresponder-se (vr)	å brevveksle	[ɔ 'brɛv,vɛksle]

arquivo (m)	fil (m)	['fil]
fazer download, baixar (vt)	å laste ned	[ɔ 'laste 'ne]
criar (vt)	å opprette	[ɔ 'ɔp,rɛte]
deletar (vt)	å slette, å fjerne	[ɔ 'ʂlete], [ɔ 'fjæ:ɳe]
deletado (adj)	slettet	['ʂletet]

conexão (f)	forbindelse (m)	[for'binelse]
velocidade (f)	hastighet (m/f)	['hasti,het]
modem (m)	modem (n)	['mʊ'dɛm]
acesso (m)	tilgang (m)	['til,gaŋ]
porta (f)	port (m)	['pɔ:t]

conexão (f)	tilkobling (m/f)	['til,kobliŋ]
conectar (vi)	å koble	[ɔ 'koble]
escolher (vt)	å velge	[ɔ 'vɛlge]
buscar (vt)	å søke etter ...	[ɔ 'søke ,ɛter ...]

Transportes

141. Avião

avião (m)	fly (n)	['fly]
passagem (f) aérea	flybillett (m)	['fly bi'let]
companhia (f) aérea	flyselskap (n)	['flysəlˌskɑp]
aeroporto (m)	flyplass (m)	['flyˌplɑs]
supersônico (adj)	overlyds-	['ɔvəˌlyds-]
comandante (m) do avião	kaptein (m)	[kɑp'tæjn]
tripulação (f)	besetning (m/f)	[be'sɛtniŋ]
piloto (m)	pilot (m)	[pi'lot]
aeromoça (f)	flyvertinne (m/f)	[flyvɛ:'ʈinə]
copiloto (m)	styrmann (m)	['styrˌmɑn]
asas (f pl)	vinger (m pl)	['viŋər]
cauda (f)	hale (m)	['hɑlə]
cabine (f)	cockpit, førerkabin (m)	['kɔkpit], ['førərkɑˌbin]
motor (m)	motor (m)	['motʉr]
trem (m) de pouso	landingshjul (n)	['lɑniŋsˌjʉl]
turbina (f)	turbin (m)	[tʉr'bin]
hélice (f)	propell (m)	[prʉ'pɛl]
caixa-preta (f)	svart boks (m)	['svɑ:ʈ bɔks]
coluna (f) de controle	ratt (n)	['rɑt]
combustível (m)	brensel (n)	['brɛnsəl]
instruções (f pl) de segurança	sikkerhetsbrosjyre (m)	['sikərhɛtsˌbrɔ'syrə]
máscara (f) de oxigênio	oksygenmaske (m/f)	['ɔksygənˌmɑskə]
uniforme (m)	uniform (m)	[ʉni'fɔrm]
colete (m) salva-vidas	redningsvest (m)	['rɛdniŋsˌvɛst]
paraquedas (m)	fallskjerm (m)	['fɑlˌɕærm]
decolagem (f)	start (m)	['stɑ:ʈ]
descolar (vi)	å løfte	[ɔ 'lœftə]
pista (f) de decolagem	startbane (m)	['stɑ:ʈˌbɑnə]
visibilidade (f)	siktbarhet (m)	['siktbɑrˌhet]
voo (m)	flyging (m/f)	['flygiŋ]
altura (f)	høyde (m)	['højdə]
poço (m) de ar	lufthull (n)	['lʉftˌhʉl]
assento (m)	plass (m)	['plɑs]
fone (m) de ouvido	hodetelefoner (n pl)	['hɔdetelǝˌfʉnər]
mesa (f) retrátil	klappbord (n)	['klɑpˌbʉr]
janela (f)	vindu (n)	['vindʉ]
corredor (m)	midtgang (m)	['mitˌgɑŋ]

142. Comboio

trem (m)	tog (n)	['tɔg]
trem (m) elétrico	lokaltog (n)	[lɔ'kal‚tɔg]
trem (m)	ekspresstog (n)	[ɛks'prɛs‚tɔg]
locomotiva (f) diesel	diesellokomotiv (n)	['disəl lʊkɔmɔ'tiv]
locomotiva (f) a vapor	damplokomotiv (n)	['damp lʊkɔmɔ'tiv]
vagão (f) de passageiros	vogn (m)	['vɔŋn]
vagão-restaurante (m)	restaurantvogn (m/f)	[rɛstʊ'raŋ‚vɔŋn]
carris (m pl)	skinner (m/f pl)	['şinər]
estrada (f) de ferro	jernbane (m)	['jæːn̩‚banə]
travessa (f)	sville (m/f)	['svilə]
plataforma (f)	perrong, plattform (m/f)	[pɛ'rɔŋ], ['platfɔrm]
linha (f)	spor (n)	['spʊr]
semáforo (m)	semafor (m)	[sema'fʊr]
estação (f)	stasjon (m)	[sta'şʊn]
maquinista (m)	lokfører (m)	['lʊk‚førər]
bagageiro (m)	bærer (m)	['bærər]
hospedeiro, -a (m, f)	betjent (m)	['be'tjɛnt]
passageiro (m)	passasjer (m)	[pasa'şɛr]
revisor (m)	billett inspektør (m)	[bi'let inspɛk'tør]
corredor (m)	korridor (m)	[kʊri'dɔr]
freio (m) de emergência	nødbrems (m)	['nød‚brɛms]
compartimento (m)	kupé (m)	[kʉ'pe]
cama (f)	køye (m/f)	['køjə]
cama (f) de cima	overkøye (m/f)	['ɔvər‚køjə]
cama (f) de baixo	underkøye (m/f)	['ʉnər‚køjə]
roupa (f) de cama	sengetøy (n)	['sɛŋə‚tøj]
passagem (f)	billett (m)	[bi'let]
horário (m)	rutetabell (m)	['rʉtə‚ta'bɛl]
painel (m) de informação	informasjonstavle (m/f)	[infɔrma'şuns ‚tavlə]
partir (vt)	å avgå	[ɔ 'avgɔ]
partida (f)	avgang (m)	['av‚gaŋ]
chegar (vi)	å ankomme	[ɔ 'an‚kɔmə]
chegada (f)	ankomst (m)	['an‚kɔmst]
chegar de trem	å ankomme med toget	[ɔ 'an‚kɔmə me 'tɔge]
pegar o trem	å gå på toget	[ɔ 'gɔ pɔ 'tɔge]
descer de trem	å gå av toget	[ɔ 'gɔ aː 'tɔge]
acidente (m) ferroviário	togulykke (m/n)	['tɔg ʉ'lʏkə]
descarrilar (vi)	å spore av	[ɔ 'spʊrə aː]
locomotiva (f) a vapor	damplokomotiv (n)	['damp lʊkɔmɔ'tiv]
foguista (m)	fyrbøter (m)	['fyr‚bøtər]
fornalha (f)	fyrrom (n)	['fyr‚rʊm]
carvão (m)	kull (n)	['kʉl]

143. Barco

navio (m)	skip (n)	['şip]
embarcação (f)	fartøy (n)	['fɑːˌtøj]
barco (m) a vapor	dampskip (n)	['dɑmpˌşip]
barco (m) fluvial	elvebåt (m)	['ɛlvəˌbot]
transatlântico (m)	cruiseskip (n)	['krʉsˌşip]
cruzeiro (m)	krysser (m)	['krʏsər]
iate (m)	jakt (m/f)	['jakt]
rebocador (m)	bukserbåt (m)	[bʉk'serˌbot]
barcaça (f)	lastepram (m)	['lɑstəˌprɑm]
ferry (m)	ferje, ferge (m/f)	['færjə], ['færgə]
veleiro (m)	seilbåt (n)	['sæjlˌbot]
bergantim (m)	brigantin (m)	[brigɑn'tin]
quebra-gelo (m)	isbryter (m)	['isˌbrytər]
submarino (m)	ubåt (m)	['ʉːˌbot]
bote, barco (m)	båt (m)	['bot]
baleeira (bote salva-vidas)	jolle (m/f)	['jolə]
bote (m) salva-vidas	livbåt (m)	['livˌbot]
lancha (f)	motorbåt (m)	['motʉrˌbot]
capitão (m)	kaptein (m)	[kɑp'tæjn]
marinheiro (m)	matros (m)	[mɑ'trʉs]
marujo (m)	sjømann (m)	['şøˌmɑn]
tripulação (f)	besetning (m/f)	[be'sɛtniŋ]
contramestre (m)	båtsmann (m)	['bosˌmɑn]
grumete (m)	skipsgutt, jungmann (m)	['şipsˌgʉt], ['jʉŋˌmɑn]
cozinheiro (m) de bordo	kokk (m)	['kʉk]
médico (m) de bordo	skipslege (m)	['şipsˌlegə]
convés (m)	dekk (n)	['dɛk]
mastro (m)	mast (m/f)	['mɑst]
vela (f)	seil (n)	['sæjl]
porão (m)	lasterom (n)	['lɑstəˌrʉm]
proa (f)	baug (m)	['bæu]
popa (f)	akterende (m)	['ɑktəˌrɛnə]
remo (m)	åre (m)	['oːrə]
hélice (f)	propell (m)	[prʉ'pɛl]
cabine (m)	hytte (m)	['hʏte]
sala (f) dos oficiais	offisersmesse (m/f)	[ɔfi'sɛrsˌmɛsə]
sala (f) das máquinas	maskinrom (n)	[mɑ'şinˌrʉm]
ponte (m) de comando	kommandobro (m/f)	[ko'mɑndʉˌbrʉ]
sala (f) de comunicações	radiorom (m)	['rɑdiʉˌrʉm]
onda (f)	bølge (m)	['bølgə]
diário (m) de bordo	loggbok (m/f)	['logˌbʉk]
luneta (f)	langkikkert (m)	['lɑŋˌkikeːt]
sino (m)	klokke (m/f)	['klɔkə]

bandeira (f)	flagg (n)	['flag]
cabo (m)	trosse (m/f)	['trʊsə]
nó (m)	knute (m)	['knʉtə]

| corrimão (m) | rekkverk (n) | ['rɛk,værk] |
| prancha (f) de embarque | landgang (m) | ['lan,gaŋ] |

âncora (f)	anker (n)	['ankər]
recolher a âncora	å lette anker	[ɔ 'letə 'ankər]
jogar a âncora	å kaste anker	[ɔ 'kastə 'ankər]
amarra (corrente de âncora)	ankerkjetting (m)	['ankər,çɛtiŋ]

porto (m)	havn (m/f)	['havn]
cais, amarradouro (m)	kai (m/f)	['kaj]
atracar (vi)	å fortøye	[ɔ fɔː'tøjə]
desatracar (vi)	å kaste loss	[ɔ 'kastə lɔs]

viagem (f)	reise (m/f)	['ræjsə]
cruzeiro (m)	cruise (n)	['krʉs]
rumo (m)	kurs (m)	['kʉʂ]
itinerário (m)	rute (m/f)	['rʉtə]

canal (m) de navegação	seilrende (m)	['sæjl,rɛnə]
banco (m) de areia	grunne (m/f)	['grʉnə]
encalhar (vt)	å gå på grunn	[ɔ 'gɔ pɔ 'grʉn]

tempestade (f)	storm (m)	['stɔrm]
sinal (m)	signal (n)	[siŋ'nal]
afundar-se (vr)	å synke	[ɔ 'sʏnkə]
Homem ao mar!	Mann over bord!	['man ,ɔvər 'bʊr]
SOS	SOS (n)	[ɛsʊ'ɛs]
boia (f) salva-vidas	livbøye (m/f)	['liv,bøjə]

144. Aeroporto

aeroporto (m)	flyplass (m)	['fly,plas]
avião (m)	fly (n)	['fly]
companhia (f) aérea	flyselskap (n)	['flysəl,skap]
controlador (m) de tráfego aéreo	flygeleder (m)	['flygə,ledər]

partida (f)	avgang (m)	['av,gaŋ]
chegada (f)	ankomst (m)	['an,kɔmst]
chegar (vi)	å ankomme	[ɔ 'an,kɔmə]

| hora (f) de partida | avgangstid (m/f) | ['avgaŋs,tid] |
| hora (f) de chegada | ankomsttid (m/f) | [an'kɔms,tid] |

| estar atrasado | å bli forsinket | [ɔ 'bli fɔ'ʂinkət] |
| atraso (m) de voo | avgangsforsinkelse (m) | ['avgaŋs fɔ'ʂinkəlsə] |

painel (m) de informação	informasjonstavle (m/f)	[infɔrma'ʂʉns ,tavlə]
informação (f)	informasjon (m)	[infɔrma'ʂʉn]
anunciar (vt)	å meddele	[ɔ 'mɛd,delə]

voo (m)	fly (n)	['fly]
alfândega (f)	toll (m)	['tɔl]
funcionário (m) da alfândega	tollbetjent (m)	['tɔlbeˌtjɛnt]

declaração (f) alfandegária	tolldeklarasjon (m)	['tɔldɛklara'ʂun]
preencher (vt)	å utfylle	[ɔ 'ʉtˌfʏlə]
preencher a declaração	å utfylle en tolldeklarasjon	[ɔ 'ʉtˌfʏlə en 'tɔldɛklaraˌʂun]
controle (m) de passaporte	passkontroll (m)	['paskʉnˌtrɔl]

bagagem (f)	bagasje (m)	[ba'gaʂə]
bagagem (f) de mão	håndbagasje (m)	['hɔnˌba'gaʂə]
carrinho (m)	bagasjetralle (m/f)	[ba'gaʂəˌtralə]

pouso (m)	landing (m)	['laniŋ]
pista (f) de pouso	landingsbane (m)	['laniŋsˌbanə]
aterrissar (vi)	å lande	[ɔ 'lanə]
escada (f) de avião	trapp (m/f)	['trap]

check-in (m)	innsjekking (m/f)	['inˌʂɛkiŋ]
balcão (m) do check-in	innsjekkingsskranke (m)	['inˌʂɛkiŋs ˌskrankə]
fazer o check-in	å sjekke inn	[ɔ 'ʂɛkə in]
cartão (m) de embarque	boardingkort (n)	['bɔːdiŋˌkɔːt]
portão (m) de embarque	gate (m/f)	['gejt]

trânsito (m)	transitt (m)	[tran'sit]
esperar (vi, vt)	å vente	[ɔ 'vɛntə]
sala (f) de espera	ventehall (m)	['vɛntəˌhal]
despedir-se (acompanhar)	å ta avskjed	[ɔ 'ta 'afˌsɛd]
despedir-se (dizer adeus)	å si farvel	[ɔ 'si far'vɛl]

145. Bicicleta. Motocicleta

bicicleta (f)	sykkel (m)	['sʏkəl]
lambreta (f)	skooter (m)	['skutər]
moto (f)	motorsykkel (m)	['motʉrˌsʏkəl]

ir de bicicleta	å sykle	[ɔ 'sʏklə]
guidão (m)	styre (n)	['styrə]
pedal (m)	pedal (m)	[pe'dal]
freios (m pl)	bremser (m pl)	['brɛmsər]
banco, selim (m)	sete (n)	['setə]

bomba (f)	pumpe (m/f)	['pʉmpə]
bagageiro (m) de teto	bagasjebrett (n)	[ba'gaʂəˌbrɛt]
lanterna (f)	lykt (m/f)	['lʏkt]
capacete (m)	hjelm (m)	['jɛlm]

roda (f)	hjul (n)	['jʉl]
para-choque (m)	skjerm (m)	['ʂærm]
aro (m)	felg (m)	['fɛlg]
raio (m)	eik (m/f)	['æjk]

Carros

146. Tipos de carros

carro, automóvel (m)	bil (m)	['bil]
carro (m) esportivo	sportsbil (m)	['spɔ:ts‚bil]
limusine (f)	limousin (m)	[limʉ'sin]
todo o terreno (m)	terrengbil (m)	[tɛ'rɛŋ‚bil]
conversível (m)	kabriolet (m)	[kabriʊ'le]
minibus (m)	minibuss (m)	['mini‚bʉs]
ambulância (f)	ambulanse (m)	[ambʉ'lansə]
limpa-neve (m)	snøplog (m)	['snø‚plɔg]
caminhão (m)	lastebil (m)	['lastə‚bil]
caminhão-tanque (m)	tankbil (m)	['tank‚bil]
perua, van (f)	skapbil (m)	['skɑp‚bil]
caminhão-trator (m)	trekkvogn (m/f)	['trɛk‚vɔŋn]
reboque (m)	tilhenger (m)	['til‚hɛŋər]
confortável (adj)	komfortabel	[kʊmfɔ:'tabəl]
usado (adj)	brukt	['brʉkt]

147. Carros. Carroçaria

capô (m)	panser (n)	['pansər]
para-choque (m)	skjerm (m)	['ʂærm]
teto (m)	tak (n)	['tak]
para-brisa (m)	frontrute (m/f)	['frɔnt‚rʉtə]
retrovisor (m)	bakspeil (n)	['bak‚spæjl]
esguicho (m)	vindusspyler (m)	['vindʉs‚spylər]
limpadores (m) de para-brisas	viskerblader (n pl)	['viskəblɑər]
vidro (m) lateral	siderute (m/f)	['sidə‚rʉtə]
elevador (m) do vidro	vindusheis (m)	['vindʉs‚hæjs]
antena (f)	antenne (m)	[an'tɛnə]
teto (m) solar	takluke (m/f), soltak (n)	['tak‚lʉkə], ['sʊl‚tak]
para-choque (m)	støtfanger (m)	['støt‚faŋər]
porta-malas (f)	bagasjerom (n)	[ba'gaʂə‚rʊm]
bagageira (f)	takgrind (m/f)	['tak‚grin]
porta (f)	dør (m/f)	['dœr]
maçaneta (f)	dørhåndtak (n)	['dœr‚hɔntak]
fechadura (f)	dørlås (m/n)	['dœr‚lɔs]
placa (f)	nummerskilt (n)	['nʉmər‚ʂilt]
silenciador (m)	lyddemper (m)	['lyd‚dɛmpər]

tanque (m) de gasolina	bensintank (m)	[bɛn'sin,tank]
tubo (m) de exaustão	eksosrør (n)	['ɛksʊs,rør]
acelerador (m)	gass (m)	['gas]
pedal (m)	pedal (m)	[pe'dal]
pedal (m) do acelerador	gasspedal (m)	['gas pe'dal]
freio (m)	brems (m)	['brɛms]
pedal (m) do freio	bremsepedal (m)	['brɛmsə pe'dal]
frear (vt)	å bremse	[ɔ 'brɛmsə]
freio (m) de mão	håndbrekk (n)	['hɔn,brɛk]
embreagem (f)	koppling (m)	['kɔpliŋ]
pedal (m) da embreagem	kopplingspedal (m)	['kɔpliŋs pe'dal]
disco (m) de embreagem	koplingsskive (m/f)	['kɔpliŋs,ʂive]
amortecedor (m)	støtdemper (m)	['støt,dɛmpər]
roda (f)	hjul (n)	['jʉl]
pneu (m) estepe	reservehjul (n)	[re'sɛrvə jʉl]
pneu (m)	dekk (n)	['dɛk]
calota (f)	hjulkapsel (m)	['jʉl,kapsəl]
rodas (f pl) motrizes	drivhjul (n pl)	['driv,jʉl]
de tração dianteira	forhjulsdrevet	['fɔrjʉls,drevət]
de tração traseira	bakhjulsdrevet	['bakjʉls,drevət]
de tração às 4 rodas	firehjulsdrevet	['firəjʉls,drevət]
caixa (f) de mudanças	girkasse (m/f)	['gir,kasə]
automático (adj)	automatisk	[aʉtʊ'matisk]
mecânico (adj)	mekanisk	[me'kanisk]
alavanca (f) de câmbio	girspak (m)	['gi,spak]
farol (m)	lyskaster (m)	['lys,kastər]
faróis (m pl)	lyskastere (m pl)	['lys,kastərə]
farol (m) baixo	nærlys (n)	['nær,lys]
farol (m) alto	fjernlys (n)	['fjæːn̩,lys]
luzes (f pl) de parada	stopplys, bremselys (n)	['stɔp,lys], ['brɛmsə,lys]
luzes (f pl) de posição	parkeringslys (n)	[par'keriŋs,lys]
luzes (f pl) de emergência	varselblinklys (n)	['vaʂəl,blink lys]
faróis (m pl) de neblina	tåkelys (n)	['toːkə,lys]
pisca-pisca (m)	blinklys (n)	['blink,lys]
luz (f) de marcha ré	baklys (n)	['bak,lys]

148. Carros. Habitáculo

interior (do carro)	interiør (n), innredning (m/f)	[inter'jør], ['in,rɛdniŋ]
de couro	lær-	['lær-]
de veludo	velur	[ve'lʉr]
estofamento (m)	trekk (n)	['trɛk]
indicador (m)	instrument (n)	[instrʉ'mɛnt]
painel (m)	dashbord (n)	['daʂbɔːd]

velocímetro (m)	**speedometer** (n)	[spidʉ'metər]
ponteiro (m)	**viser** (m)	['visər]
hodômetro, odômetro (m)	**kilometerteller** (m)	[çilu'metər͵tɛlər]
indicador (m)	**indikator** (m)	[indi'katʉr]
nível (m)	**nivå** (n)	[ni'vo]
luz (f) de aviso	**varsellampe** (m/f)	['vaşəl͵lampə]
volante (m)	**ratt** (n)	['rat]
buzina (f)	**horn** (n)	['hʉːɳ]
botão (m)	**knapp** (m)	['knap]
interruptor (m)	**bryter** (m)	['brytər]
assento (m)	**sete** (n)	['setə]
costas (f pl) do assento	**seterygg** (m)	['setə͵rʏg]
cabeceira (f)	**nakkestøtte** (m/f)	['nakə͵stœtə]
cinto (m) de segurança	**sikkerhetsbelte** (m)	['sikərhɛts͵bɛltə]
apertar o cinto	**å spenne**	[ɔ 'spɛnə
	fast sikkerhetsbeltet	fast 'sikərhets͵bɛltə]
ajuste (m)	**justering** (m/f)	[jʉ'steriŋ]
airbag (m)	**kollisjonspute** (m/f)	['kʉlişʉns͵pʉtə]
ar (m) condicionado	**klimaanlegg** (n)	['klima'an͵leg]
rádio (m)	**radio** (m)	['radiʉ]
leitor (m) de CD	**CD-spiller** (m)	['sɛdɛ ͵spilər]
ligar (vt)	**å slå på**	[ɔ 'şlɔ pɔ]
antena (f)	**antenne** (m)	[an'tɛnə]
porta-luvas (m)	**hanskerom** (n)	['hanskə͵rʉm]
cinzeiro (m)	**askebeger** (n)	['askə͵begər]

149. Carros. Motor

motor (m)	**motor** (m)	['mɔtʉr]
a diesel	**diesel-**	['disəl-]
a gasolina	**bensin-**	[bɛn'sin-]
cilindrada (f)	**motorvolum** (n)	['mɔtʉr vɔ'lʉm]
potência (f)	**styrke** (m)	['styrkə]
cavalo (m) de potência	**hestekraft** (m/f)	['hɛstə͵kraft]
pistão (m)	**stempel** (n)	['stɛmpəl]
cilindro (m)	**sylinder** (m)	[sy'lindər]
válvula (f)	**ventil** (m)	[vɛn'til]
injetor (m)	**injektor** (m)	[i'njɛktʉr]
gerador (m)	**generator** (m)	[gene'ratʉr]
carburador (m)	**forgasser** (m)	[fɔr'gasər]
óleo (m) de motor	**motorolje** (m)	['mɔtʉr͵ɔljə]
radiador (m)	**radiator** (m)	[radi'atʉr]
líquido (m) de arrefecimento	**kjølevæske** (m/f)	['çœlə͵væskə]
ventilador (m)	**vifte** (m/f)	['viftə]
bateria (f)	**batteri** (n)	[batɛ'ri]
dispositivo (m) de arranque	**starter** (m)	['stɑːʈər]

| ignição (f) | tenning (m/f) | ['tɛniŋ] |
| vela (f) de ignição | tennplugg (m) | ['tɛnˌplʉg] |

terminal (m)	klemme (m/f)	['klemə]
terminal (m) positivo	plussklemme (m/f)	['plʉsˌklemə]
terminal (m) negativo	minusklemme (m/f)	['minʉsˌklemə]
fusível (m)	sikring (m)	['sikriŋ]

filtro (m) de ar	luftfilter (n)	['lʉftˌfiltər]
filtro (m) de óleo	oljefilter (n)	['ɔljəˌfiltər]
filtro (m) de combustível	brenselsfilter (n)	['brɛnsəlsˌfiltər]

150. Carros. Batidas. Reparação

acidente (m) de carro	bilulykke (m/f)	['bil ʉ'lʏkə]
acidente (m) rodoviário	trafikkulykke (m/f)	[tra'fik ʉ'lʏkə]
bater (~ num muro)	å kjøre inn i ...	[ɔ 'çœːrə in i ...]
sofrer um acidente	å havarere	[ɔ hava'rerə]
dano (m)	skade (m)	['skadə]
intato	uskadd	['ʉˌskad]

pane (f)	havari (n)	[hava'ri]
avariar (vi)	å bryte sammen	[ɔ 'brytə 'samən]
cabo (m) de reboque	slepetau (n)	['ʂlepəˌtaʉ]

furo (m)	punktering (m)	[pʉn'teriŋ]
estar furado	å være punktert	[ɔ 'værə pʉnk'tɛːt]
encher (vt)	å pumpe opp	[ɔ 'pʉmpə ɔp]
pressão (f)	trykk (n)	['trʏk]
verificar (vt)	å sjekke	[ɔ 'ʂɛkə]

reparo (m)	reparasjon (m)	[repara'ʂun]
oficina (f) automotiva	bilverksted (n)	['bil 'værkˌsted]
peça (f) de reposição	reservedel (m)	[re'sɛrvəˌdel]
peça (f)	del (m)	['del]

parafuso (com porca)	bolt (m)	['bɔlt]
parafuso (m)	skrue (m)	['skrʉə]
porca (f)	mutter (m)	['mʉtər]
arruela (f)	skive (m/f)	['ʂivə]
rolamento (m)	lager (n)	['lagər]

tubo (m)	rør (m)	['rør]
junta, gaxeta (f)	pakning (m/f)	['pakniŋ]
fio, cabo (m)	ledning (m)	['ledniŋ]

macaco (m)	jekk (m), donkraft (m/f)	['jɛk], ['dɔnˌkraft]
chave (f) de boca	skrunøkkel (m)	['skrʉˌnøkəl]
martelo (m)	hammer (m)	['hamər]
bomba (f)	pumpe (m/f)	['pʉmpə]
chave (f) de fenda	skrutrekker (m)	['skrʉˌtrekər]

| extintor (m) | brannslukker (n) | ['branˌʂlʉkər] |
| triângulo (m) de emergência | varseltrekant (m) | ['vaʂəl 'trɛˌkant] |

morrer (motor)	å skjære	[ɔ 'ʂæːrə]
paragem, "morte" (f)	stans (m), stopp (m/n)	['stans], ['stɔp]
estar quebrado	å være ødelagt	[ɔ 'væːrə 'ødəˌlakt]
superaquecer-se (vr)	å bli overopphetet	[ɔ 'bli 'ɔvərɔpˌhetət]
entupir-se (vr)	å bli tilstoppet	[ɔ 'bli til'stɔpət]
congelar-se (vr)	å fryse	[ɔ 'frysə]
rebentar (vi)	å sprekke, å briste	[ɔ 'sprɛkə], [ɔ 'bristə]
pressão (f)	trykk (n)	['trʏk]
nível (m)	nivå (n)	[ni'vo]
frouxo (adj)	slakk	['ʂlak]
batida (f)	bulk (m)	['bʉlk]
ruído (m)	bankelyd (m), dunk (m/n)	['bankəˌlyd], ['dʉnk]
fissura (f)	sprekk (m)	['sprɛk]
arranhão (m)	ripe (m/f)	['ripə]

151. Carros. Estrada

estrada (f)	vei (m)	['væj]
autoestrada (f)	hovedvei (m)	['hʉvədˌvæj]
rodovia (f)	motorvei (m)	['mɔtʉrˌvæj]
direção (f)	retning (m/f)	['rɛtniŋ]
distância (f)	avstand (m)	['afˌstan]
ponte (f)	bro (m/f)	['brʉ]
parque (m) de estacionamento	parkeringsplass (m)	[par'keriŋsˌplas]
praça (f)	torg (n)	['tɔr]
nó (m) rodoviário	trafikkmaskin (m)	[tra'fik maˌsin]
túnel (m)	tunnel (m)	['tʉnəl]
posto (m) de gasolina	bensinstasjon (m)	[bɛn'sinˌsta'ʂʉn]
parque (m) de estacionamento	parkeringsplass (m)	[par'keriŋsˌplas]
bomba (f) de gasolina	bensinpumpe (m/f)	[bɛn'sinˌpʉmpə]
oficina (f) automotiva	bilverksted (n)	['bil 'værkˌsted]
abastecer (vt)	å tanke opp	[ɔ 'tankə ɔp]
combustível (m)	brensel (n)	['brɛnsəl]
galão (m) de gasolina	bensinkanne (m/f)	[bɛn'sinˌkanə]
asfalto (m)	asfalt (m)	['asˌfalt]
marcação (f) de estradas	vegoppmerking (m/f)	['veg 'ɔpˌmærkiŋ]
meio-fio (m)	fortauskant (m)	['fɔːtaʊsˌkant]
guard-rail (m)	autovern, veirekkverk (n)	['aʊtɔˌvæːŋ], ['væjˌrekværk]
valeta (f)	veigrøft (m/f)	['væjˌgrœft]
acostamento (m)	veikant (m)	['væjˌkant]
poste (m) de luz	lyktestolpe (m)	['lʏktəˌstɔlpə]
dirigir (vt)	å kjøre	[ɔ 'çœːrə]
virar (~ para a direita)	å svinge	[ɔ 'sviŋə]
dar retorno	å ta en U-sving	[ɔ 'ta en 'ʉː'sviŋ]
ré (f)	revers (m)	[re'væʂ]
buzinar (vi)	å tute	[ɔ 'tʉtə]
buzina (f)	tut (n)	['tʉt]

atolar-se (vr)	**å kjøre seg fast**	[ɔ 'çœːrə sæj 'fast]
patinar (na lama)	**å spinne**	[ɔ 'spinə]
desligar (vt)	**å stanse**	[ɔ 'stansə]

velocidade (f)	**hastighet** (m/f)	['hastiˌhet]
exceder a velocidade	**å overskride fartsgrensen**	[ɔ 'ɔvəˌskridə 'faːʦˌgrɛnsən]
multar (vt)	**å gi bot**	[ɔ 'ji 'bʊt]
semáforo (m)	**trafikklys** (n)	[tra'fikˌlys]
carteira (f) de motorista	**førerkort** (n)	['førərˌkɔːt]

passagem (f) de nível	**planovergang** (m)	['plan 'ɔvərˌgaŋ]
cruzamento (m)	**veikryss** (n)	['væjkrʏs]
faixa (f)	**fotgjengerovergang** (m)	['fʊtˌjɛŋər 'ɔvərˌgaŋ]
curva (f)	**kurve** (m)	['kʉrvə]
zona (f) de pedestres	**gågate** (m/f)	['goːˌgatə]

PESSOAS. EVENTOS

Eventos

152. Férias. Evento

festa (f)	fest (m)	['fɛst]
feriado (m) nacional	nasjonaldag (m)	[naʂʉ'nɑlˌdɑ]
feriado (m)	festdag (m)	['fɛstˌdɑ]
festejar (vt)	å feire	[ɔ 'fæjrə]
evento (festa, etc.)	begivenhet (m/f)	[be'jivenˌhet]
evento (banquete, etc.)	evenement (n)	[ɛvenə'mɑn]
banquete (m)	bankett (m)	[bɑn'kɛt]
recepção (f)	resepsjon (m)	[resɛp'ʂʉn]
festim (m)	fest (n)	['fɛst]
aniversário (m)	årsdag (m)	['oːʂˌdɑ]
jubileu (m)	jubileum (n)	[jʉbi'leʉm]
celebrar (vt)	å feire	[ɔ 'fæjrə]
Ano (m) Novo	nytt år (n)	['nʏt ˌoːr]
Feliz Ano Novo!	Godt nytt år!	['gɔt nʏt ˌoːr]
Papai Noel (m)	Julenissen	['jʉləˌnisən]
Natal (m)	Jul (m/f)	['jʉl]
Feliz Natal!	Gledelig jul!	['gledəli 'jʉl]
árvore (f) de Natal	juletre (n)	['jʉləˌtrɛ]
fogos (m pl) de artifício	fyrverkeri (n)	[ˌfyrværkə'ri]
casamento (m)	bryllup (n)	['brʏlʉp]
noivo (m)	brudgom (m)	['brʉdˌgɔm]
noiva (f)	brud (m/f)	['brʉd]
convidar (vt)	å innby, å invitere	[ɔ 'inby], [ɔ invi'terə]
convite (m)	innbydelse (m)	[in'bydəlse]
convidado (m)	gjest (m)	['jɛst]
visitar (vt)	å besøke	[ɔ be'søkə]
receber os convidados	å hilse på gjestene	[ɔ 'hilsə pɔ 'jɛstenə]
presente (m)	gave (m/f)	['gɑvə]
oferecer, dar (vt)	å gi	[ɔ 'ji]
receber presentes	å få gaver	[ɔ 'fɔ 'gɑvər]
buquê (m) de flores	bukett (m)	[bʉ'kɛt]
felicitações (f pl)	lykkønskning (m/f)	['lʏkˌønsknin]
felicitar (vt)	å gratulere	[ɔ grɑtʉ'lerə]
cartão (m) de parabéns	gratulasjonskort (n)	[grɑtʉla'ʂʉnsˌkɔːt]

enviar um cartão postal	å sende postkort	[ɔ 'sɛnə 'pɔst̩kɔːt]
receber um cartão postal	å få postkort	[ɔ 'fɔ 'pɔst̩kɔːt]

brinde (m)	skål (m/f)	['skɔl]
oferecer (vt)	å tilby	[ɔ 'tilby]
champanhe (m)	champagne (m)	[ʂɑm'pɑnjə]

divertir-se (vr)	å more seg	[ɔ 'mʊrə sæj]
diversão (f)	munterhet (m)	['mʉntər̩het]
alegria (f)	glede (m/f)	['glede]

dança (f)	dans (m)	['dɑns]
dançar (vi)	å danse	[ɔ 'dɑnsə]

valsa (f)	vals (m)	['vɑls]
tango (m)	tango (m)	['tɑŋgʊ]

153. Funerais. Enterro

cemitério (m)	gravplass, kirkegård (m)	['grɑv̩plɑs], ['çirkə̩gɔːr]
sepultura (f), túmulo (m)	grav (m)	['grɑv]
cruz (f)	kors (n)	['kɔːʂ]
lápide (f)	gravstein (m)	['grɑf̩stæjn]
cerca (f)	gjerde (n)	['jærə]
capela (f)	kapell (n)	[kɑ'pɛl]

morte (f)	død (m)	['dø]
morrer (vi)	å dø	[ɔ 'dø]
defunto (m)	den avdøde	[den 'ɑv̩dødə]
luto (m)	sorg (m/f)	['sɔr]

enterrar, sepultar (vt)	å begrave	[ɔ be'grɑvə]
funerária (f)	begravelsesbyrå (n)	[be'grɑvəlsəs by̩ro]
funeral (m)	begravelse (m)	[be'grɑvəlsə]

coroa (f) de flores	krans (m)	['krɑns]
caixão (m)	likkiste (m/f)	['lik̩çistə]
carro (m) funerário	likbil (m)	['lik̩bil]
mortalha (f)	likklede (n)	['lik̩kledə]

procissão (f) funerária	gravfølge (n)	['grɑv̩følgə]
urna (f) funerária	askeurne (m/f)	['ɑskə̩ʉːnə]
crematório (m)	krematorium (n)	[krɛmɑ'tʊrium]

obituário (m), necrologia (f)	nekrolog (m)	[nekrʊ'lɔg]
chorar (vi)	å gråte	[ɔ 'groːtə]
soluçar (vi)	å hulke	[ɔ 'hʉlkə]

154. Guerra. Soldados

pelotão (m)	tropp (m)	['trɔp]
companhia (f)	kompani (n)	[kʊmpɑ'ni]

regimento (m)	**regiment** (n)	[rɛgi'mɛnt]
exército (m)	**hær** (m)	['hær]
divisão (f)	**divisjon** (m)	[divi'ʂʊn]

esquadrão (m)	**tropp** (m)	['trɔp]
hoste (f)	**hær** (m)	['hær]

soldado (m)	**soldat** (m)	[sʊl'dɑt]
oficial (m)	**offiser** (m)	[ɔfi'sɛr]

soldado (m) raso	**menig** (m)	['meni]
sargento (m)	**sersjant** (m)	[sær'ʂɑnt]
tenente (m)	**løytnant** (m)	['løjt,nɑnt]
capitão (m)	**kaptein** (m)	[kɑp'tæjn]
major (m)	**major** (m)	[mɑ'jɔr]
coronel (m)	**oberst** (m)	['ʊbɛʂt]
general (m)	**general** (m)	[gene'rɑl]

marujo (m)	**sjømann** (m)	['ʂø,mɑn]
capitão (m)	**kaptein** (m)	[kɑp'tæjn]
contramestre (m)	**båtsmann** (m)	['bɔs,mɑn]

artilheiro (m)	**artillerist** (m)	[,ɑ:ʈile'rist]
soldado (m) paraquedista	**fallskjermjeger** (m)	['fɑl,særm 'jɛ:gər]
piloto (m)	**flyger, flyver** (m)	['flygər], ['flyvər]
navegador (m)	**styrmann** (m)	['styr,mɑn]
mecânico (m)	**mekaniker** (m)	[me'kɑnikər]

sapador-mineiro (m)	**pioner** (m)	[piʊ'ner]
paraquedista (m)	**fallskjermhopper** (m)	['fɑl,særm 'hɔpər]
explorador (m)	**oppklaringssoldat** (m)	['ɔp,klɑriŋ sʊl'dɑt]
atirador (m) de tocaia	**skarpskytte** (m)	['skɑrp,ʂʏtə]

patrulha (f)	**patrulje** (m)	[pɑ'trʉlje]
patrulhar (vt)	**å patruljere**	[ɔ patrʉ'ljerə]
sentinela (f)	**vakt** (m)	['vɑkt]

guerreiro (m)	**kriger** (m)	['krigər]
patriota (m)	**patriot** (m)	[pɑtri'ɔt]

herói (m)	**helt** (m)	['hɛlt]
heroína (f)	**heltinne** (m)	['hɛlt,inə]

traidor (m)	**forræder** (m)	[fɔ'rædər]
trair (vt)	**å forråde**	[ɔ fɔ'rɔ:də]

desertor (m)	**desertør** (m)	[desæː'tør]
desertar (vt)	**å desertere**	[ɔ desæː'ʈerə]

mercenário (m)	**leiesoldat** (m)	['læjəsʊl,dɑt]
recruta (m)	**rekrutt** (m)	[re'krʉt]
voluntário (m)	**frivillig** (m)	['fri,vili]

morto (m)	**drept** (m)	['drɛpt]
ferido (m)	**såret** (m)	['soːrə]
prisioneiro (m) de guerra	**fange** (m)	['faŋə]

155. Guerra. Ações militares. Parte 1

guerra (f)	krig (m)	['krig]
guerrear (vt)	å være i krig	[ɔ 'væːrə i ˌkrig]
guerra (f) civil	borgerkrig (m)	['bɔrgərˌkrig]

perfidamente	lumsk, forræderisk	['lʉmsk], [fɔ'rædərisk]
declaração (f) de guerra	krigserklæring (m)	['krigs ærˌklæriŋ]
declarar guerra	å erklære	[ɔ ær'klæːrə]
agressão (f)	aggresjon (m)	[agre'ʂʉn]
atacar (vt)	å angripe	[ɔ 'anˌgripə]

invadir (vt)	å invadere	[ɔ inva'deːrə]
invasor (m)	angriper (m)	['anˌgripər]
conquistador (m)	erobrer (m)	[ɛ'rʉbrər]

defesa (f)	forsvar (n)	['fʉˌsvar]
defender (vt)	å forsvare	[ɔ fɔ'ʂvarə]
defender-se (vr)	å forsvare seg	[ɔ fɔ'ʂvarə sæj]

inimigo (m)	fiende (m)	['fiɛndə]
adversário (m)	motstander (m)	['mʉtˌstanər]
inimigo (adj)	fiendtlig	['fjɛntli]

estratégia (f)	strategi (m)	[strate'gi]
tática (f)	taktikk (m)	[tak'tik]

ordem (f)	ordre (m)	['ɔrdrə]
comando (m)	ordre, kommando (m/f)	['ɔrdrə], ['kʉ'mandʉ]
ordenar (vt)	å beordre	[ɔ be'ɔrdrə]
missão (f)	oppdrag (m)	['ɔpdrag]
secreto (adj)	hemmelig	['hɛməli]

batalha (f), combate (m)	slag (n)	['ʂlag]
batalha (f)	batalje (m)	[ba'taljə]
combate (m)	kamp (m)	['kamp]

ataque (m)	angrep (n)	['anˌgrɛp]
assalto (m)	storm (m)	['stɔrm]
assaltar (vt)	å storme	[ɔ 'stɔrmə]
assédio, sítio (m)	beleiring (m/f)	[be'læjriŋ]

ofensiva (f)	offensiv (m), angrep (n)	['ɔfenˌsif], ['anˌgrɛp]
tomar à ofensiva	å angripe	[ɔ 'anˌgripə]

retirada (f)	retrett (m)	[rɛ'trɛt]
retirar-se (vr)	å retirere	[ɔ reti'rerə]

cerco (m)	omringing (m/f)	['ɔmˌriŋiŋ]
cercar (vt)	å omringe	[ɔ 'ɔmˌriŋə]

bombardeio (m)	bombing (m/f)	['bʉmbiŋ]
lançar uma bomba	å slippe bombe	[ɔ 'ʂlipə 'bʉmbə]
bombardear (vt)	å bombardere	[ɔ bʉmbaː'derə]
explosão (f)	eksplosjon (m)	[ɛksplʉ'ʂʉn]

tiro (m)	skudd (n)	['skʉd]
dar um tiro	å skyte av	[ɔ 'şytə ɑ:]
tiroteio (m)	skytning (m/f)	['şytniŋ]

apontar para ...	å sikte på ...	[ɔ 'siktə pɔ ...]
apontar (vt)	å rette	[ɔ 'rɛtə]
acertar (vt)	å treffe	[ɔ 'trɛfə]

afundar (~ um navio, etc.)	å senke	[ɔ 'sɛnkə]
brecha (f)	hull (n)	['hʉl]
afundar-se (vr)	å synke	[ɔ 'sʏnkə]

frente (m)	front (m)	['frɔnt]
evacuação (f)	evakuering (m/f)	[ɛvakʉ'eriŋ]
evacuar (vt)	å evakuere	[ɔ ɛvakʉ'erə]

trincheira (f)	skyttergrav (m)	['şytə‚grɑv]
arame (m) enfarpado	piggtråd (m)	['pig‚trɔd]
barreira (f) anti-tanque	hinder (n), sperring (m/f)	['hindər], ['spɛriŋ]
torre (f) de vigia	vakttårn (n)	['vɑkt‚tɔ:ɳ]

hospital (m) militar	militærsykehus (n)	[mili'tær‚sykə'hʉs]
ferir (vt)	å såre	[ɔ 'so:rə]
ferida (f)	sår (n)	['sɔr]
ferido (m)	såret (n)	['so:rə]
ficar ferido	å bli såret	[ɔ 'bli 'so:rət]
grave (ferida ~)	alvorlig	[al'vɔ:[i]

156. Armas

arma (f)	våpen (n)	['vɔpən]
arma (f) de fogo	skytevåpen (n)	['şytə‚vɔpən]
arma (f) branca	blankvåpen (n)	['blɑnk‚vɔpən]

arma (f) química	kjemisk våpen (n)	['çemisk ‚vɔpən]
nuclear (adj)	kjerne-	['çæ:ŋə-]
arma (f) nuclear	kjernevåpen (n)	['çæ:ŋə‚vɔpən]

| bomba (f) | bombe (m) | ['bʉmbə] |
| bomba (f) atômica | atombombe (m) | [a'tʉm‚bʉmbə] |

pistola (f)	pistol (m)	[pi'stʉl]
rifle (m)	gevær (n)	[ge'vær]
semi-automática (f)	maskinpistol (m)	[ma'şin pi‚stʉl]
metralhadora (f)	maskingevær (n)	[ma'şin ge‚vær]

boca (f)	munning (m)	['mʉniŋ]
cano (m)	løp (n)	['løp]
calibre (m)	kaliber (m/n)	[ka'libər]

gatilho (m)	avtrekker (m)	['ɑv‚trɛkər]
mira (f)	sikte (n)	['siktə]
carregador (m)	magasin (n)	[mɑgɑ'sin]
coronha (f)	kolbe (m)	['kɔlbə]

| granada (f) de mão | håndgranat (m) | ['hɔn‚gra'nat] |
| explosivo (m) | sprengstoff (n) | ['sprɛŋ‚stɔf] |

bala (f)	kule (m/f)	['kʉ:lə]
cartucho (m)	patron (m)	[pa'trʊn]
carga (f)	ladning (m)	['ladniŋ]
munições (f pl)	ammunisjon (m)	[amʉni'ʂʊn]

bombardeiro (m)	bombefly (n)	['bʉmbə‚fly]
avião (m) de caça	jagerfly (n)	['jagər‚fly]
helicóptero (m)	helikopter (n)	[heli'kɔptər]

canhão (m) antiaéreo	luftvernkanon (m)	['lʉftvɛ:ɳ ka'nʊn]
tanque (m)	stridsvogn (m/f)	['strids‚vɔŋn]
canhão (de um tanque)	kanon (m)	[ka'nʊn]

artilharia (f)	artilleri (n)	[‚a:ʈile'ri]
canhão (m)	kanon (m)	[ka'nʊn]
fazer a pontaria	å rette	[ɔ 'rɛtə]

projétil (m)	projektil (m)	[prʊek'til]
granada (f) de morteiro	granat (m/f)	[gra'nat]
morteiro (m)	granatkaster (m)	[gra'nat‚kastər]
estilhaço (m)	splint (m)	['splint]

submarino (m)	ubåt (m)	['ʉ:‚bɔt]
torpedo (m)	torpedo (m)	[tʊr'pedʊ]
míssil (m)	rakett (m)	[ra'kɛt]

carregar (uma arma)	å lade	[ɔ 'ladə]
disparar, atirar (vi)	å skyte	[ɔ 'ʂytə]
apontar para ...	å sikte på ...	[ɔ 'siktə pɔ ...]
baioneta (f)	bajonett (m)	[bajo'nɛt]

espada (f)	kårde (m)	['ko:rdə]
sabre (m)	sabel (m)	['sabəl]
lança (f)	spyd (n)	['spyd]
arco (m)	bue (m)	['bʉ:ə]
flecha (f)	pil (m/f)	['pil]
mosquete (m)	muskett (m)	[mʉ'skɛt]
besta (f)	armbrøst (m)	['arm‚brøst]

157. Povos da antiguidade

primitivo (adj)	ur-	['ʉr-]
pré-histórico (adj)	forhistorisk	['fɔrhi‚stʉrisk]
antigo (adj)	oldtidens, antikkens	['ɔl‚tidəns], [an'tikəns]

Idade (f) da Pedra	Steinalderen	['stæjn‚alderən]
Idade (f) do Bronze	bronsealder (m)	['brɔnsə‚aldər]
Era (f) do Gelo	istid (m/f)	['is‚tid]

| tribo (f) | stamme (m) | ['stamə] |
| canibal (m) | kannibal (m) | [kani'bal] |

caçador (m)	**jeger** (m)	['jɛːgər]
caçar (vi)	**å jage**	[ɔ 'jagə]
mamute (m)	**mammut** (m)	['mamʉt]

caverna (f)	**grotte** (m/f)	['grɔtə]
fogo (m)	**ild** (m)	['il]
fogueira (f)	**bål** (n)	['bɔl]
pintura (f) rupestre	**helleristning** (m/f)	['hɛlə‚ristniŋ]

ferramenta (f)	**redskap** (m/n)	['rɛd‚skap]
lança (f)	**spyd** (n)	['spyd]
machado (m) de pedra	**steinøks** (m/f)	['stæjn‚øks]
guerrear (vt)	**å være i krig**	[ɔ 'værə i ‚krig]
domesticar (vt)	**å temme**	[ɔ 'tɛmə]

ídolo (m)	**idol** (n)	[i'dʉl]
adorar, venerar (vt)	**å dyrke**	[ɔ 'dyrkə]
superstição (f)	**overtro** (m)	['ɔvə‚trʉ]
ritual (m)	**ritual** (n)	[ritʉ'al]

evolução (f)	**evolusjon** (m)	[ɛvɔlʉ'ʂʊn]
desenvolvimento (m)	**utvikling** (m/f)	['ʉt‚vikliŋ]
extinção (f)	**forsvinning** (m/f)	[fɔ'ʂviniŋ]
adaptar-se (vr)	**å tilpasse seg**	[ɔ 'til‚pasə sæj]

arqueologia (f)	**arkeologi** (m)	[‚arkeʊlʉ'gi]
arqueólogo (m)	**arkeolog** (m)	[‚arkeʊ'lɔg]
arqueológico (adj)	**arkeologisk**	[‚arkeʊ'lɔgisk]

escavação (sítio)	**utgravingssted** (n)	['ʉt‚graviŋs ‚sted]
escavações (f pl)	**utgravinger** (m/f pl)	['ʉt‚graviŋər]
achado (m)	**funn** (n)	['fʉn]
fragmento (m)	**fragment** (n)	[frag'mɛnt]

158. Idade média

povo (m)	**folk** (n)	['fɔlk]
povos (m pl)	**folk** (n pl)	['fɔlk]
tribo (f)	**stamme** (m)	['stamə]
tribos (f pl)	**stammer** (m pl)	['stamər]

bárbaros (pl)	**barbarer** (m pl)	[bar'barər]
galeses (pl)	**gallere** (m pl)	['galere]
godos (pl)	**gotere** (m pl)	['gɔterə]
eslavos (pl)	**slavere** (m pl)	['slavərə]
viquingues (pl)	**vikinger** (m pl)	['vikiŋər]

romanos (pl)	**romere** (m pl)	['rʊmerə]
romano (adj)	**romersk**	['rʊmæʂk]

bizantinos (pl)	**bysantiner** (m pl)	[bysan'tinər]
Bizâncio	**Bysants**	[by'sants]
bizantino (adj)	**bysantinsk**	[bysan'tinsk]
imperador (m)	**keiser** (m)	['kæjsər]

líder (m)	høvding (m)	['høvdiŋ]
poderoso (adj)	mektig	['mɛkti]
rei (m)	konge (m)	['kʊŋə]
governante (m)	hersker (m)	['hæʂkər]

cavaleiro (m)	ridder (m)	['ridər]
senhor feudal (m)	føydalherre (m)	['føjdɑl,hɛrə]
feudal (adj)	føydal	['føjdɑl]
vassalo (m)	vasall (m)	[vɑ'sɑl]

duque (m)	hertug (m)	['hæːʈʊg]
conde (m)	greve (m)	['grevə]
barão (m)	baron (m)	[bɑ'rʊn]
bispo (m)	biskop (m)	['biskɔp]

armadura (f)	rustning (m/f)	['rʉstniŋ]
escudo (m)	skjold (n)	['ʂɔl]
espada (f)	sverd (n)	['sværd]
viseira (f)	visir (n)	[vi'sir]
cota (f) de malha	ringbrynje (m/f)	['riŋ,brynje]

cruzada (f)	korstog (n)	['kɔːʂ,tɔg]
cruzado (m)	korsfarer (m)	['kɔːʂ,fɑrər]

território (m)	territorium (n)	[tɛri'tʊrium]
atacar (vt)	å angripe	[ɔ 'ɑn,gripə]
conquistar (vt)	å erobre	[ɔ ɛ'rʊbrə]
ocupar, invadir (vt)	å okkupere	[ɔ ɔkʉ'perə]

assédio, sítio (m)	beleiring (m/f)	[be'læjriŋ]
sitiado (adj)	beleiret	[be'læjrət]
assediar, sitiar (vt)	å beleire	[ɔ be'læjre]

inquisição (f)	inkvisisjon (m)	[inkvisi'ʂʊn]
inquisidor (m)	inkvisitor (m)	[inkvi'sitʊr]
tortura (f)	tortur (m)	[tɔː'ʈʉr]
cruel (adj)	brutal	[brʉ'tɑl]
herege (m)	kjetter (m)	['çɛtər]
heresia (f)	kjetteri (n)	[çɛtə'ri]

navegação (f) marítima	sjøfart (m)	['sø,fɑːʈ]
pirata (m)	pirat, sjørøver (m)	['pi'rɑt], ['ʂø,røvər]
pirataria (f)	sjørøveri (n)	['ʂø røvɛ'ri]
abordagem (f)	entring (m/f)	['ɛntriŋ]

presa (f), butim (m)	bytte (n)	['bʏtə]
tesouros (m pl)	skatter (m pl)	['skatər]

descobrimento (m)	oppdagelse (m)	['ɔp,dagəlsə]
descobrir (novas terras)	å oppdage	[ɔ 'ɔp,dagə]
expedição (f)	ekspedisjon (m)	[ɛkspedi'ʂʊn]

mosqueteiro (m)	musketer (m)	[mʉskə'ter]
cardeal (m)	kardinal (m)	[ka:ɖi'nɑl]
heráldica (f)	heraldikk (m)	[heral'dik]
heráldico (adj)	heraldisk	[he'raldisk]

159. Líder. Chefe. Autoridades

rei (m)	konge (m)	['kʊŋə]
rainha (f)	dronning (m/f)	['drɔniŋ]
real (adj)	kongelig	['kʊŋəli]
reino (m)	kongerike (n)	['kʊŋəˌrikə]
príncipe (m)	prins (m)	['prins]
princesa (f)	prinsesse (m/f)	[prin'sɛsə]
presidente (m)	president (m)	[prɛsi'dɛnt]
vice-presidente (m)	visepresident (m)	['visə prɛsi'dɛnt]
senador (m)	senator (m)	[se'natʊr]
monarca (m)	monark (m)	[mʊ'nɑrk]
governante (m)	hersker (m)	['hæʂkər]
ditador (m)	diktator (m)	[dik'tatʊr]
tirano (m)	tyrann (m)	[ty'rɑn]
magnata (m)	magnat (m)	[mɑŋ'nɑt]
diretor (m)	direktør (m)	[dirɛk'tør]
chefe (m)	sjef (m)	['ʂɛf]
gerente (m)	forstander (m)	[fɔ'ʂtandər]
patrão (m)	boss (m)	['bɔs]
dono (m)	eier (m)	['æjər]
líder (m)	leder (m)	['ledər]
chefe (m)	leder (m)	['ledər]
autoridades (f pl)	myndigheter (m pl)	['mʏndiˌhetər]
superiores (m pl)	overordnede (pl)	['ɔvərˌɔrdnedə]
governador (m)	guvernør (m)	[gʉver'nør]
cônsul (m)	konsul (m)	['kʊnˌsʉl]
diplomata (m)	diplomat (m)	[diplʊ'mɑt]
Presidente (m) da Câmara	borgermester (m)	[bɔrgər'mɛstər]
xerife (m)	sheriff (m)	[ʂɛ'rif]
imperador (m)	keiser (m)	['kæjsər]
czar (m)	tsar (m)	['tsɑr]
faraó (m)	farao (m)	['fɑrɑu]
cã, khan (m)	khan (m)	['kɑn]

160. Violação da lei. Criminosos. Parte 1

bandido (m)	banditt (m)	[bɑn'dit]
crime (m)	forbrytelse (m)	[fɔr'brytəlsə]
criminoso (m)	forbryter (m)	[fɔr'brytər]
ladrão (m)	tyv (m)	['tyv]
roubar (vt)	å stjele	[ɔ 'stjelə]
raptar, sequestrar (vt)	å kidnappe	[ɔ 'kidˌnɛpə]
sequestro (m)	kidnapping (m)	['kidˌnɛpiŋ]

sequestrador (m)	kidnapper (m)	['kid,nɛpər]
resgate (m)	løsepenger (m pl)	['løsə,pɛŋər]
pedir resgate	å kreve løsepenger	[ɔ 'krevə 'løsə,pɛŋər]

roubar (vt)	å rane	[ɔ 'ranə]
assalto, roubo (m)	ran (n)	['ran]
assaltante (m)	raner (m)	['ranər]

extorquir (vt)	å presse ut	[ɔ 'prɛsə ʉt]
extorsionário (m)	utpresser (m)	['ʉt,prɛsər]
extorsão (f)	utpressing (m/f)	['ʉt,prɛsiŋ]

matar, assassinar (vt)	å myrde	[ɔ 'my:də]
homicídio (m)	mord (n)	['mʊr]
homicida, assassino (m)	morder (m)	['mʊrdər]

tiro (m)	skudd (n)	['skʉd]
dar um tiro	å skyte av	[ɔ 'ʂytə a:]
matar a tiro	å skyte ned	[ɔ 'ʂytə ne]
disparar, atirar (vi)	å skyte	[ɔ 'ʂytə]
tiroteio (m)	skyting, skytning (m/f)	['ʂytiŋ], ['ʂytniŋ]
incidente (m)	hendelse (m)	['hɛndəlsə]
briga (~ de rua)	slagsmål (n)	['ʂlaks,mol]
Socorro!	Hjelp!	['jɛlp]
vítima (f)	offer (n)	['ɔfər]

danificar (vt)	å skade	[ɔ 'skadə]
dano (m)	skade (m)	['skadə]
cadáver (m)	lik (n)	['lik]
grave (adj)	alvorlig	[al'vɔ:li]

atacar (vt)	å anfalle	[ɔ 'an,falə]
bater (espancar)	å slå	[ɔ 'ʂlo]
espancar (vt)	å klå opp	[ɔ 'klɔ ɔp]
tirar, roubar (dinheiro)	å berøve	[ɔ be'røvə]
esfaquear (vt)	å stikke i hjel	[ɔ 'stikə i 'jel]
mutilar (vt)	å lemleste	[ɔ 'lem,lestə]
ferir (vt)	å såre	[ɔ 'so:rə]

chantagem (f)	utpressing (m/f)	['ʉt,prɛsiŋ]
chantagear (vt)	å utpresse	[ɔ 'ʉt,prɛsə]
chantagista (m)	utpresser (m)	['ʉt,prɛsər]

extorsão (f)	utpressing (m/f)	['ʉt,prɛsiŋ]
extorsionário (m)	utpresser (m)	['ʉt,prɛsər]
gângster (m)	gangster (m)	['gɛŋstər]
máfia (f)	mafia (m)	['mafia]

punguista (m)	lommetyv (m)	['lʊmə,tyv]
assaltante, ladrão (m)	innbruddstyv (m)	['inbrʉds,tyv]
contrabando (m)	smugling (m/f)	['smʉgliŋ]
contrabandista (m)	smugler (m)	['smʉglər]

falsificação (f)	forfalskning (m/f)	[for'falskniŋ]
falsificar (vt)	å forfalske	[ɔ for'falskə]
falsificado (adj)	falsk	['falsk]

161. Violação da lei. Criminosos. Parte 2

estupro (m)	voldtekt (m)	['vɔlˌtɛkt]
estuprar (vt)	å voldta	[ɔ 'vɔlˌta]
estuprador (m)	voldtektsmann (m)	['vɔlˌtɛkts man]
maníaco (m)	maniker (m)	['manikər]
prostituta (f)	prostituert (m)	[prʊstitʉ'eːt]
prostituição (f)	prostitusjon (m)	[prʊstitʉ'ʂʊn]
cafetão (m)	hallik (m)	['halik]
drogado (m)	narkoman (m)	[narkʊ'man]
traficante (m)	narkolanger (m)	['narkɔˌlaŋər]
explodir (vt)	å sprenge	[ɔ 'sprɛŋə]
explosão (f)	eksplosjon (m)	[ɛksplʊ'ʂʊn]
incendiar (vt)	å sette fyr	[ɔ 'sɛtə ˌfyr]
incendiário (m)	brannstifter (m)	['branˌstiftər]
terrorismo (m)	terrorisme (m)	[tɛrʊ'rismə]
terrorista (m)	terrorist (m)	[tɛrʊ'rist]
refém (m)	gissel (m)	['jisəl]
enganar (vt)	å bedra	[ɔ be'dra]
engano (m)	bedrag (n)	[be'drag]
vigarista (m)	bedrager, svindler (m)	[be'dragər], ['svindlər]
subornar (vt)	å bestikke	[ɔ be'stikə]
suborno (atividade)	bestikkelse (m)	[be'stikəlsə]
suborno (dinheiro)	bestikkelse (m)	[be'stikəlsə]
veneno (m)	gift (m/f)	['jift]
envenenar (vt)	å forgifte	[ɔ fɔr'jiftə]
envenenar-se (vr)	å forgifte seg selv	[ɔ fɔr'jiftə sæj sɛl]
suicídio (m)	selvmord (n)	['sɛlˌmʊr]
suicida (m)	selvmorder (m)	['sɛlˌmʊrdər]
ameaçar (vt)	å true	[ɔ 'trʉə]
ameaça (f)	trussel (m)	['trʉsəl]
atentar contra a vida de …	å begå mordforsøk	[ɔ be'gɔ 'mʊrdfɔˌsøk]
atentado (m)	mordforsøk (n)	['mʊrdfɔˌsøk]
roubar (um carro)	å stjele	[ɔ 'stjelə]
sequestrar (um avião)	å kapre	[ɔ 'kaprə]
vingança (f)	hevn (m)	['hɛvn]
vingar (vt)	å hevne	[ɔ 'hɛvnə]
torturar (vt)	å torturere	[ɔ tɔːtʉ'rerə]
tortura (f)	tortur (m)	[tɔː'tʉr]
atormentar (vt)	å plage	[ɔ 'plagə]
pirata (m)	pirat, sjørøver (m)	['pi'rat], ['ʂøˌrøvər]
desordeiro (m)	bølle (m)	['bølə]

armado (adj)	beväpnet	[be'væpnət]
violência (f)	vold (m)	['vɔl]
ilegal (adj)	illegal	['ile‚gal]

| espionagem (f) | spionasje (m) | [spiʊ'naʂə] |
| espionar (vi) | å spionere | [ɔ spiʊ'nerə] |

162. Polícia. Lei. Parte 1

| justiça (sistema de ~) | justis (m), rettspleie (m/f) | ['jʉ'stis], ['rɛts‚plæje] |
| tribunal (m) | rettssal (m) | ['rɛts‚sal] |

juiz (m)	dommer (m)	['dɔmər]
jurados (m pl)	lagrettemedlemmer (n pl)	['lag‚rɛtə medle'mer]
tribunal (m) do júri	lagrette, juryordning (m)	['lag‚rɛtə], ['jʉri‚ɔrdniŋ]
julgar (vt)	å dømme	[ɔ 'dœmə]

advogado (m)	advokat (m)	[advʊ'kat]
réu (m)	anklaget (m)	['an‚klaget]
banco (m) dos réus	anklagebenk (m)	[an'klagə‚bɛnk]

| acusação (f) | anklage (m) | ['an‚klagə] |
| acusado (m) | anklagede (m) | ['an‚klagedə] |

| sentença (f) | dom (m) | ['dɔm] |
| sentenciar (vt) | å dømme | [ɔ 'dœmə] |

culpado (m)	skyldige (m)	['syldiə]
punir (vt)	å straffe	[ɔ 'strafə]
punição (f)	straff, avstraffelse (m)	['straf], ['af‚strafəlsə]

multa (f)	bot (m/f)	['bʊt]
prisão (f) perpétua	livsvarig fengsel (n)	['lifs‚vari 'fɛŋsəl]
pena (f) de morte	dødsstraff (m/f)	['død‚straf]
cadeira (f) elétrica	elektrisk stol (m)	[ɛ'lektrisk ‚stʊl]
forca (f)	galge (m)	['galgə]

| executar (vt) | å henrette | [ɔ 'hɛn‚rɛtə] |
| execução (f) | henrettelse (m) | ['hɛn‚rɛtəlsə] |

| prisão (f) | fengsel (n) | ['fɛŋsəl] |
| cela (f) de prisão | celle (m) | ['sɛlə] |

escolta (f)	eskorte (m)	[ɛs'kɔːtə]
guarda (m) prisional	fangevokter (m)	['faŋə‚vɔktər]
preso, prisioneiro (m)	fange (m)	['faŋə]

| algemas (f pl) | håndjern (n pl) | ['hɔn‚jæːn̩] |
| algemar (vt) | å sette håndjern | [ɔ 'sɛtə 'hɔn‚jæːn̩] |

fuga, evasão (f)	flykt (m/f)	['flʏkt]
fugir (vi)	å flykte, å rømme	[ɔ 'flʏktə], [ɔ 'rœmə]
desaparecer (vi)	å forsvinne	[ɔ fo'ʂvinə]
soltar, libertar (vt)	å løslate	[ɔ 'løs‚latə]

anistia (f)	**amnesti** (m)	[amnɛ'sti]
polícia (instituição)	**politi** (n)	[pʊli'ti]
polícia (m)	**politi** (m)	[pʊli'ti]
delegacia (f) de polícia	**politistasjon** (m)	[pʊli'ti‚sta'ʂʊn]
cassetete (m)	**gummikølle** (m/f)	['gʉmi‚kølə]
megafone (m)	**megafon** (m)	[mega'fʊn]
carro (m) de patrulha	**patruljebil** (m)	[pɑ'trʉljə‚bil]
sirene (f)	**sirene** (m/f)	[si'renə]
ligar a sirene	**å slå på sirenen**	[ɔ 'ʂlɔ pɔ si'renən]
toque (m) da sirene	**sirene hyl** (n)	[si'renə ‚hyl]
cena (f) do crime	**åsted** (n)	['ɔsted]
testemunha (f)	**vitne** (n)	['vitnə]
liberdade (f)	**frihet** (m)	['fri‚het]
cúmplice (m)	**medskyldig** (m)	['mɛ‚ʂyldi]
escapar (vi)	**å flykte**	[ɔ 'flʏktə]
traço (não deixar ~s)	**spor** (n)	['spʊr]

163. Polícia. Lei. Parte 2

procura (f)	**ettersøking** (m/f)	['ɛtə‚søkiŋ]
procurar (vt)	**å søke etter ...**	[ɔ 'søkə ‚ɛtər ...]
suspeita (f)	**mistanke** (m)	['mis‚tankə]
suspeito (adj)	**mistenkelig**	[mis'tɛnkəli]
parar (veículo, etc.)	**å stoppe**	[ɔ 'stɔpə]
deter (fazer parar)	**å anholde**	[ɔ 'an‚hɔlə]
caso (~ criminal)	**sak** (m/f)	['sɑk]
investigação (f)	**etterforskning** (m/f)	['ɛtər‚foʂkniŋ]
detetive (m)	**detektiv** (m)	[detɛk'tiv]
investigador (m)	**etterforsker** (m)	['ɛtər‚foʂkər]
versão (f)	**versjon** (m)	[væ'ʂʊn]
motivo (m)	**motiv** (n)	[mʊ'tiv]
interrogatório (m)	**forhør** (n)	[for'hør]
interrogar (vt)	**å forhøre**	[ɔ for'hørə]
questionar (vt)	**å avhøre**	[ɔ 'av‚hørə]
verificação (f)	**sjekking** (m/f)	['ʂɛkiŋ]
batida (f) policial	**rassia, razzia** (m)	['rasia]
busca (f)	**ransakelse** (m)	['ran‚sakəlsə]
perseguição (f)	**jakt** (m/f)	['jakt]
perseguir (vt)	**å forfølge**	[ɔ for'følə]
seguir, rastrear (vt)	**å spore**	[ɔ 'spʊrə]
prisão (f)	**arrest** (m)	[a'rɛst]
prender (vt)	**å arrestere**	[ɔ arɛ'sterə]
pegar, capturar (vt)	**å fange**	[ɔ 'faŋə]
captura (f)	**pågripelse** (m)	['pɔ‚gripəlsə]
documento (m)	**dokument** (n)	[dokʉ'mɛnt]
prova (f)	**bevis** (n)	[be'vis]
provar (vt)	**å bevise**	[ɔ be'visə]

pegada (f)	fotspor (n)	['fʊtˌspʊr]
impressões (f pl) digitais	fingeravtrykk (n pl)	['fiŋərˌavtrʏk]
prova (f)	bevis (n)	[be'vis]
álibi (m)	alibi (n)	['ɑlibi]
inocente (adj)	uskyldig	[ʉ'ʂyldi]
injustiça (f)	urettferdighet (m)	['ʉrɛtfærdiˌhet]
injusto (adj)	urettferdig	['ʉrɛtˌfærdi]
criminal (adj)	kriminell	[krimi'nɛl]
confiscar (vt)	å konfiskere	[ɔ kʊnfi'skerə]
droga (f)	narkotika (m)	[nar'kɔtika]
arma (f)	våpen (n)	['vɔpən]
desarmar (vt)	å avvæpne	[ɔ 'avˌvæpnə]
ordenar (vt)	å befale	[ɔ be'falə]
desaparecer (vi)	å forsvinne	[ɔ fɔ'ʂvinə]
lei (f)	lov (m)	['lɔv]
legal (adj)	lovlig	['lɔvli]
ilegal (adj)	ulovlig	[ʉ'lɔvli]
responsabilidade (f)	ansvar (n)	['anˌsvar]
responsável (adj)	ansvarlig	[ans'vaː[i]

NATUREZA

A Terra. Parte 1

164. Espaço sideral

Português	Norueguês	Pronúncia
espaço, cosmo (m)	rommet, kosmos (n)	['rʊmə], ['kɔsmɔs]
espacial, cósmico (adj)	rom-	['rʊm-]
espaço (m) cósmico	ytre rom (n)	['ytrə ˌrʊm]
mundo (m)	verden (m)	['værdən]
universo (m)	univers (n)	[ʉni'væʂ]
galáxia (f)	galakse (m)	[ga'laksə]
estrela (f)	stjerne (m/f)	['stjæːŋə]
constelação (f)	stjernebilde (n)	['stjæːŋəˌbildə]
planeta (m)	planet (m)	[pla'net]
satélite (m)	satellitt (m)	[satɛ'lit]
meteorito (m)	meteoritt (m)	[meteʊ'rit]
cometa (m)	komet (m)	[kʊ'met]
asteroide (m)	asteroide (n)	[asterʊ'idə]
órbita (f)	bane (m)	['banə]
girar (vi)	å rotere	[ɔ rɔ'terə]
atmosfera (f)	atmosfære (m)	[atmʊ'sfærə]
Sol (m)	Solen	['sʉlən]
Sistema (m) Solar	solsystem (n)	['sʉl sy'stem]
eclipse (m) solar	solformørkelse (m)	['sʉl fɔr'mœrkəlsə]
Terra (f)	Jorden	['juːrən]
Lua (f)	Månen	['moːnən]
Marte (m)	Mars	['maʂ]
Vênus (f)	Venus	['venʉs]
Júpiter (m)	Jupiter	['jʉpitər]
Saturno (m)	Saturn	['saˌtʉːn]
Mercúrio (m)	Merkur	[mær'kʉr]
Urano (m)	Uranus	[ʉ'ranʉs]
Netuno (m)	Neptun	[nɛp'tʉn]
Plutão (m)	Pluto	['plʉtʊ]
Via Láctea (f)	Melkeveien	['mɛlkəˌvæjən]
Ursa Maior (f)	den Store Bjørn	['dən 'stʉrə ˌbjœːŋ]
Estrela Polar (f)	Nordstjernen, Polaris	['nʊːrˌstjæːŋən], [pɔ'laris]
marciano (m)	marsbeboer (m)	['masˌbebʊər]
extraterrestre (m)	utenomjordisk vesen (n)	['ʉtənɔmˌjuːrdisk 'vesən]

alienígena (m)	romvesen (n)	['rʊmˌvesən]
disco (m) voador	flygende tallerken (m)	['flygenə taˈlærkən]

espaçonave (f)	romskip (n)	['rʊmˌʂip]
estação (f) orbital	romstasjon (m)	['rʊmˌstaˈʂʊn]
lançamento (m)	start (m), oppskyting (m/f)	['stɑːt], ['ɔpˌʂytiŋ]

motor (m)	motor (m)	['mɔtʊr]
bocal (m)	dyse (m)	['dysə]
combustível (m)	brensel (n), drivstoff (n)	['brɛnsəl], ['drifˌstɔf]

cabine (f)	cockpit (m), flydekk (n)	['kɔkpit], ['flyˌdɛk]
antena (f)	antenne (m)	[anˈtɛnə]
vigia (f)	koøye (n)	['kʊˌøjə]
bateria (f) solar	solbatteri (n)	['sʊl batɛ'ri]
traje (m) espacial	romdrakt (m/f)	['rʊmˌdrakt]

imponderabilidade (f)	vektløshet (m/f)	['vɛktløsˌhet]
oxigênio (m)	oksygen (n)	['ɔksy'gen]

acoplagem (f)	dokking (m/f)	['dɔkiŋ]
fazer uma acoplagem	å dokke	[ɔ 'dɔkə]

observatório (m)	observatorium (n)	[ɔbsərvaˈtʊrium]
telescópio (m)	teleskop (n)	[teleˈskʊp]
observar (vt)	å observere	[ɔ ɔbsɛrˈverə]
explorar (vt)	å utforske	[ɔ 'ʉtˌføʂkə]

165. A Terra

Terra (f)	Jorden	['juːrən]
globo terrestre (Terra)	jordklode (m)	['juːrˌklodə]
planeta (m)	planet (m)	[plaˈnet]

atmosfera (f)	atmosfære (m)	[atmʊˈsfærə]
geografia (f)	geografi (m)	[geʊgraˈfi]
natureza (f)	natur (m)	[naˈtʉr]

globo (mapa esférico)	globus (m)	['glɔbʉs]
mapa (m)	kart (n)	['kɑːt]
atlas (m)	atlas (n)	['atlɑs]

Europa (f)	Europa	[ɛʉˈrʊpa]
Ásia (f)	Asia	['ɑsia]

África (f)	Afrika	['afrika]
Austrália (f)	Australia	[aʊˈstralia]

América (f)	Amerika	[aˈmerika]
América (f) do Norte	Nord-Amerika	['nʊːr aˈmerika]
América (f) do Sul	Sør-Amerika	['sør aˈmerika]

Antártida (f)	Antarktis	[anˈtarktis]
Ártico (m)	Arktis	['arktis]

166. Pontos cardeais

norte (m)	nord (n)	['nʊːr]
para norte	mot nord	[mʊt 'nʊːr]
no norte	i nord	[i 'nʊːr]
do norte (adj)	nordlig	['nʊːrli]
sul (m)	syd, sør	['syd], ['sør]
para sul	mot sør	[mʊt 'sør]
no sul	i sør	[i 'sør]
do sul (adj)	sydlig, sørlig	['sydli], ['søːⱡi]
oeste, ocidente (m)	vest (m)	['vɛst]
para oeste	mot vest	[mʊt 'vɛst]
no oeste	i vest	[i 'vɛst]
ocidental (adj)	vestlig, vest-	['vɛstli]
leste, oriente (m)	øst (m)	['øst]
para leste	mot øst	[mʊt 'øst]
no leste	i øst	[i 'øst]
oriental (adj)	østlig	['østli]

167. Mar. Oceano

mar (m)	hav (n)	['hɑv]
oceano (m)	verdenshav (n)	[værdəns'hɑv]
golfo (m)	bukt (m/f)	['bʉkt]
estreito (m)	sund (n)	['sʉn]
terra (f) firme	fastland (n)	['fast͵lan]
continente (m)	fastland, kontinent (n)	['fast͵lan], [kʊnti'nɛnt]
ilha (f)	øy (m/f)	['øj]
península (f)	halvøy (m/f)	['hal͵øːj]
arquipélago (m)	skjærgård (m), arkipelag (n)	['ʂær͵gɔr], [arkipe'lag]
baía (f)	bukt (m/f)	['bʉkt]
porto (m)	havn (m/f)	['hɑvn]
lagoa (f)	lagune (m)	[la'gʉnə]
cabo (m)	nes (n), kapp (n)	['nes], ['kap]
atol (m)	atoll (m)	[ɑ'tɔl]
recife (m)	rev (n)	['rev]
coral (m)	korall (m)	[kʊ'ral]
recife (m) de coral	korallrev (n)	[kʊ'ral͵rɛv]
profundo (adj)	dyp	['dyp]
profundidade (f)	dybde (m)	['dʏbdə]
abismo (m)	avgrunn (m)	['ɑv͵grʉn]
fossa (f) oceânica	dyphavsgrop (m/f)	['dyphɑfs͵grɔp]
corrente (f)	strøm (m)	['strøm]
banhar (vt)	å omgi	[ɔ 'ɔm͵ji]
litoral (m)	kyst (m)	['çyst]

costa (f)	kyst (m)	['çyst]
maré (f) alta	flo (m/f)	['fluː]
refluxo (m)	ebbe (m), fjære (m/f)	['ɛbə], ['fjæːrə]
restinga (f)	sandbanke (m)	['san‚bankə]
fundo (m)	bunn (m)	['bʉn]
onda (f)	bølge (m)	['bølgə]
crista (f) da onda	bølgekam (m)	['bølgə‚kam]
espuma (f)	skum (n)	['skʉm]
tempestade (f)	storm (m)	['stɔrm]
furacão (m)	orkan (m)	[ɔr'kan]
tsunami (m)	tsunami (m)	[tsʉ'nami]
calmaria (f)	stille (m/f)	['stilə]
calmo (adj)	stille	['stilə]
polo (m)	pol (m)	['pʉl]
polar (adj)	pol-, polar	['pʉl-], [pʉ'lar]
latitude (f)	bredde, latitude (m)	['brɛdə], ['lati‚tʉdə]
longitude (f)	lengde (m/f)	['leŋdə]
paralela (f)	breddegrad (m)	['brɛdə‚grad]
equador (m)	ekvator (m)	[ɛ'kvatʉr]
céu (m)	himmel (m)	['himəl]
horizonte (m)	horisont (m)	[hʉri'sɔnt]
ar (m)	luft (f)	['lʉft]
farol (m)	fyr (n)	['fyr]
mergulhar (vi)	å dykke	[ɔ 'dʏkə]
afundar-se (vr)	å synke	[ɔ 'sʏnkə]
tesouros (m pl)	skatter (m pl)	['skatər]

168. Montanhas

montanha (f)	fjell (n)	['fjɛl]
cordilheira (f)	fjellkjede (m)	['fjɛl‚çɛːdə]
serra (f)	fjellrygg (m)	['fjɛl‚rʏg]
cume (m)	topp (m)	['tɔp]
pico (m)	tind (m)	['tin]
pé (m)	fot (m)	['fʉt]
declive (m)	skråning (m)	['skrɔniŋ]
vulcão (m)	vulkan (m)	[vʉl'kan]
vulcão (m) ativo	virksom vulkan (m)	['virksɔm vʉl'kan]
vulcão (m) extinto	utslukt vulkan (m)	['ʉt‚slʉkt vʉl'kan]
erupção (f)	utbrudd (n)	['ʉt‚brʉd]
cratera (f)	krater (n)	['kratər]
magma (m)	magma (m/n)	['magma]
lava (f)	lava (m)	['lava]
fundido (lava ~a)	glødende	['glødenə]
cânion, desfiladeiro (m)	canyon (m)	['kanjən]

garganta (f)	gjel (n), kløft (m)	['jel], ['klœft]
fenda (f)	renne (m/f)	['rɛnə]
precipício (m)	avgrunn (m)	['ɑvˌgrʉn]
passo, colo (m)	pass (n)	['pɑs]
planalto (m)	platå (n)	[plɑ'to]
falésia (f)	klippe (m)	['klipə]
colina (f)	ås (m)	['ɔs]
geleira (f)	bre, jøkel (m)	['bre], ['jøkəl]
cachoeira (f)	foss (m)	['fɔs]
gêiser (m)	geysir (m)	['gɛjsir]
lago (m)	innsjø (m)	['in'ʂø]
planície (f)	slette (m/f)	['ʂletə]
paisagem (f)	landskap (n)	['lɑnˌskɑp]
eco (m)	ekko (n)	['ɛkʉ]
alpinista (m)	alpinist (m)	[ɑlpi'nist]
escalador (m)	fjellklatrer (m)	['fjɛlˌklɑtrər]
conquistar (vt)	å erobre	[ɔ ɛ'rʉbrə]
subida, escalada (f)	bestigning (m/f)	[be'stigniŋ]

169. Rios

rio (m)	elv (m/f)	['ɛlv]
fonte, nascente (f)	kilde (m)	['çildə]
leito (m) de rio	elveleie (n)	['ɛlvəˌlæjə]
bacia (f)	flodbasseng (n)	['flʉd bɑˌseŋ]
desaguar no ...	å munne ut ...	[ɔ 'mʉnə ʉt ...]
afluente (m)	bielv (m/f)	['biˌelv]
margem (do rio)	bredd (m)	['brɛd]
corrente (f)	strøm (m)	['strøm]
rio abaixo	medstrøms	['meˌstrøms]
rio acima	motstrøms	['mʉtˌstrøms]
inundação (f)	oversvømmelse (m)	['ɔvəˌsvœməlsə]
cheia (f)	flom (m)	['flɔm]
transbordar (vi)	å overflø	[ɔ 'ɔvərˌflø]
inundar (vt)	å oversvømme	[ɔ 'ɔvəˌsvœmə]
banco (m) de areia	grunne (m/f)	['grʉnə]
corredeira (f)	stryk (m/n)	['stryk]
barragem (f)	demning (m)	['dɛmniŋ]
canal (m)	kanal (m)	[kɑ'nɑl]
reservatório (m) de água	reservoar (n)	[resɛrvʉ'ɑr]
eclusa (f)	sluse (m)	['ʂlʉsə]
corpo (m) de água	vannmasse (m)	['vɑnˌmɑsə]
pântano (m)	myr, sump (m)	['myr], ['sʉmp]
lamaçal (m)	hengemyr (m)	['hɛŋəˌmyr]

redemoinho (m)	**virvel** (m)	['virvəl]
riacho (m)	**bekk** (m)	['bɛk]
potável (adj)	**drikke-**	['drikə-]
doce (água)	**fersk-**	['fæʂk-]

gelo (m)	**is** (m)	['is]
congelar-se (vr)	**å fryse til**	[ɔ 'frysə til]

170. Floresta

floresta (f), bosque (m)	**skog** (m)	['skʊg]
florestal (adj)	**skog-**	['skʊg-]

mata (f) fechada	**tett skog** (n)	['tɛt ˌskʊg]
arvoredo (m)	**lund** (m)	['lʉn]
clareira (f)	**glenne** (m/f)	['glenə]

matagal (m)	**krattskog** (m)	['krɑtˌskʊg]
mato (m), caatinga (f)	**kratt** (n)	['krɑt]

pequena trilha (f)	**sti** (m)	['sti]
ravina (f)	**ravine** (m)	[rɑ'vinə]

árvore (f)	**tre** (n)	['trɛ]
folha (f)	**blad** (n)	['blɑ]
folhagem (f)	**løv** (n)	['løv]

queda (f) das folhas	**løvfall** (n)	['løvˌfɑl]
cair (vi)	**å falle**	[ɔ 'fɑlə]
topo (m)	**tretopp** (m)	['trɛˌtɔp]

ramo (m)	**kvist, gren** (m)	['kvist], ['gren]
galho (m)	**gren, grein** (m/f)	['gren], ['græjn]
botão (m)	**knopp** (m)	['knɔp]
agulha (f)	**nål** (m/f)	['nɔl]
pinha (f)	**kongle** (m/f)	['kʊŋlə]

buraco (m) de árvore	**trehull** (n)	['trɛˌhʉl]
ninho (m)	**reir** (n)	['ræjr]
toca (f)	**hule** (m/f)	['hʉlə]

tronco (m)	**stamme** (m)	['stɑmə]
raiz (f)	**rot** (m/f)	['rʊt]
casca (f) de árvore	**bark** (m)	['bɑrk]
musgo (m)	**mose** (m)	['mʊsə]

arrancar pela raiz	**å rykke opp med roten**	[ɔ 'rʏkə ɔp me 'rutən]
cortar (vt)	**å felle**	[ɔ 'fɛlə]
desflorestar (vt)	**å hogge ned**	[ɔ 'hɔgə 'ne]
toco, cepo (m)	**stubbe** (m)	['stʉbə]

fogueira (f)	**bål** (n)	['bɔl]
incêndio (m) florestal	**skogbrann** (m)	['skʊgˌbrɑn]
apagar (vt)	**å slokke**	[ɔ 'ʂløkə]

guarda-parque (m)	skogvokter (m)	['skʊg‚vɔktər]
proteção (f)	vern (n), beskyttelse (m)	['væːn], ['be'ʂytəlsə]
proteger (a natureza)	å beskytte	[ɔ be'ʂytə]
caçador (m) furtivo	tyvskytter (m)	['tyf‚ʂytər]
armadilha (f)	saks (m/f)	['saks]
colher (cogumelos, bagas)	å plukke	[ɔ 'plʉkə]
perder-se (vr)	å gå seg vill	[ɔ 'gɔ sæj 'vil]

171. Recursos naturais

recursos (m pl) naturais	naturressurser (m pl)	[na'tʉr rɛ'sʉʂər]
minerais (m pl)	mineraler (n pl)	[minə'ralər]
depósitos (m pl)	forekomster (m pl)	['forə‚kɔmstər]
jazida (f)	felt (m)	['fɛlt]
extrair (vt)	å utvinne	[ɔ 'ʉt‚vinə]
extração (f)	utvinning (m/f)	['ʉt‚vinin]
minério (m)	malm (m)	['malm]
mina (f)	gruve (m/f)	['grʉvə]
poço (m) de mina	gruvesjakt (m/f)	['grʉvə‚ʂakt]
mineiro (m)	gruvearbeider (m)	['grʉvə'ar‚bæjdər]
gás (m)	gass (m)	['gas]
gasoduto (m)	gassledning (m)	['gas‚lednin]
petróleo (m)	olje (m)	['ɔljə]
oleoduto (m)	oljeledning (m)	['ɔljə‚lednin]
poço (m) de petróleo	oljebrønn (m)	['ɔljə‚brœn]
torre (f) petrolífera	boretårn (n)	['boːrə‚tɔːn]
petroleiro (m)	tankskip (n)	['tank‚ʂip]
areia (f)	sand (m)	['san]
calcário (m)	kalkstein (m)	['kalk‚stæjn]
cascalho (m)	grus (m)	['grʉs]
turfa (f)	torv (m/f)	['tɔrv]
argila (f)	leir (n)	['læjr]
carvão (m)	kull (n)	['kʉl]
ferro (m)	jern (n)	['jæːn]
ouro (m)	gull (n)	['gʉl]
prata (f)	sølv (n)	['søl]
níquel (m)	nikkel (m)	['nikəl]
cobre (m)	kobber (n)	['kɔbər]
zinco (m)	sink (m/n)	['sink]
manganês (m)	mangan (m/n)	[ma'ŋan]
mercúrio (m)	kvikksølv (n)	['kvik‚søl]
chumbo (m)	bly (n)	['bly]
mineral (m)	mineral (n)	[minə'ral]
cristal (m)	krystall (m/n)	[kry'stal]
mármore (m)	marmor (m/n)	['marmʊr]
urânio (m)	uran (m/n)	[ʉ'ran]

A Terra. Parte 2

172. Tempo

tempo (m)	vær (n)	['vær]
previsão (f) do tempo	værvarsel (n)	['vær‚vɑşəl]
temperatura (f)	temperatur (m)	[tɛmpərɑ'tʉr]
termômetro (m)	termometer (n)	[tɛrmʉ'metər]
barômetro (m)	barometer (n)	[bɑrʉ'metər]
úmido (adj)	fuktig	['fʉkti]
umidade (f)	fuktighet (m)	['fʉkti‚het]
calor (m)	hete (m)	['he:tə]
tórrido (adj)	het	['het]
está muito calor	det er hett	[de ær 'het]
está calor	det er varmt	[de ær 'vɑrmt]
quente (morno)	varm	['vɑrm]
está frio	det er kaldt	[de ær 'kɑlt]
frio (adj)	kald	['kɑl]
sol (m)	sol (m/f)	['sʉl]
brilhar (vi)	å skinne	[ɔ 'şinə]
de sol, ensolarado	solrik	['sʉl‚rik]
nascer (vi)	å gå opp	[ɔ 'gɔ ɔp]
pôr-se (vr)	å gå ned	[ɔ 'gɔ ne]
nuvem (f)	sky (m)	['şy]
nublado (adj)	skyet	['şy:ət]
nuvem (f) preta	regnsky (m/f)	['ræjn‚şy]
escuro, cinzento (adj)	mørk	['mœrk]
chuva (f)	regn (n)	['ræjn]
está a chover	det regner	[de 'ræjnər]
chuvoso (adj)	regnværs-	['ræjn‚væş-]
chuviscar (vi)	å småregne	[ɔ 'smo:ræjnə]
chuva (f) torrencial	piskende regn (n)	['piskenə ‚ræjn]
aguaceiro (m)	styrtregn (n)	['sty:ţræjn]
forte (chuva, etc.)	kraftig, sterk	['krɑfti], ['stærk]
poça (f)	vannpytt (m)	['vɑn‚pyt]
molhar-se (vr)	å bli våt	[ɔ 'bli 'vɔt]
nevoeiro (m)	tåke (m/f)	['to:kə]
de nevoeiro	tåke	['to:kə]
neve (f)	snø (m)	['snø]
está nevando	det snør	[de 'snør]

173. Tempo extremo. Catástrofes naturais

trovoada (f)	tordenvær (n)	['tʊrdən,vær]
relâmpago (m)	lyn (n)	['lyn]
relampejar (vi)	å glimte	[ɔ 'glimtə]
trovão (m)	torden (m)	['tʊrdən]
trovejar (vi)	å tordne	[ɔ 'tʊrdnə]
está trovejando	det tordner	[de 'tʊrdnər]
granizo (m)	hagle (m/f)	['haglə]
está caindo granizo	det hagler	[de 'haglər]
inundar (vt)	å oversvømme	[ɔ 'ɔvə,svœmə]
inundação (f)	oversvømmelse (m)	['ɔvə,svœməlsə]
terremoto (m)	jordskjelv (n)	['juːr,sɛlv]
abalo, tremor (m)	skjelv (n)	['sɛlv]
epicentro (m)	episenter (n)	[ɛpi'sɛntər]
erupção (f)	utbrudd (n)	['ʉt,brʉd]
lava (f)	lava (m)	['lava]
tornado (m)	skypumpe (m/f)	['sy,pʉmpə]
tornado (m)	tornado (m)	[tʊː'nɑdʊ]
tufão (m)	tyfon (m)	[ty'fʊn]
furacão (m)	orkan (m)	[ɔr'kan]
tempestade (f)	storm (m)	['stɔrm]
tsunami (m)	tsunami (m)	[tsʉ'nami]
ciclone (m)	syklon (m)	[sy'klun]
mau tempo (m)	uvær (n)	['ʉː,vær]
incêndio (m)	brann (m)	['bran]
catástrofe (f)	katastrofe (m)	[kata'strɔfə]
meteorito (m)	meteoritt (m)	[meteʉ'rit]
avalanche (f)	lavine (m)	[la'vinə]
deslizamento (m) de neve	snøskred, snøras (n)	['snø,skred], ['snøras]
nevasca (f)	snøstorm (m)	['snø,stɔrm]
tempestade (f) de neve	snøstorm (m)	['snø,stɔrm]

Fauna

174. Mamíferos. Predadores

predador (m)	rovdyr (n)	['rɔvˌdyr]
tigre (m)	tiger (m)	['tigər]
leão (m)	løve (m/f)	['løve]
lobo (m)	ulv (m)	['ʉlv]
raposa (f)	rev (m)	['rev]
jaguar (m)	jaguar (m)	[jagʉ'ar]
leopardo (m)	leopard (m)	[leʉ'pard]
chita (f)	gepard (m)	[ge'pard]
pantera (f)	panter (m)	['pantər]
puma (m)	puma (m)	['pʉma]
leopardo-das-neves (m)	snøleopard (m)	['snø leʉ'pard]
lince (m)	gaupe (m/f)	['gaʉpə]
coiote (m)	coyote, prærieulv (m)	[kɔ'jotə], ['præriˌʉlv]
chacal (m)	sjakal (m)	[ʂa'kal]
hiena (f)	hyene (m)	[hy'enə]

175. Animais selvagens

animal (m)	dyr (n)	['dyr]
besta (f)	best, udyr (n)	['bɛst], ['ʉˌdyr]
esquilo (m)	ekorn (n)	['ɛkʉːŋ]
ouriço (m)	pinnsvin (n)	['pinˌsvin]
lebre (f)	hare (m)	['harə]
coelho (m)	kanin (m)	[ka'nin]
texugo (m)	grevling (m)	['grɛvliŋ]
guaxinim (m)	vaskebjørn (m)	['vaskəˌbjœːŋ]
hamster (m)	hamster (m)	['hamstər]
marmota (f)	murmeldyr (n)	['mʉrməlˌdyr]
toupeira (f)	muldvarp (m)	['mʉlˌvarp]
rato (m)	mus (m/f)	['mʉs]
ratazana (f)	rotte (m/f)	['rɔtə]
morcego (m)	flaggermus (m/f)	['flagərˌmʉs]
arminho (m)	røyskatt (m)	['røjskat]
zibelina (f)	sobel (m)	['sʉbəl]
marta (f)	mår (m)	['mɔr]
doninha (f)	snømus (m/f)	['snøˌmʉs]
visom (m)	mink (m)	['mink]

castor (m)	**bever** (m)	['bevər]
lontra (f)	**oter** (m)	['ʊtər]
cavalo (m)	**hest** (m)	['hɛst]
alce (m)	**elg** (m)	['ɛlg]
veado (m)	**hjort** (m)	['jɔːt]
camelo (m)	**kamel** (m)	[ka'mel]
bisão (m)	**bison** (m)	['bisɔn]
auroque (m)	**urokse** (m)	['ʉrˌʊksə]
búfalo (m)	**bøffel** (m)	['bøfəl]
zebra (f)	**sebra** (m)	['sebra]
antílope (m)	**antilope** (m)	[anti'lʊpə]
corça (f)	**rådyr** (n)	['rɔˌdyr]
gamo (m)	**dåhjort, dådyr** (n)	['dɔˌjɔːt], ['dɔˌdyr]
camurça (f)	**gemse** (f)	['gɛmsə]
javali (m)	**villsvin** (n)	['vilˌsvin]
baleia (f)	**hval** (m)	['val]
foca (f)	**sel** (m)	['sel]
morsa (f)	**hvalross** (m)	['valˌrɔs]
urso-marinho (m)	**pelssel** (m)	['pɛlsˌsel]
golfinho (m)	**delfin** (m)	[dɛl'fin]
urso (m)	**bjørn** (m)	['bjœːŋ]
urso (m) polar	**isbjørn** (m)	['isˌbjœːŋ]
panda (m)	**panda** (m)	['panda]
macaco (m)	**ape** (m/f)	['ape]
chimpanzé (m)	**sjimpanse** (m)	[ʂim'pansə]
orangotango (m)	**orangutang** (m)	[ʊ'raŋgʉˌtaŋ]
gorila (m)	**gorilla** (m)	[gɔ'rila]
macaco (m)	**makak** (m)	[ma'kak]
gibão (m)	**gibbon** (m)	['gibʊn]
elefante (m)	**elefant** (m)	[ɛle'fant]
rinoceronte (m)	**neshorn** (n)	['nesˌhʊːŋ]
girafa (f)	**sjiraff** (m)	[ʂi'raf]
hipopótamo (m)	**flodhest** (m)	['flʊdˌhɛst]
canguru (m)	**kenguru** (m)	['kɛŋgʉrʉ]
coala (m)	**koala** (m)	[kʊ'ala]
mangusto (m)	**mangust, mungo** (m)	[maŋ'gʉst], ['mʉŋgu]
chinchila (f)	**chinchilla** (m)	[ʂin'ʂila]
cangambá (f)	**skunk** (m)	['skunk]
porco-espinho (m)	**hulepinnsvin** (n)	['hʉləˌpinsvin]

176. Animais domésticos

gata (f)	**katt** (m)	['kat]
gato (m) macho	**hannkatt** (m)	['hanˌkat]
cão (m)	**hund** (m)	['hʉŋ]

cavalo (m)	hest (m)	['hɛst]
garanhão (m)	hingst (m)	['hiŋst]
égua (f)	hoppe, merr (m/f)	['hɔpə], ['mɛr]

vaca (f)	ku (f)	['kʉ]
touro (m)	tyr (m)	['tyr]
boi (m)	okse (m)	['ɔksə]

ovelha (f)	sau (m)	['saʉ]
carneiro (m)	vær, saubukk (m)	['vær], ['saʉˌbʉk]
cabra (f)	geit (m/f)	['jæjt]
bode (m)	geitebukk (m)	['jæjtəˌbʉk]

| burro (m) | esel (n) | ['ɛsəl] |
| mula (f) | muldyr (n) | ['mʉlˌdyr] |

porco (m)	svin (n)	['svin]
leitão (m)	gris (m)	['gris]
coelho (m)	kanin (m)	[ka'nin]

| galinha (f) | høne (m/f) | ['hønə] |
| galo (m) | hane (m) | ['hanə] |

pata (f), pato (m)	and (m/f)	['an]
pato (m)	andrik (m)	['andrik]
ganso (m)	gås (m/f)	['gɔs]

| peru (m) | kalkunhane (m) | [kal'kʉnˌhanə] |
| perua (f) | kalkunhøne (m/f) | [kal'kʉnˌhønə] |

animais (m pl) domésticos	husdyr (n pl)	['hʉsˌdyr]
domesticado (adj)	tam	['tam]
domesticar (vt)	å temme	[ɔ 'tɛmə]
criar (vt)	å avle, å oppdrette	[ɔ 'avlə], [ɔ 'ɔpˌdrɛtə]

fazenda (f)	farm, gård (m)	['farm], ['gɔːr]
aves (f pl) domésticas	fjærfe (n)	['fjærˌfɛ]
gado (m)	kveg (n)	['kvɛg]
rebanho (m), manada (f)	flokk, bøling (m)	['flɔk], ['bøliŋ]

estábulo (m)	stall (m)	['stal]
chiqueiro (m)	grisehus (n)	['grisəˌhʉs]
estábulo (m)	kufjøs (m/n)	['kuˌfjøs]
coelheira (f)	kaninbur (n)	[ka'ninˌbʉr]
galinheiro (m)	hønsehus (n)	['hønsəˌhʉs]

177. Cães. Raças de cães

cão (m)	hund (m)	['hʉn]
cão pastor (m)	fårehund (m)	['foːrəˌhʉn]
pastor-alemão (m)	schäferhund (m)	['sɛfærˌhʉn]
poodle (m)	puddel (m)	['pʉdəl]
linguicinha (m)	dachshund (m)	['daʂˌhʉn]
buldogue (m)	bulldogg (m)	['bʉlˌdɔg]

boxer (m)	bokser (m)	['bɔksər]
mastim (m)	mastiff (m)	[mɑs'tif]
rottweiler (m)	rottweiler (m)	['rɔt‚væjlər]
dóberman (m)	dobermann (m)	['dɔbermɑn]

basset (m)	basset (m)	['basɛt]
pastor inglês (m)	bobtail (m)	['bɔbtɛjl]
dálmata (m)	dalmatiner (m)	[dɑlmɑ'tinər]
cocker spaniel (m)	cocker spaniel (m)	['kɔker ‚spɑniəl]

| terra-nova (m) | newfoundlandshund (m) | [njʉ'fawnd‚lənds 'hʉn] |
| são-bernardo (m) | sankt bernhardshund (m) | [‚sɑnkt 'bɛːŋads‚hʉn] |

husky (m) siberiano	husky (m)	['hɑski]
Chow-chow (m)	chihuahua (m)	[tʂi'vɑvɑ]
spitz alemão (m)	spisshund (m)	['spis‚hʉn]
pug (m)	mops (m)	['mɔps]

178. Sons produzidos pelos animais

latido (m)	gjøing (m/f)	['jøːiŋ]
latir (vi)	å gjø	[ɔ 'jø]
miar (vi)	å mjaue	[ɔ 'mjaʊe]
ronronar (vi)	å spinne	[ɔ 'spinə]

mugir (vaca)	å raute	[ɔ 'raʊtə]
bramir (touro)	å belje, å brøle	[ɔ 'belje], [ɔ 'brøle]
rosnar (vi)	å knurre	[ɔ 'knʉrə]

uivo (m)	hyl (n)	['hyl]
uivar (vi)	å hyle	[ɔ 'hylə]
ganir (vi)	å klynke	[ɔ 'klʏnkə]

balir (vi)	å breke	[ɔ 'brekə]
grunhir (vi)	å grynte	[ɔ 'grʏntə]
guinchar (vi)	å hvine	[ɔ 'vinə]

coaxar (sapo)	å kvekke	[ɔ 'kvɛkə]
zumbir (inseto)	å surre	[ɔ 'sʉrə]
ziziar (vi)	å gnisse	[ɔ 'gnisə]

179. Pássaros

pássaro (m), ave (f)	fugl (m)	['fʉl]
pombo (m)	due (m/f)	['dʉə]
pardal (m)	spurv (m)	['spʉrv]
chapim-real (m)	kjøttmeis (m/f)	['çœt‚mæjs]
pega-rabuda (f)	skjære (m/f)	['ʂærə]

corvo (m)	ravn (m)	['rɑvn]
gralha-cinzenta (f)	kråke (m)	['kroːkə]
gralha-de-nuca-cinzenta (f)	kaie (m/f)	['kɑjə]

gralha-calva (f)	kornkråke (m/f)	['kʊːn̩ˌkroːkə]
pato (m)	and (m/f)	['an]
ganso (m)	gås (m/f)	['gɔs]
faisão (m)	fasan (m)	[fa'san]
águia (f)	ørn (m/f)	['œːn]
açor (m)	hauk (m)	['haʊk]
falcão (m)	falk (m)	['falk]
abutre (m)	gribb (m)	['grib]
condor (m)	kondor (m)	[kʊn'dʊr]
cisne (m)	svane (m/f)	['svanə]
grou (m)	trane (m/f)	['tranə]
cegonha (f)	stork (m)	['stɔrk]
papagaio (m)	papegøye (m)	[papeˈgøjə]
beija-flor (m)	kolibri (m)	[kʊ'libri]
pavão (m)	påfugl (m)	['pɔˌfʉl]
avestruz (m)	struts (m)	['strʉts]
garça (f)	hegre (m)	['hæjrə]
flamingo (m)	flamingo (m)	[flaˈmingʊ]
pelicano (m)	pelikan (m)	[peliˈkan]
rouxinol (m)	nattergal (m)	['natərˌgal]
andorinha (f)	svale (m/f)	['svalə]
tordo-zornal (m)	trost (m)	['trʊst]
tordo-músico (m)	måltrost (m)	['moːlˌtrʊst]
melro-preto (m)	svarttrost (m)	['svaːˌtrʊst]
andorinhão (m)	tårnseiler (m), tårnsvale (m/f)	['tɔːn̩ˌsæjlə], ['tɔːn̩svalə]
cotovia (f)	lerke (m/f)	['lærkə]
codorna (f)	vaktel (m)	['vaktəl]
pica-pau (m)	hakkespett (m)	['hakəˌspɛt]
cuco (m)	gjøk, gauk (m)	['jøk], ['gaʊk]
coruja (f)	ugle (m/f)	['ʉglə]
bufo-real (m)	hubro (m)	['hʉbrʊ]
tetraz-grande (m)	storfugl (m)	['stʉrˌfʉl]
tetraz-lira (m)	orrfugl (m)	['ɔrˌfʉl]
perdiz-cinzenta (f)	rapphøne (m/f)	['rapˌhønə]
estorninho (m)	stær (m)	['stær]
canário (m)	kanarifugl (m)	[kaˈnariˌfʉl]
galinha-do-mato (f)	jerpe (m/f)	['jærpə]
tentilhão (m)	bokfink (m)	['bʊkˌfink]
dom-fafe (m)	dompap (m)	['dʊmpap]
gaivota (f)	måke (m/f)	['moːkə]
albatroz (m)	albatross (m)	['albaˌtrɔs]
pinguim (m)	pingvin (m)	[piŋ'vin]

180. Pássaros. Canto e sons

cantar (vi)	å synge	[ɔ 'sʏŋə]
gritar, chamar (vi)	å skrike	[ɔ 'skrikə]
cantar (o galo)	å gale	[ɔ 'galə]
cocorocó (m)	kykeliky	[kykəli'ky:]
cacarejar (vi)	å kakle	[ɔ 'kaklə]
crocitar (vi)	å krae	[ɔ 'krɑə]
grasnar (vi)	å snadre, å rappe	[ɔ 'snɑdrə], [ɔ 'rɑpə]
piar (vi)	å pipe	[ɔ 'pipə]
chilrear, gorjear (vi)	å kvitre	[ɔ 'kvitrə]

181. Peixes. Animais marinhos

brema (f)	brasme (m/f)	['brɑsmə]
carpa (f)	karpe (m)	['kɑrpə]
perca (f)	åbor (m)	['obɔr]
siluro (m)	malle (m)	['mɑlə]
lúcio (m)	gjedde (m/f)	['jɛdə]
salmão (m)	laks (m)	['lɑks]
esturjão (m)	stør (m)	['stør]
arenque (m)	sild (m/f)	['sil]
salmão (m) do Atlântico	atlanterhavslaks (m)	[at'lɑntərhɑfs‚lɑks]
cavala, sarda (f)	makrell (m)	[mɑ'krɛl]
solha (f), linguado (m)	rødspette (m/f)	['rø‚spɛtə]
lúcio perca (m)	gjørs (m)	['jø:ʂ]
bacalhau (m)	torsk (m)	['tɔʂk]
atum (m)	tunfisk (m)	['tʉn‚fisk]
truta (f)	ørret (m)	['øret]
enguia (f)	ål (m)	['ɔl]
raia (f) elétrica	elektrisk rokke (m/f)	[ɛ'lektrisk ‚rɔkə]
moreia (f)	murene (m)	[mʉ'rɛnə]
piranha (f)	piraja (m)	[pi'rɑja]
tubarão (m)	hai (m)	['hɑj]
golfinho (m)	delfin (m)	[dɛl'fin]
baleia (f)	hval (m)	['vɑl]
caranguejo (m)	krabbe (m)	['krɑbə]
água-viva (f)	manet (m/f), meduse (m)	['mɑnet], [me'dʉsə]
polvo (m)	blekksprut (m)	['blek‚sprʉt]
estrela-do-mar (f)	sjøstjerne (m/f)	['ʂø‚stjæ:nə]
ouriço-do-mar (m)	sjøpinnsvin (n)	['ʂø:'pin‚svin]
cavalo-marinho (m)	sjøhest (m)	['ʂø‚hɛst]
ostra (f)	østers (m)	['østəʂ]
camarão (m)	reke (m/f)	['rekə]

lagosta (f)	**hummer** (m)	['hʉmər]
lagosta (f)	**langust** (m)	[laŋ'gʉst]

182. Anfíbios. Répteis

cobra (f)	**slange** (m)	['ʂlaŋə]
venenoso (adj)	**giftig**	['jifti]

víbora (f)	**hoggorm, huggorm** (m)	['hʉg‚ɔrm], ['hʉg‚ɔrm]
naja (f)	**kobra** (m)	['kʉbra]
píton (m)	**pyton** (m)	['pytɔn]
jiboia (f)	**boaslange** (m)	['bɔa‚slaŋə]

cobra-de-água (f)	**snok** (m)	['snʉk]
cascavel (f)	**klapperslange** (m)	['klapə‚slaŋə]
anaconda (f)	**anakonda** (m)	[ana'kɔnda]

lagarto (m)	**øgle** (m/f)	['øglə]
iguana (f)	**iguan** (m)	[igʉ'an]
varano (m)	**varan** (n)	[va'ran]
salamandra (f)	**salamander** (m)	[sala'mandər]
camaleão (m)	**kameleon** (m)	[kaməle'ʉn]
escorpião (m)	**skorpion** (m)	[skɔrpi'ʉn]

tartaruga (f)	**skilpadde** (m/f)	['ʂil‚padə]
rã (f)	**frosk** (m)	['frɔsk]
sapo (m)	**padde** (m/f)	['padə]
crocodilo (m)	**krokodille** (m)	[krʉkə'dilə]

183. Insetos

inseto (m)	**insekt** (n)	['insɛkt]
borboleta (f)	**sommerfugl** (m)	['sɔmər‚fʉl]
formiga (f)	**maur** (m)	['maʉr]
mosca (f)	**flue** (m/f)	['flʉə]
mosquito (m)	**mygg** (m)	['myg]
escaravelho (m)	**bille** (m)	['bilə]

vespa (f)	**veps** (m)	['vɛps]
abelha (f)	**bie** (m/f)	['biə]
mamangaba (f)	**humle** (m/f)	['hʉmlə]
moscardo (m)	**brems** (m)	['brɛms]

aranha (f)	**edderkopp** (m)	['ɛdər‚kɔp]
teia (f) de aranha	**edderkoppnett** (n)	['ɛdərkɔp‚nɛt]

libélula (f)	**øyenstikker** (m)	['øjən‚stikər]
gafanhoto (m)	**gresshoppe** (m/f)	['grɛs‚hɔpə]
traça (f)	**nattsvermer** (m)	['nat‚sværmər]

barata (f)	**kakerlakk** (m)	[kakə'lak]
carrapato (m)	**flått, midd** (m)	['flɔt], ['mid]

pulga (f)	**loppe** (f)	['lɔpə]
borrachudo (m)	**knott** (m)	['knɔt]

gafanhoto (m)	**vandgresshoppe** (m/f)	['vɑn 'grɛs‚hɔpə]
caracol (m)	**snegl** (m)	['snæjl]
grilo (m)	**siriss** (m)	['si‚ris]
pirilampo, vaga-lume (m)	**ildflue** (m/f), **lysbille** (m)	['il‚flʉe], ['lys‚bilə]
joaninha (f)	**marihøne** (m/f)	['mɑri‚hønə]
besouro (m)	**oldenborre** (f)	['ɔldən‚bɔrə]

sanguessuga (f)	**igle** (m/f)	['iglə]
lagarta (f)	**sommerfugllarve** (m/f)	['sɔmərfʉl‚lɑrvə]
minhoca (f)	**meitemark** (m)	['mæjtə‚mɑrk]
larva (f)	**larve** (m/f)	['lɑrvə]

184. Animais. Partes do corpo

bico (m)	**nebb** (n)	['nɛb]
asas (f pl)	**vinger** (m pl)	['viŋər]
pata (f)	**fot** (m)	['fʉt]
plumagem (f)	**fjærdrakt** (m/f)	['fjær‚drɑkt]
pena, pluma (f)	**fjær** (m/f)	['fjær]
crista (f)	**fjærtopp** (m)	['fjæːˌtɔp]

brânquias, guelras (f pl)	**gjeller** (m/f pl)	['jɛlər]
ovas (f pl)	**rogn** (m/f)	['rɔŋn]
larva (f)	**larve** (m/f)	['lɑrvə]
barbatana (f)	**finne** (m)	['finə]
escama (f)	**skjell** (n)	['ʂɛl]

presa (f)	**hoggtann** (m/f)	['hɔg‚tɑn]
pata (f)	**pote** (m)	['pɔːtə]
focinho (m)	**snute** (m/f)	['snʉtə]
boca (f)	**kjeft** (m)	['çɛft]
cauda (f), rabo (m)	**hale** (m)	['hɑlə]
bigodes (m pl)	**værhår** (n)	['vær‚hɔr]

casco (m)	**klov, hov** (m)	['klɔv], ['hɔv]
corno (m)	**horn** (n)	['hʊːn̩]

carapaça (f)	**ryggskjold** (n)	['rʏg‚ʂɔl]
concha (f)	**skall** (n)	['skɑl]
casca (f) de ovo	**eggeskall** (n)	['ɛgə‚skɑl]

pelo (m)	**pels** (m)	['pɛls]
pele (f), couro (m)	**skinn** (n)	['ʂin]

185. Animais. Habitats

hábitat (m)	**habitat** (n)	[hɑbi'tɑt]
migração (f)	**migrasjon** (m)	[migrɑ'ʂʊn]
montanha (f)	**fjell** (n)	['fjɛl]

recife (m)	rev (n)	['rev]
falésia (f)	klippe (m)	['klipə]
floresta (f)	skog (m)	['skʊg]
selva (f)	jungel (m)	['jʉŋəl]
savana (f)	savanne (m)	[sɑ'vɑnə]
tundra (f)	tundra (m)	['tʉndrɑ]
estepe (f)	steppe (m)	['stɛpə]
deserto (m)	ørken (m)	['œrkən]
oásis (m)	oase (m)	[ʊ'ɑsə]
mar (m)	hav (n)	['hɑv]
lago (m)	innsjø (m)	['in'ʂø]
oceano (m)	verdenshav (n)	[værdəns'hɑv]
pântano (m)	myr (m/f)	['myr]
de água doce	ferskvanns-	['fæʂk‚vɑns-]
lagoa (f)	dam (m)	['dɑm]
rio (m)	elv (m/f)	['ɛlv]
toca (f) do urso	hi (n)	['hi]
ninho (m)	reir (n)	['ræjr]
buraco (m) de árvore	trehull (n)	['trɛ‚hʉl]
toca (f)	hule (m/f)	['hʉlə]
formigueiro (m)	maurtue (m/f)	['mɑʊː‚tʉə]

Flora

186. Árvores

árvore (f)	tre (n)	['trɛ]
decídua (adj)	løv-	['løv-]
conífera (adj)	bar-	['bɑr-]
perene (adj)	eviggrønt	['ɛvi,grœnt]
macieira (f)	epletre (n)	['ɛpləˌtrɛ]
pereira (f)	pæretre (n)	['pæɾəˌtrɛ]
cerejeira (f)	morelltre (n)	[mʊ'rɛlˌtrɛ]
ginjeira (f)	kirsebærtre (n)	['çiṣəbærˌtrɛ]
ameixeira (f)	plommetre (n)	['plʊməˌtrɛ]
bétula (f)	bjørk (f)	['bjœrk]
carvalho (m)	eik (f)	['æjk]
tília (f)	lind (m/f)	['lin]
choupo-tremedor (m)	osp (m/f)	['ɔsp]
bordo (m)	lønn (m/f)	['lœn]
espruce (m)	gran (m/f)	['grɑn]
pinheiro (m)	furu (m/f)	['fʉrʉ]
alerce, lariço (m)	lerk (m)	['lærk]
abeto (m)	edelgran (m/f)	['ɛdəlˌgrɑn]
cedro (m)	seder (m)	['sedər]
choupo, álamo (m)	poppel (m)	['pɔpəl]
tramazeira (f)	rogn (m/f)	['rɔŋn]
salgueiro (m)	pil (m/f)	['pil]
amieiro (m)	or, older (m/f)	['ʊr], ['ɔldər]
faia (f)	bøk (m/f)	['bøk]
ulmeiro, olmo (m)	alm (m)	['ɑlm]
freixo (m)	ask (m/f)	['ɑsk]
castanheiro (m)	kastanjetre (n)	[kɑ'stɑnjeˌtrɛ]
magnólia (f)	magnolia (m)	[mɑŋ'nʉlia]
palmeira (f)	palme (m)	['pɑlmə]
cipreste (m)	sypress (m)	[sʏ'prɛs]
mangue (m)	mangrove (m)	[mɑŋ'grʊvə]
embondeiro, baobá (m)	apebrødtre (n)	['ɑpebrøˌtrɛ]
eucalipto (m)	eukalyptus (m)	[ɛvkɑ'lyptʉs]
sequoia (f)	sequoia (m)	['sekˌvɔja]

187. Arbustos

arbusto (m)	busk (m)	['bʉsk]
arbusto (m), moita (f)	busk (m)	['bʉsk]

| videira (f) | vinranke (m) | ['vin̩ɾɑnkə] |
| vinhedo (m) | vinmark (m/f) | ['vin̩mɑrk] |

framboeseira (f)	bringebærbusk (m)	['briŋə̩bær busk]
groselheira-negra (f)	solbærbusk (m)	['sulbær̩busk]
groselheira-vermelha (f)	ripsbusk (m)	['rips̩busk]
groselheira (f) espinhosa	stikkelsbærbusk (m)	['stikəlsbær̩busk]

acácia (f)	akasie (m)	[ɑ'kɑsiə]
bérberis (f)	berberis (m)	['bærberis]
jasmim (m)	sjasmin (m)	[ʂɑs'min]

junípero (m)	einer (m)	['æjnər]
roseira (f)	rosenbusk (m)	['rusən̩busk]
roseira (f) brava	steinnype (m/f)	['stæjn̩nypə]

188. Cogumelos

cogumelo (m)	sopp (m)	['sɔp]
cogumelo (m) comestível	spiselig sopp (m)	['spisəli ̩sɔp]
cogumelo (m) venenoso	giftig sopp (m)	['jifti ̩sɔp]
chapéu (m)	hatt (m)	['hɑt]
pé, caule (m)	stilk (m)	['stilk]

boleto, porcino (m)	steinsopp (m)	['stæjn̩sɔp]
boleto (m) alaranjado	rødskrubb (m/n)	['rø̩skrub]
boleto (m) de bétula	brunskrubb (m/n)	['brun̩skrub]
cantarelo (m)	kantarell (m)	[kantɑ'rɛl]
rússula (f)	kremle (m/f)	['krɛmlə]

morchella (f)	morkel (m)	['mɔrkəl]
agário-das-moscas (m)	fluesopp (m)	['fluə̩sɔp]
cicuta (f) verde	grønn fluesopp (m)	['grœn 'fluə̩sɔp]

189. Frutos. Bagas

fruta (f)	frukt (m/f)	['frukt]
frutas (f pl)	frukter (m/f pl)	['fruktər]
maçã (f)	eple (n)	['ɛplə]
pera (f)	pære (m/f)	['pærə]
ameixa (f)	plomme (m/f)	['plumə]

morango (m)	jordbær (n)	['ju:r̩bær]
ginja (f)	kirsebær (n)	['çiʂə̩bær]
cereja (f)	morell (m)	[mu'rɛl]
uva (f)	drue (m)	['druə]

framboesa (f)	bringebær (n)	['briŋə̩bær]
groselha (f) negra	solbær (n)	['sul̩bær]
groselha (f) vermelha	rips (m)	['rips]
groselha (f) espinhosa	stikkelsbær (n)	['stikəls̩bær]
oxicoco (m)	tranebær (n)	['trɑnə̩bær]

laranja (f)	appelsin (m)	[apel'sin]
tangerina (f)	mandarin (m)	[manda'rin]
abacaxi (m)	ananas (m)	['ananas]
banana (f)	banan (m)	[ba'nan]
tâmara (f)	daddel (m)	['dadəl]

limão (m)	sitron (m)	[si'trʊn]
damasco (m)	aprikos (m)	[apri'kʊs]
pêssego (m)	fersken (m)	['fæʂkən]
quiuí (m)	kiwi (m)	['kivi]
toranja (f)	grapefrukt (m/f)	['grɛjp,frʉkt]

baga (f)	bær (n)	['bær]
bagas (f pl)	bær (n pl)	['bær]
arando (m) vermelho	tyttebær (n)	['tʏtə,bær]
morango-silvestre (m)	markjordbær (n)	['mark juːr,bær]
mirtilo (m)	blåbær (n)	['blɔ,bær]

190. Flores. Plantas

flor (f)	blomst (m)	['blɔmst]
buquê (m) de flores	bukett (m)	[bʉ'kɛt]

rosa (f)	rose (m/f)	['rʊsə]
tulipa (f)	tulipan (m)	[tʉli'pan]
cravo (m)	nellik (m)	['nɛlik]
gladíolo (m)	gladiolus (m)	[gladi'ɔlʉs]

centáurea (f)	kornblomst (m)	['kʊːʁ,blɔmst]
campainha (f)	blåklokke (m/f)	['blɔ,klɔkə]
dente-de-leão (m)	løvetann (m/f)	['løvə,tan]
camomila (f)	kamille (m)	[ka'milə]

aloé (m)	aloe (m)	['alʊe]
cacto (m)	kaktus (m)	['kaktʉs]
fícus (m)	gummiplante (m/f)	['gʉmi,plantə]

lírio (m)	lilje (m)	['liljə]
gerânio (m)	geranium (m)	[ge'ranium]
jacinto (m)	hyasint (m)	[hia'sint]

mimosa (f)	mimose (m/f)	[mi'mɔse]
narciso (m)	narsiss (m)	[na'ʂis]
capuchinha (f)	blomkarse (m)	['blɔm,kaʂə]

orquídea (f)	orkidé (m)	[ɔrki'de]
peônia (f)	peon, pion (m)	[pe'ʊn], [pi'ʊn]
violeta (f)	fiol (m)	[fi'ʊl]

amor-perfeito (m)	stemorsblomst (m)	['stemʊʂ,blɔmst]
não-me-esqueças (m)	forglemmegei (m)	[fɔr'glemə,jæj]
margarida (f)	tusenfryd (m)	['tʉsən,fryd]
papoula (f)	valmue (m)	['valmʉe]
cânhamo (m)	hamp (m)	['hamp]

hortelã, menta (f)	mynte (m/f)	['mʏntə]
lírio-do-vale (m)	liljekonvall (m)	['liljə kɔn'val]
campânula-branca (f)	snøklokke (m/f)	['snø,klɔkə]

urtiga (f)	nesle (m/f)	['nɛslə]
azedinha (f)	syre (m/f)	['syrə]
nenúfar (m)	nøkkerose (m/f)	['nøkə,rʉse]
samambaia (f)	bregne (m/f)	['brɛjnə]
líquen (m)	lav (m/n)	['lɑv]

estufa (f)	drivhus (n)	['driv,hʉs]
gramado (m)	gressplen (m)	['grɛs,plen]
canteiro (m) de flores	blomsterbed (n)	['blɔmstər,bed]

planta (f)	plante (m/f), vekst (m)	['plɑntə], ['vɛkst]
grama (f)	gras (n)	['grɑs]
folha (f) de grama	grasstrå (n)	['grɑs,strɔ]

folha (f)	blad (n)	['blɑ]
pétala (f)	kronblad (n)	['krɔn,blɑ]
talo (m)	stilk (m)	['stilk]
tubérculo (m)	rotknoll (m)	['rʉt,knɔl]

broto, rebento (m)	spire (m/f)	['spirə]
espinho (m)	torn (m)	['tʉːn]

florescer (vi)	å blomstre	[ɔ 'blɔmstrə]
murchar (vi)	å visne	[ɔ 'visnə]
cheiro (m)	lukt (m/f)	['lʉkt]
cortar (flores)	å skjære av	[ɔ 'ʂæːrə ɑ:]
colher (uma flor)	å plukke	[ɔ 'plʉkə]

191. Cereais, grãos

grão (m)	korn (n)	['kʉːɳ]
cereais (plantas)	cerealer (n pl)	[sere'ɑlər]
espiga (f)	aks (n)	['ɑks]

trigo (m)	hvete (m)	['vetə]
centeio (m)	rug (m)	['rʉg]
aveia (f)	havre (m)	['hɑvrə]

painço (m)	hirse (m)	['hiʂə]
cevada (f)	bygg (m/n)	['bʏg]

milho (m)	mais (m)	['mɑis]
arroz (m)	ris (m)	['ris]
trigo-sarraceno (m)	bokhvete (m)	['bʉk,vetə]

ervilha (f)	ert (m/f)	['æːʈ]
feijão (m) roxo	bønne (m/f)	['bœnə]
soja (f)	soya (m)	['sɔja]
lentilha (f)	linse (m/f)	['linsə]
feijão (m)	bønner (m/f pl)	['bœnər]

GEOGRAFIA REGIONAL

Países. Nacionalidades

192. Política. Governo. Parte 1

política (f)	politikk (m)	[pʊli'tik]
político (adj)	politisk	[pʊ'litisk]
político (m)	politiker (m)	[pʊ'litikər]
estado (m)	stat (m)	['stat]
cidadão (m)	statsborger (m)	['stats‚bɔrgər]
cidadania (f)	statsborgerskap (n)	['statsbɔrgə‚skap]
brasão (m) de armas	riksvåpen (n)	['riks‚vɔpən]
hino (m) nacional	nasjonalsang (m)	[naʂʊ'nal‚saŋ]
governo (m)	regjering (m/f)	[rɛ'jeriŋ]
Chefe (m) de Estado	landets leder (m)	['lanɛts ‚ledər]
parlamento (m)	parlament (n)	[pɑ:[ɑ'mɛnt]
partido (m)	parti (n)	[pɑ:'ʈi]
capitalismo (m)	kapitalisme (n)	[kapita'lismə]
capitalista (adj)	kapitalistisk	[kapita'listisk]
socialismo (m)	sosialisme (m)	[sʊsia'lismə]
socialista (adj)	sosialistisk	[sʊsia'listisk]
comunismo (m)	kommunisme (m)	[kʊmʉ'nismə]
comunista (adj)	kommunistisk	[kʊmʉ'nistisk]
comunista (m)	kommunist (m)	[kʊmʉ'nist]
democracia (f)	demokrati (n)	[demʊkra'ti]
democrata (m)	demokrat (m)	[demʊ'krat]
democrático (adj)	demokratisk	[demʊ'kratisk]
Partido (m) Democrático	demokratisk parti (n)	[demʊ'kratisk pɑ:'ʈi]
liberal (m)	liberaler (m)	[libə'ralər]
liberal (adj)	liberal	[libə'ral]
conservador (m)	konservativ (m)	[kʊn'sɛrva‚tiv]
conservador (adj)	konservativ	[kʊn'sɛrva‚tiv]
república (f)	republikk (m)	[repʉ'blik]
republicano (m)	republikaner (m)	[repʉbli'kanər]
Partido (m) Republicano	republikanske parti (n)	[repʉbli'kanskə pɑ:'ʈi]
eleições (f pl)	valg (n)	['valg]
eleger (vt)	å velge	[ɔ 'vɛlgə]

| eleitor (m) | velger (m) | ['vɛlgər] |
| campanha (f) eleitoral | valgkampanje (m) | ['valg kam'panjə] |

votação (f)	avstemning, votering (m)	['af,stɛmniŋ], ['voteriŋ]
votar (vi)	å stemme	[ɔ 'stɛmə]
sufrágio (m)	stemmerett (m)	['stɛmə,rɛt]

candidato (m)	kandidat (m)	[kandi'dat]
candidatar-se (vi)	å kandidere	[ɔ kandi'derə]
campanha (f)	kampanje (m)	[kam'panjə]

| da oposição | opposisjons- | [ɔpʉsi'sʉns-] |
| oposição (f) | opposisjon (m) | [ɔpʉsi'sʉn] |

visita (f)	besøk (n)	[be'søk]
visita (f) oficial	offisielt besøk (n)	[ɔfi'sjɛlt be'søk]
internacional (adj)	internasjonal	['intɛ:ŋaşʉ,nal]

| negociações (f pl) | forhandlinger (m pl) | [for'handliŋər] |
| negociar (vi) | å forhandle | [ɔ for'handlə] |

193. Política. Governo. Parte 2

sociedade (f)	samfunn (n)	['sam,fʉn]
constituição (f)	grunnlov (m)	['grʉn,lov]
poder (ir para o ~)	makt (m)	['makt]
corrupção (f)	korrupsjon (m)	[kʉrʉp'şʉn]

| lei (f) | lov (m) | ['lov] |
| legal (adj) | lovlig | ['lovli] |

| justeza (f) | rettferdighet (m) | [rɛt'færdi,het] |
| justo (adj) | rettferdig | [rɛt'færdi] |

comitê (m)	komité (m)	[kʉmi'te]
projeto-lei (m)	lovforslag (n)	['lov,foşlag]
orçamento (m)	budsjett (n)	[bʉd'şɛt]
política (f)	politikk (m)	[pʉli'tik]
reforma (f)	reform (m/f)	[rɛ'form]
radical (adj)	radikal	[radi'kal]

força (f)	kraft (m/f)	['kraft]
poderoso (adj)	mektig	['mɛkti]
partidário (m)	tilhenger (m)	['til,hɛŋər]
influência (f)	innflytelse (m)	['in,flytəlse]

regime (m)	regime (n)	[rɛ'şimə]
conflito (m)	konflikt (m)	[kʉn'flikt]
conspiração (f)	sammensvergelse (m)	['samən,sværgəlsə]
provocação (f)	provokasjon (m)	[prʉvʉka'şʉn]

derrubar (vt)	å styrte	[ɔ 'sty:ţə]
derrube (m), queda (f)	styrting (m/f)	['sty:ţiŋ]
revolução (f)	revolusjon (m)	[revʉlʉ'şʉn]

| golpe (m) de Estado | statskupp (n) | ['stats͵kʉp] |
| golpe (m) militar | militærkupp (n) | [mili'tær͵kʉp] |

crise (f)	krise (m/f)	['krisə]
recessão (f) econômica	økonomisk nedgang (m)	[økʉ'nɔmisk 'ned͵gaŋ]
manifestante (m)	demonstrant (m)	[demɔn'strant]
manifestação (f)	demonstrasjon (m)	[demɔnstra'ʂʉn]
lei (f) marcial	krigstilstand (m)	['krigstil͵stan]
base (f) militar	militærbase (m)	[mili'tær͵basə]

| estabilidade (f) | stabilitet (m) | [stabili'tet] |
| estável (adj) | stabil | [sta'bil] |

| exploração (f) | utbytting (m/f) | ['ʉt͵bytiŋ] |
| explorar (vt) | å utbytte | [ɔ 'ʉt͵bytə] |

racismo (m)	rasisme (m)	[ra'sismə]
racista (m)	rasist (m)	[ra'sist]
fascismo (m)	fascisme (m)	[fa'ʂismə]
fascista (m)	fascist (m)	[fa'ʂist]

194. Países. Diversos

estrangeiro (m)	utlending (m)	['ʉt͵leniŋ]
estrangeiro (adj)	utenlandsk	['ʉtən͵lansk]
no estrangeiro	i utlandet	[i 'ʉt͵lanə]

emigrante (m)	emigrant (m)	[ɛmi'grant]
emigração (f)	emigrasjon (m)	[ɛmigra'ʂʉn]
emigrar (vi)	å emigrere	[ɔ ɛmi'grɛrə]

Ocidente (m)	Vesten	['vɛstən]
Oriente (m)	Østen	['østən]
Extremo Oriente (m)	Det fjerne østen	['de 'fjæːŋə ͵østɛn]

civilização (f)	sivilisasjon (m)	[sivilisa'ʂʉn]
humanidade (f)	menneskehet (m)	['mɛnəske͵het]
mundo (m)	verden (m)	['værdən]
paz (f)	fred (m)	['frɛd]
mundial (adj)	verdens-	['værdəns-]

pátria (f)	fedreland (n)	['fædrə͵lan]
povo (população)	folk (n)	['fɔlk]
população (f)	befolkning (m)	[be'fɔlkniŋ]
gente (f)	folk (n)	['fɔlk]
nação (f)	nasjon (m)	[na'ʂʉn]
geração (f)	generasjon (m)	[genera'ʂʉn]

território (m)	territorium (n)	[tɛri'tʉrium]
região (f)	region (m)	[rɛgi'ʉn]
estado (m)	delstat (m)	['del͵stat]

| tradição (f) | tradisjon (m) | [tradi'ʂʉn] |
| costume (m) | skikk, sedvane (m) | ['ʂik], ['sɛd͵vanə] |

ecologia (f)	økologi (m)	[økʊlʊ'gi]
índio (m)	indianer (m)	[indi'anər]
cigano (m)	sigøyner (m)	[si'gøjnər]
cigana (f)	sigøynerske (m/f)	[si'gøjnəşkə]
cigano (adj)	sigøynersk	[si'gøjnəşk]
império (m)	imperium, keiserrike (n)	['im'perium], ['kæjsə,rike]
colônia (f)	koloni (m)	[kʊlu'ni]
escravidão (f)	slaveri (n)	[slɑvɛ'ri]
invasão (f)	invasjon (m)	[inva'şʊn]
fome (f)	hungersnød (m/f)	['hʉŋɛş,nød]

195. Grupos religiosos mais importantes. Confissões

religião (f)	religion (m)	[religi'ʊn]
religioso (adj)	religiøs	[reli'gjøs]
crença (f)	tro (m)	['trʊ]
crer (vt)	å tro	[ɔ 'trʊ]
crente (m)	troende (m)	['trʊenə]
ateísmo (m)	ateisme (m)	[ate'ismə]
ateu (m)	ateist (m)	[ate'ist]
cristianismo (m)	kristendom (m)	['kristən,dɔm]
cristão (m)	kristen (m)	['kristən]
cristão (adj)	kristelig	['kristəli]
catolicismo (m)	katolisisme (m)	[katʊli'sismə]
católico (m)	katolikk (m)	[katʊ'lik]
católico (adj)	katolsk	[ka'tʊlsk]
protestantismo (m)	protestantisme (m)	[prʊtɛstan'tismə]
Igreja (f) Protestante	den protestantiske kirke	[den prʊtɛ'stantiskə ,çirkə]
protestante (m)	protestant (m)	[prʊtɛ'stant]
ortodoxia (f)	ortodoksi (m)	[ɔ:tʊdʊk'si]
Igreja (f) Ortodoxa	den ortodokse kirke	[den ɔ:tʊ'doksə ,çirkə]
ortodoxo (m)	ortodoks (n)	[ɔ:tʊ'doks]
presbiterianismo (m)	presbyterianisme (m)	[prɛsbytæria'nismə]
Igreja (f) Presbiteriana	den presbyterianske kirke	[den prɛsbyteri'anskə ,çirkə]
presbiteriano (m)	presbyterianer (m)	[prɛsbytæri'anər]
luteranismo (m)	lutherdom (m)	[lʉtər'dɔm]
luterano (m)	lutheraner (m)	[lʉtə'ranər]
Igreja (f) Batista	baptisme (m)	[bap'tismə]
batista (m)	baptist (m)	[bap'tist]
Igreja (f) Anglicana	den anglikanske kirke	[den aŋli'kanskə ,çirkə]
anglicano (m)	anglikaner (m)	[aŋli'kanər]
mormonismo (m)	mormonisme (m)	[mɔrmɔ'nismə]
mórmon (m)	mormon (m)	[mʊr'mʊn]

Judaísmo (m)	judaisme (m)	['jʉdaˌismə]
judeu (m)	judeer (m)	['jʉ'deər]
budismo (m)	buddhisme (m)	[bʉ'dismə]
budista (m)	buddhist (m)	[bʉ'dist]
hinduísmo (m)	hinduisme (m)	[hindʉ'ismə]
hindu (m)	hindu (m)	['hindʉ]
Islã (m)	islam	['islam]
muçulmano (m)	muslim (m)	[mʉ'slim]
muçulmano (adj)	muslimsk	[mʉ'slimsk]
xiismo (m)	sjiisme (m)	[ʂi'ismə]
xiita (m)	sjiitt (m)	[ʂi'it]
sunismo (m)	sunnisme (m)	[sʉ'nismə]
sunita (m)	sunnimuslim (m)	['sʉni mʉsˌlim]

196. Religiões. Padres

padre (m)	prest (m)	['prɛst]
Papa (m)	Paven	['pavən]
monge (m)	munk (m)	['mʉnk]
freira (f)	nonne (m/f)	['nɔnə]
pastor (m)	pastor (m)	['pastʊr]
abade (m)	abbed (m)	['abed]
vigário (m)	sogneprest (m)	['sɔŋnəˌprɛst]
bispo (m)	biskop (m)	['biskɔp]
cardeal (m)	kardinal (m)	[ka:dʲi'nal]
pregador (m)	predikant (m)	[prɛdi'kant]
sermão (m)	preken (m)	['prɛkən]
paroquianos (pl)	menighet (m/f)	['meniˌhet]
crente (m)	troende (m)	['trʊenə]
ateu (m)	ateist (m)	[ate'ist]

197. Fé. Cristianismo. Islão

Adão	Adam	['adam]
Eva	Eva	['ɛva]
Deus (m)	Gud (m)	['gʉd]
Senhor (m)	Herren	['hærən]
Todo Poderoso (m)	Den Allmektige	[den al'mɛktiə]
pecado (m)	synd (m/f)	['sʏn]
pecar (vi)	å synde	[ɔ 'sʏnə]
pecador (m)	synder (m)	['sʏnər]

pecadora (f)	synderinne (m)	['sʏnəˌrinə]
inferno (n)	helvete (n)	['hɛlvetə]
paraíso (m)	paradis (n)	['paraˌdis]

| Jesus | Jesus | ['jesʉs] |
| Jesus Cristo | Jesus Kristus | ['jesʉs ˌkristʉs] |

Espírito (m) Santo	Den Hellige Ånd	[dən 'hɛliə ˌon]
Salvador (m)	Frelseren	['frelserən]
Virgem Maria (f)	Jomfru Maria	['jɔmfrʉ maˌria]

Diabo (m)	Djevel (m)	['djevəl]
diabólico (adj)	djevelsk	['djevəlsk]
Satanás (m)	Satan	['satan]
satânico (adj)	satanisk	[sa'tanisk]

anjo (m)	engel (m)	['ɛŋəl]
anjo (m) da guarda	skytsengel (m)	['sytsˌɛŋəl]
angelical	engle-	['ɛŋlə-]

apóstolo (m)	apostel (m)	[a'pɔstəl]
arcanjo (m)	erkeengel (m)	['ærkəˌæŋəl]
anticristo (m)	Antikrist	['antiˌkrist]

Igreja (f)	kirken (m)	['çirkən]
Bíblia (f)	bibel (m)	['bibəl]
bíblico (adj)	bibelsk	['bibəlsk]

Velho Testamento (m)	Det Gamle Testamente	[de 'gamlə tɛsta'mentə]
Novo Testamento (m)	Det Nye Testamente	[de 'nye tɛsta'mentə]
Evangelho (m)	evangelium (n)	[ɛvan'gelium]
Sagradas Escrituras (f pl)	Den Hellige Skrift	[dən 'hɛliə ˌskrift]
Céu (sete céus)	Himmerike (n)	['himəˌrikə]

mandamento (m)	bud (n)	['bʉd]
profeta (m)	profet (m)	[prʉ'fet]
profecia (f)	profeti (m)	[prʉfe'ti]

Alá (m)	Allah	['ala]
Maomé (m)	Muhammed	[mʉ'hamed]
Alcorão (m)	Koranen	[kʉ'ranən]

mesquita (f)	moské (m)	[mʉ'ske]
mulá (m)	mulla (m)	['mʉla]
oração (f)	bønn (m)	['bœn]
rezar, orar (vi)	å be	[ɔ 'be]

peregrinação (f)	pilegrimsreise (m/f)	['piləgrimsˌræjsə]
peregrino (m)	pilegrim (m)	['piləgrim]
Meca (f)	Mekka	['mɛka]

igreja (f)	kirke (m/f)	['çirkə]
templo (m)	tempel (n)	['tɛmpəl]
catedral (f)	katedral (m)	[kate'dral]
gótico (adj)	gotisk	['gɔtisk]
sinagoga (f)	synagoge (m)	[syna'gʉgə]

mesquita (f)	moské (m)	[mʊ'ske]
capela (f)	kapell (n)	[ka'pɛl]
abadia (f)	abbedi (n)	['ɑbedi]
convento (m)	kloster (n)	['klɔstər]
monastério (m)	kloster (n)	['klɔstər]

sino (m)	klokke (m/f)	['klɔkə]
campanário (m)	klokketårn (n)	['klɔkə,to:n]
repicar (vi)	å ringe	[ɔ 'riŋə]

cruz (f)	kors (n)	['kɔ:s]
cúpula (f)	kuppel (m)	['kʉpəl]
ícone (m)	ikon (m/n)	[i'kʊn]

alma (f)	sjel (m)	['ʂɛl]
destino (m)	skjebne (m)	['ʂɛbnə]
mal (m)	ondskap (n)	['ʊn,skɑp]
bem (m)	godhet (m)	['gʊ,het]

vampiro (m)	vampyr (m)	[vɑm'pyr]
bruxa (f)	heks (m)	['hɛks]
demônio (m)	demon (m)	[de'mʊn]
espírito (m)	ånd (m)	['ɔn]

| redenção (f) | forløsning (m/f) | [fɔ:'løsniŋ] |
| redimir (vt) | å sone | [ɔ 'sʊnə] |

missa (f)	gudstjeneste (m)	['gʉts,tjenɛstə]
celebrar a missa	å holde gudstjeneste	[ɔ 'hɔldə 'gʉts,tjenɛstə]
confissão (f)	skriftemål (n)	['skriftə,mol]
confessar-se (vr)	å skrifte	[ɔ 'skriftə]

santo (m)	helgen (m)	['hɛlgən]
sagrado (adj)	hellig	['hɛli]
água (f) benta	vievann (n)	['viə,vɑn]

ritual (m)	ritual (n)	[ritʉ'ɑl]
ritual (adj)	rituell	[ritʉ'ɛl]
sacrifício (m)	ofring (m/f)	['ɔfriŋ]

superstição (f)	overtro (m)	['ɔvə,trʊ]
supersticioso (adj)	overtroisk	['ɔvə,trʊisk]
vida (f) após a morte	livet etter dette	['livə ,ɛtər 'dɛtə]
vida (f) eterna	det evige liv	[de ,eviə 'liv]

TEMAS DIVERSOS

198. Várias palavras úteis

ajuda (f)	hjelp (m)	['jɛlp]
barreira (f)	hinder (n)	['hindər]
base (f)	basis (n)	['bɑsis]
categoria (f)	kategori (m)	[kɑtegʊ'ri]
causa (f)	årsak (m/f)	['oː‚ʂɑk]
coincidência (f)	sammenfall (n)	['sɑmən‚fɑl]
coisa (f)	ting (m)	['tiŋ]
começo, início (m)	begynnelse (m)	[be'jinəlsə]
cômodo (ex. poltrona ~a)	bekvem	[be'kvem]
comparação (f)	sammenlikning (m)	['sɑmən‚likniŋ]
compensação (f)	kompensasjon (m)	[kʊmpɛnsɑ'ʂʊn]
crescimento (m)	vekst (m)	['vɛkst]
desenvolvimento (m)	utvikling (m/f)	['ʉt‚vikliŋ]
diferença (f)	skilnad, forskjell (m)	['ʂilnɑd], ['fɔːʂɛl]
efeito (m)	effekt (m)	[ɛ'fɛkt]
elemento (m)	element (n)	[ɛle'mɛnt]
equilíbrio (m)	balanse (m)	[bɑ'lɑnsə]
erro (m)	feil (m)	['fæjl]
esforço (m)	anstrengelse (m)	['ɑn‚strɛŋəlsə]
estilo (m)	stil (m)	['stil]
exemplo (m)	eksempel (n)	[ɛk'sɛmpəl]
fato (m)	faktum (n)	['fɑktum]
fim (m)	slutt (m)	['ʂlʉt]
forma (f)	form (m/f)	['fɔrm]
frequente (adj)	hyppig	['hʏpi]
fundo (ex. ~ verde)	bakgrunn (m)	['bɑk‚grʉn]
gênero (tipo)	slags (n)	['ʂlɑks]
grau (m)	grad (m)	['grɑd]
ideal (m)	ideal (n)	[ide'ɑl]
labirinto (m)	labyrint (m)	[lɑby'rint]
modo (m)	måte (m)	['moːtə]
momento (m)	moment (n)	[mɔ'mɛnt]
objeto (m)	objekt (n)	[ɔb'jɛkt]
obstáculo (m)	hindring (m/f)	['hindriŋ]
original (m)	original (m)	[ɔrigi'nɑl]
padrão (adj)	standard-	['stɑn‚dɑr-]
padrão (m)	standard (m)	['stɑn‚dɑr]
paragem (pausa)	stopp (m), hvile (m/f)	['stɔp], ['vilə]
parte (f)	del (m)	['del]

partícula (f)	partikel (m)	[pɑ:'ʈikəl]
pausa (f)	pause (m)	['pausə]
posição (f)	posisjon (m)	[pɔsi'ʂʊn]
princípio (m)	prinsipp (n)	[prin'sip]

problema (m)	problem (n)	[prʊ'blem]
processo (m)	prosess (m)	[prʊ'sɛs]
progresso (m)	fremskritt (n)	['frɛm‚skrit]
propriedade (qualidade)	egenskap (m)	['ɛgən‚skɑp]

reação (f)	reaksjon (m)	[rɛak'ʂʊn]
risco (m)	risiko (m)	['risikʊ]
ritmo (m)	tempo (n)	['tɛmpʊ]
segredo (m)	hemmelighet (m/f)	['hɛməli‚het]
série (f)	serie (m)	['seriə]

sistema (m)	system (n)	[sʏ'stem]
situação (f)	situasjon (m)	[situɑ'ʂʊn]
solução (f)	løsning (m)	['løsniŋ]
tabela (f)	tabell (m)	[ta'bɛl]
termo (ex. ~ técnico)	term (m)	['tɛrm]

tipo (m)	type (m)	['typə]
urgente (adj)	omgående	['ɔm‚gɔ:nə]
urgentemente	omgående	['ɔm‚gɔ:nə]
utilidade (f)	nytte (m/f)	['nʏtə]

variante (f)	variant (m)	[vari'ɑnt]
variedade (f)	valg (n)	['vɑlg]
verdade (f)	sannhet (m)	['san‚het]
vez (f)	tur (m)	['tʉr]
zona (f)	sone (m/f)	['sʉnə]

www.ingramcontent.com/pod-product-compliance
Lightning Source LLC
Chambersburg PA
CBHW071341090426
42738CB00012B/2964

* 9 7 8 1 7 8 7 6 7 3 3 7 3 *